JN003292

新書100冊

視野を広げる読書

高橋昌一郎

光文社新書

はじめに

視野を広げる新書の世界

現代の日本社会では、多彩な分野の専門家がコンパクトに仕上げた「新書」こそが、最も厳選されたコンテンツといえる。

本書では、二〇一九年七月～二〇二三年七月に刊行された約五〇〇〇冊の新書の中から、私が責任を持って選び抜いた「新書一〇〇冊」を紹介する。本文は、二〇二〇年一〇月～二〇二三年七月に光文社新書ｎｏｔｅ「新書こそが教養！」に連載した書評に、加筆修正を施した内容になっている。

書評対象とする新書の選択に当たっては、まず著者がその分野で信頼に値する専門家であることを調査した。次に新書を熟読して、（一）記述に誤りはないか、（二）文章の構成は論理的か、（三）先行・関連研究との比較は十分か、（四）議論に主観的な偏りはないか、（五）新規の内容の提示はあるか、（六）客観的な評価を下しているか、（七）オリジナルな発想は含まれているか、（八）幅広い読者を想定したわかりやすい表現か、（九）全体像としての論旨は明確かについて、私にできる範囲で確認した。何よりも重視したのは、「その著者だけにしか書けない新書」か、というポイントである。

残念ながら、膨大な数の「玉石混淆《ぎょくせきこんこう》」の新書の中には、つまらないものも多い。新聞・雑誌記事からの流用や、ウィキペディアなどネット情報の無断転載をまとめただけのような、その場しのぎの「いい加減な新書」がある。他者のアイディアや研究成果について、明確に表示することなく、あたかも自分の文章であるかのように言い回しを変えながら適当に書き換えた「盗用に満ちた新書」もある。さらに、政治的に極端に偏った主張や、非科学的・疑似科学的な見解、あるいは他者を誹謗中傷するヘイトスピーチそのもののような「ダメな新書」もある。しかし、少なくとも本書が紹介する「新書一〇〇冊」には、そのような心配のある新書は一冊もないはずなので、安心して読み進めていただきたい。

本書の書評は、世間に普及する一般的な書評のように、単純に新書の中身を紹介するだけではなく、世間話のようなエッセイから始まって、いつの間にか新書の重要な情報とその意義に迫り、最後に「本書のハイライト」で著者自身の言葉を引用して終わる形式になっている。その余韻の中で、読者には、その先に何が見えてくるのか、じっくり考えていただくという趣向である。

連載にあたっては、どの新書をどの順番で掲載するか、類似した内容の新書が並ばないように、考え抜いて選択してきた。読者が「視野を広げる読書」ができるように、「多様性」を重視してきたからである。本書の掲載順も連載時と同じなので、読者には、ランダムに気が向いたページから眺めていただきたい。そして、ついでに隣のページを読み進んでみると、まったく新たな分野に視野が広がるはずである。

本書は、ふとしたときにすぐに手に取れる場所、たとえばベッドサイドやリビング、待合室、あるいは化粧室に常備していただけるとありがたい。いつでも、気軽に、お楽しみいただけたら幸いである。

高橋昌一郎

新書100冊

視野を広げる読書

目次

目次・本文デザイン／板倉　洋

「自己」とは何か?

『自己分析論』（光文社新書）

「自己」とは「揺らぐ存在」

最初に自著を紹介するとは、おこがましい限りであることを十分承知している。しかし、『自己分析論』には、現代人の「教養」の原点に位置する「自己とは何か」という問いに立ち向かうために必要な三つの基本理念がすべて含まれている。というわけで、あえて拙著を取り上げることを、ご容赦いただければ幸いである。

さて、これまでの私の経験によれば、日本の多くの大学生や社会人が「自己分析」に抱いている疑問や悩みは、およそ次の三種類に分類できる。

第一に、就職活動においては、自分がどのような人間か認識していなければ、どんな仕事に就きたいのかわからないし、もちろん「自己ＰＲ」などもできない。志望企業が決まれば、その企業が求める人物像と自己像のギャップをどのように埋めればよいか、どこまで自分をさらけ出してよいのか、どの部分で自分を飾るべきなのか、さまざまな「具体的な対策」について疑問が生じる。

第二に、就職活動が進むにつれて、人間関係の中で自分をどのように表現すればよいのか悩み始める。面接でうまく自分を表現できない、グループワークで自分の立ち位置がわからないといった状態で時間が過ぎていく中で、ますます「自分らしさ」が見えなくなる。異なる業種の面接で異なる自己像を演じているうちに「自己アイデンティティ」が揺らいでしまうケースも少なくない。

第三に、就職活動が終われば、とりあえず目先の目標は達成される。ところが、実際に社会人生活が始まると、自分で選んだはずの仕事がおもしろくない、自分の得意なことを会社で活かせない、自分が期待していた人生と違うといった不満を抱くようになる。勤務先でのストレスに押し潰されて、退職や転職を考えるケースも出てくる。そこで改めて「自己とは何か」と本格的に悩み始めるわけだが、むしろこれがソクラテス的な「いかに生きるべきか」という哲学的思索の出発点といえるかもしれない。

本書の目的は、これら三種類の疑問や悩みにどのように対処すればよいのか、多彩な論点に焦点を当てて議論することによって、読者自身がうまく自己分析できるようにサポートすることにある。

第一章の「就職活動における自己分析」では、就職活動で直面する諸問題を具体的に解説し、第二章の「対人関係における自己分析」では、実際の自己分析ツール使用例と心理学における性格分析の意味を検討し、第三章の「人生哲学における自己分析」では、ソクラテス以来の哲学における「自己」の見解について、さまざまな観点から考察する。

いわゆる就職活動対策用の「自己分析」ノウハウ本やワークブックは数多く出版されているが、本書のように三つの異なる視点から自己分析そのものに深く踏み込んだ書籍は、他に類を見ないものと自負している。

本書に登場する五つの「自己分析ツール」(マインドマップ・自分史・モチベーショングラフ・SWOT分析・ジョハリの窓)および「ビッグ・ファイブ」「ワトソン・ダイヤグラム」のようなツールを試してみるだけでも、「自己」に関する多種多様で有益な情報を得ることができるだろう。

そこから、ソクラテス的な「いかに生きるべきか」という哲学的思索が始まり、「プラトンの暗黒面」や「スター・ウォーズの哲学」にも踏み込める仕組みになっている。読者の

「自己分析」のサポートになれば幸いである。

本書のハイライト

神経生理学的に考えると、人間の「脳神経系」は外界からの刺激によって常に機能的・構造的に柔軟に変化する「可塑性」という性質を持つことがわかっている。つまり、実は外見だけではなく、内面の「自己」も大きく変化し続けているわけである。これは『哲学ディベート』の中で「自己決定権」との関連で詳しく議論した結論だが、「自己」は確定的ではなく、実際にはいくらでも「揺らぐ存在」といえる。逆に言えば、「自己」はいくらでも生まれ変わることができるのである！（二三六 - 二三七頁）

いつから「英語」を始めるべきか？

『小学校英語のジレンマ』（岩波新書）

「小学校英語」導入の是非

二〇二〇年四月から日本全国の公立小学校で「英語」教育が始まった。これまでは中学校でスタートした「教科」としての「英語」が小学校五年生から始まり、年間七〇単位の授業が実施され、成績も評価される。また、五・六年生が楽しみながら英語に触れていた「外国語活動」は、三・四年次に実施されることになった。この英語教育方針の大幅な変更は、将来どんな結果をもたらすだろうか。

さて、読者は英語が得意だろうか？　仮に得意でなくとも、好きだろうか？　日本人にとって「教養」の一部とみなされる「英語」は、何歳から学び始めるべきだろうか？　なぜ英語が苦手な日本人が多いのだろうか？

本書の特徴は、「小学校英語」を一種の社会現象とみなして、社会学的な文脈で検証している点にある。著者・寺沢拓敬氏は、「小学校英語」に賛成・反対の主張を表明するわけではなく、その本質的あるいは構造的な問題点を指摘する。そこで浮かび上がってくるのが「小学校英語」の抱える大きなジレンマである。

二〇一一年から始まった「聞く・話す」を中心とする「外国語活動」は、「英語嫌い」が増えないように、小学生の頃から英語に楽しんで触れることを目的に導入された。つまり「遊びのようにして英語に親しむ」わけだが、実際には「遊び」だけでは「読む・書く」英語力は向上しない。結局、「教科」としての「小学校英語」が導入されたわけだが、今後「教科」として成績を評価されるのが嫌だという「英語嫌い」が増えたら、本末転倒ではないか。

ここで問題になるのが、誰が「小学校英語」を教えるのかという点である。英語が不得意な小学校教員が教えるよりも、ネイティブ・スピーカーを雇う方がよいだろう。しかし、地方自治体には財政的余裕がない。そこで文科省に泣き付いても、「有効性が立証されていない」という理由から、財務省が首を縦に振らない。だから英語が不得意な小学校教員が教える状況が続き、ますます「有効性」が出ずに「予算」も付かないというジレンマ状態が続く。

本書で最も驚かされたのは、公立中学生に対する二つの「ランダム化比較実験」の結果、一つのモデルでは「小学校英語」の経験者と非経験者の間に英語力の有意差が認められず、もう一つのモデルでは「微弱な有意差」が認められたものの、その差は偏差値一〜二点程度にすぎないという事実である！

「小学校英語」の導入には、教員の配置・研修や教材・カリキュラムの整備など、莫大なコストがかかる。ところが、そのコストに対して「小学校英語」の有効性は微々たるものにすぎないというのである。安倍晋三政権下に官邸主導で強引に進められた「小学校英語」だが、ここでも結局、「現場だけが疲弊する」という、何度も見慣れた光景が繰り返されているように映る。

本書のハイライト

小学校英語をとりまく条件は深刻かつ重大なものばかりであり、しかも、それらが相互に絡み合い、袋小路に陥っている。小学校教員は現場で日本の英語教育の屋台骨を支えるべく子どもと向き合うが、教育環境は一向に改善されない。文科省や教育委員会も条件整備のために奮闘するが、財務担当者は金庫の扉を固く閉ざしている。〔……〕確実に言えるのは、あらゆる立場の人々が満足する完璧な解決策はないということである。（二二九頁）

寺沢拓敬（てらさわたくのり）一九八二年生まれ。東京大学大学院総合文化研究科修了。関西学院大学社会学部准教授。専門は言語社会学・応用言語学。著書に『「なんで英語やるの？」の戦後史』（研究社）や『「日本人と英語」の社会学』（研究社）などがある。

なぜ歴史を「偽造」するのか？

『椿井文書』（中公新書）

今も影響を与える日本最大級の偽文書

「椿井文書《つばいもんじょ》」とは、山城国《やましろのくに》相楽郡《そうらくぐん》椿井村（現在の京都府木津川市）出身の椿井政隆（一七七〇年〜一八三七年）が、江戸時代に偽造した文書の総称を指す。椿井は、兵学・国学・有《ゆう》職故実《そくこじつ》などに通じた人物で、依頼者の要求を満たすような偽書や偽図を創作した。その数は「近畿一円に数百点」に及び、現在も各地の自治体史で引用されている事例が「無数にある」という。なぜこれほどまでの「日本最大級の偽文書」が、見逃されてきたのだろうか？

椿井文書は、中世の鎌倉時代から室町時代にかけて記された文書を、近世の江戸時代に書き写したという体裁を取る。たとえば、ある村が他の村と地域の支配権を争っているような場合、一方の村が中世に支配権を有していたという証拠文書があれば、圧倒的に有利になる。

そこで椿井の出番となるわけだが、彼の文書偽造は、信じ難いほど大掛かりなものだった。

椿井は、まず村の神社近辺に居住する富農《ふのう》の「系図」をいくつか適当に作成し、中世の合戦に参加した人名を連ねた「連名帳」を偽造して、「系図」の人名と年代的に符合させる。さらに、村の寺社の縁起や史蹟の「由緒書《ゆいしょがき》」を作成し、富農の家々と寺社・史蹟を「絵図」に集約する。仕上げに、この寺を一四四四年作という古文書『興福寺官務牒疏《ちょうそ》』に加えるが、これも偽書なのである！

要するに、椿井は、架空の中世の「地域史」を捏造《ねつぞう》し、その地域史に登場する寺を「興福寺」の末寺リストという偽の古文書に記載して、すべてを真実らしく見せかけたのである。彼の脳裏には、壮大な虚構世界があったわけである。

本書の著者・馬部隆弘氏が椿井文書の存在に気付いたのは、大阪府枚方市《ひらかたし》の市史担当部署に勤めた際だという。枚方市には、中世に「津田城」と呼ばれる山城があったはずだが、その城の所在を示す文書も絵図も全部が近世に作成されていた。改めて丹念に調査し追跡していくと、実はそんな城は存在せず、江戸時代に津田村が奉行所《ぶぎょうしょ》に支配権を訴え出た際に捏造されたことがわかったのである。

本書で最も驚かされたのは、「研究対象に特別な私情を挟んではいけないのは承知しているが、椿井文書と椿井政隆に対する私の愛情は、他のどのファンにも負けないはずである」という結語である。馬部氏は、膨大な偽文書を徹底的に調べていくうちに、椿井文書に魅せられてしまったらしい！

椿井文書は、「日本中世史」の汚点となる迷惑な偽史である。それにもかかわらず、これまで見逃されてきたのは、歴史学の専門細分化が進みすぎたため、中世の研究者が近世の資料としての価値検討を怠ったからだと、本書は批判する。その一方で、椿井文書は「日本近世史」の資料と考えると、まったく別の観点から「充実した」文献になりうるというのが、馬部氏の立場である。

本書のハイライト

椿井文書は、人々がかくあってほしいという歴史に沿うように創られていたため受け入れられた。その意味では、近世の人々の精神世界を描く素材としての可能性も秘めている。椿井文書が近代社会で活用された要因は、椿井政隆の思想が極めて受け入れやすいものであった点にも求められる。そのような思想を復原的に考察していく作業も、椿井文書が膨大に残されているだけに充実したものになるのではなかろうか。（二二七頁）

馬部隆弘（ばべたかひろ）一九七六年生まれ。大阪大学大学院文学研究科修了。大阪大谷大学文学部准教授。専門は日本中世史・近世史。著書に『戦国期細川権力の研究』（吉川弘文館）や『由緒・偽文書と地域社会』（勉誠出版）などがある。

「民主主義」は危機に瀕しているのか？

『民主主義とは何か』（講談社現代新書）

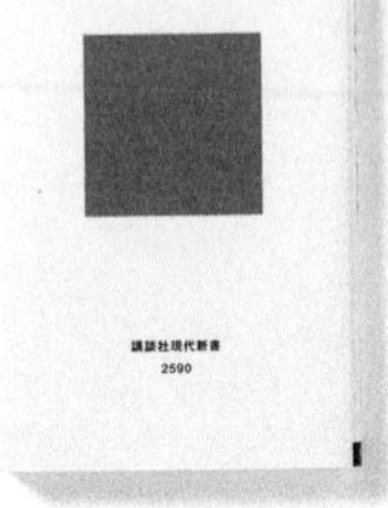

「民主主義」の本質と矛盾

「独裁政治では、一人が決める。貴族政治では、数名が決める。民主政治では、誰も決められない！」というジョークがある。ノーベル賞経済学者ケネス・アローは、「多数決の原理」に大きな方法論的な欠陥があることを「不可能性定理」によって示した。そもそも「完全に民主的な選挙方式」は、論理的に成立しないのである（その理由については、拙著『理性の限界』をご参照いただきたい）。

日本の選挙制度においても、地域による票の格差や、比例代表制で得票数が増えたのに議席数が減るといった、さまざまな「非合理性」をいくらでも挙げられる。しかし、だからといって、過去の遺物である「独裁政治」や「貴族政治」に逆戻りするわけにはいかない。なぜなら「民主政治」こそが、人類の到達した最善の政治形態だからである。それでは、現代における「民主主義」とは何か？

本書は「民主主義」にまつわる三つのジレンマに対して、読者が自分自身で考えて判断できるように、歴史的背景と哲学的考察が綿密に議論されている。次の三つの論点について、読者はそれぞれどちらの主張に賛同されるだろうか？

A_1＝民主主義とは多数決だ。多数が賛成した以上、反対者も従うべきだ。

A_2＝民主主義の下では全員が平等だ。多数決に抑圧されないように少数意見を尊重すべきだ。

本書の解答＝A_2を満たす場合に限ってA_1は正しい。

B_1＝公正な選挙が行われるのが民主主義国家だ。選挙で代表者を選ぶのが民主主義だ。

B_2＝民主主義とは、社会の課題を国民が解決することだ。選挙だけが民主主義ではない。

本書の解答＝B_1とB_2を相互補完的に捉えるべきだ。

C_1＝民主主義とは国の制度だ。国民が主権者であり、国民の意思を政治に適切に反映させる具体的な仕組みが民主主義だ。

C_2＝民主主義とは理念だ。平等な人々が共に生きる社会を創るため、終わることのない過程が民主主義だ。

本書の解答＝C_1とC_2を不断に結び付けていくことが必要である。

　世界の主要国で、気に入らない閣僚を次々と罷免したトランプ大統領、言論を弾圧する習近平国家主席、メディアを威圧するプーチン大統領ら、「独裁的指導者」が増えている。フィリピン、トルコ、ベラルーシ、北朝鮮でも……。

　本書で最も驚かされたのは、「現在の世の中で、民主主義の名の下に行われていることすべてを擁護する気はありません。その美名（といえるか怪しいですが）において、いかに多くの欺瞞、不正、隠蔽が横行しているか」という痛烈な批判である。この言葉は、日本学術会議の会員に推薦されながら、内閣から理不尽に任命を拒否された本書の著者・宇野重規氏の発言だからこそ、重みが違う！

本書のハイライト

本書を書き上げて思うのは、むしろ民主主義の曖昧さ、そして実現の困難さです。民主主義には、二五〇〇年以上もの歴史がありますが、そのほとんどの期間において、この言葉は否定的に語られてきたのです。出てくるのはむしろ、「民主主義が正しいとは限らない」、「民主主義など不可能ではないか」、「民主主義はもう終わりだ」といった評価ばかりです。［……］それでも、今後いかなる紆余曲折があるにせよ、いくつもの苦境を乗り越えて、民主主義は少しずつ前に進んでいく、そう信じて本書を終えることにします。（二六九 - 二七一頁）

宇野重規（うのしげき）一九六七年生まれ。東京大学大学院法学政治学研究科修了。同大学社会科学研究所教授。専門は政治思想史・政治哲学。著書に『政治哲学へ』（東京大学出版会）や『トクヴィル』（講談社学術文庫）などがある。

「地球」はありふれた惑星だったのか？

『地球は特別な惑星か？』
（講談社ブルーバックス）

「太陽系外惑星」発見のエピソード

幼い頃に読んだ宇宙の本に、夜空に輝く星々は私たちの太陽と同じ恒星であり、各々《おのおの》の周囲を惑星が回っているかもしれないが、「それらを発見することはできない」と書いてあった。なぜなら、星々はあまりに遠く、その周囲の惑星はあまりに微小だから……。読んでガッカリした記憶があるのだが、現在では、太陽系外惑星が四〇〇〇個以上発見されている。嬉しい驚愕である！

本書は、成田憲保氏が初めて一般向けに公表した単著だが、宇宙論を国際的にリードする東京大学名誉教授・佐藤勝彦氏が「最先端研究者によるたいへん読みやすい解説だ」とオビに推薦しているように、単なる解説書に留まらず、最先端の研究成果を社会に還元するという意味で、非常に意義深い作品になっている。今後、このようなレベルの「新書」が出版されていくことを願ってやまない。

さて、本書に詳しく紹介されているが、太陽系外惑星を探査するには、「アストロメトリ法」・「視線速度法」・「トランジット法」・「マイクロレンズ法」・「直接撮像法」などの方法がある。飛躍的な成果をもたらしたのは、アメリカ航空宇宙局（ＮＡＳＡ）が二〇〇九年に打ち上げた宇宙望遠鏡「ケプラー」だった。

「ケプラー」は、三年以上にわたって一〇万個の恒星の光度を測定し、惑星が主星を隠すときに生じる周期的な光度の微弱な変動を検出する「トランジット法」により、二〇一九年までに四〇〇〇個以上の惑星の発見を導いたのである。

この分野の先駆者であるカナダの天文学者ゴードン・ウォーカーは、一九八〇年から一九九二年にかけて、ハワイ島マウナケア山頂の天体望遠鏡を使って二一個の太陽型恒星の光度を観測した。彼が一二年間の長期観測を行った理由は、太陽系で最も巨大な惑星である木星の公転周期が一二年だからである。

残念ながら、二一個の恒星に木星以上の巨大惑星を発見できなかったウォーカーは、その論文を二〇一五年八月に発表した。ところが、その二か月後の一〇月、スイスの天文学者ミシェル・マイヨールが大学院生ディディエ・ケローと共に、太陽型恒星である「ペガサス座51番星」を公転する系外惑星を発見した。この惑星は、木星の半分の質量であるにもかかわらず、恒星のごく近傍を、たった四・二日で公転していたのである。人類史上、最初に系外惑星を発見したマイヨールとケローは、二〇一九年度のノーベル物理学賞を受賞した。

本書で最も驚かされたのは、マイヨールとケローの論文が掲載された『ネイチャー』の「解説」をウォーカーが書いていることである。もし彼が「ペガサス座51番星」を観測していたら、最初の発見者になれたはずだ。しかし彼は、まさか巨大惑星が主星の近傍を数日で公転するはずがないという先入観に支配され、その可能性を除外してしまった。自らの失敗を淡々と語り、他者の偉業を潔く称える科学者としてのウォーカーの姿が、実にすばらしい！

本書のハイライト

2020年代以降、太陽系の近くにある惑星系に地球に似た惑星を発見し、そこに生命の兆候を探すという研究がおこなわれようとしています。とはいえ、研究の進展にはまだまだ観測技術の向上が必要で、系外惑星に生命の兆候を探すという研究が実現するのは2030年代、あるいは2040年代以降のことかもしれません。しかし今ようやく、太陽系以外にも地球のように生命を育む惑星があるかという問いに、科学的な答えが出せる時代が近づいてきたのです。（四頁）

成田憲保（なりたのりお）一九八一年生まれ。東京大学大学院理学系研究科修了。自然科学研究機構アストロバイオロジーセンター特任准教授。専門は天文学・地球惑星科学。数多くの専門論文を発表している。

なぜ日本は「戦争」を避けなかったのか？

『避けられた戦争』（ちくま新書）

「戦争」を避けるチャンス

歴史に「もし○○していたら」とか「もし□□でなければ」などという「『タラレバ』は禁物」といわれる。後付けの理屈で都合よく歴史を解釈することに対する戒《いまし》めの言葉である。もちろん、過ぎ去った歴史を変えることはできない。しかし、なぜ日本が第二次世界大戦に突入したのか、国家が破滅に向かわない道筋がなかったのかを研究することには、重要な意義があるだろう。

一九一四年六月、オーストリア＝ハンガリー帝国の皇位継承者が暗殺された事件をきっかけに、ドイツ・オーストリア＝ハンガリーを中心とする「同盟国」とフランス・イギリス・ロシアを中心とする「連合国」の間で戦闘が始まった。戦線は世界に拡大し、約五〇か国を巻き込む第一次世界大戦となった。

この戦争では、史上初めて長距離砲・戦車・戦闘機・潜水艦・毒ガスのような大量殺戮兵器が用いられた。両軍戦闘員の戦死者は約一〇〇〇万人、非戦闘員の戦傷者は二〇〇〇万人に及ぶ。結果的にはアメリカの参戦で連合国が勝利を収め、一九一九年六月二八日、ドイツは屈辱的なヴェルサイユ条約に調印した。

「連合国」に加わった日本は、海軍をインド洋や地中海に派遣し、連合国側の兵員七〇万人の輸送を護衛した。アジアから参戦して高く評価された「大国」日本は、第一次世界大戦の膨大な犠牲が二度と生じないようにと一九二〇年に国際連盟が発足した際、イギリス・フランス・イタリアと並ぶ常任理事国に選出されている。一九二八年には、戦争が「違法」であることを認め、放棄することを誓うパリ不戦条約（一五か国が調印、最終的に六三か国参加）にも調印した。

ところが、国内では、国際平和を優先して戦争回避を目指す「国際派」が、日本の利益を何よりも優先して戦争を主導する「民族派」に押し切られてしまう。一九三一年には軍部が暴走して「満州事変」を起こし、日本は世界で最初にパリ不戦条約に違反した汚名国となる。

大日本帝国憲法において、軍隊は天皇に統帥権があるため、議会による文民統制ができなかったことが最大の原因である。

本書の著者・油井大三郎氏は、（一）ヴェルサイユ条約、（二）ワシントン条約、（三）米国移民法、（四）中国国権回復運動、（五）張作霖《ちようさくりん》爆殺事件、（六）ロンドン海軍軍縮条約、（七）満州事変の背景における国際派と民族派の論争を綿密に分析する。日本は中国を侵略し、中国はアメリカに協力を求めたわけだが、もし日本が欧米諸国と外交的に満州の利権を共有していたら、戦争回避のチャンスがあったというのである！

本書で最も驚かされたのは、一九三〇年代の日本が国際的視野で「対中融和外交」を行い、「文民統制」ができていたら、逆に日本は連合国に加盟して、第二次世界大戦でも戦勝国の仲間入りをした可能性があった点である。なぜ日本はヒトラーと共に破滅に突き進んでしまったのか、その検証は貴重である。

本書のハイライト

日本の国際協調派は絶えず過激な民族派からの反民主的な方法による脅威にさらされていた。それは、天皇側近にも及ぶもので、憲法秩序への挑戦であったが、政党の一部がそれの動きに同調する傾向さえ示したので、政党政治はその脅威を抑制することができなかった。大正デモクラシーで政党政治が実現したといっても、当時の日本の民主政治は未成熟であったと言わざるを得ない。その未成熟さを象徴するものとして、軍隊に対する文民統制の欠如があった。（二九三頁）

油井大三郎（ゆいだいざぶろう）一九四五年生まれ。東京大学大学院社会学研究科修了。同大学名誉教授・一橋大学名誉教授。専門は日米関係史・国際関係史。著書に『戦後世界秩序の形成』（東京大学出版会）や『好戦の共和国アメリカ』（岩波新書）などがある。

なぜ「エジプト」は人々を魅了するのか？

『盗まれたエジプト文明』（文春新書）

今も謎の「クレオパトラの墓」

二〇二〇年一一月一四日、エジプト政府は、首都カイロ近郊のサッカラ遺跡で、二五〇〇年以上前に封印されたという棺を、なんと一〇〇基以上も発掘したことを発表した。その後公開されたのは、古代エジプト第二六王朝からプトレマイオス王朝時代（紀元前八世紀～紀元前一世紀）に埋葬されたと推定される棺・ミイラ・副葬品で、保存状態は良好だという。壮大なロマンを掻《か》き立てる大発見である。

さて、二〇一七年から三年間、カイロ特派員としてエジプトに赴任した本書の著者・篠田航一氏が惹かれたのは、五〇〇〇年前から今も続く「盗掘」の話である。ルクソールの土産物店に入ると、墓から盗掘したという副葬品の「本物の遺物」を店主がレジの下から取り出して売ろうとする。私にも経験があるが、なぜか彼らの表情は「骨董品」を高値で売り付けようとする日本人に似て、胡散《うさん》臭い。

ファラオの神権政治に基づく古代エジプトは栄華を誇り、多くのピラミッドが建設された。しかし、プトレマイオス王朝最後の女王クレオパトラがローマ帝国のオクタヴィアヌスに敗れて紀元前三〇年に自殺し、王朝は滅亡する。その後、エジプトの「墓泥棒」は、盗賊はもとより国家レベルで行われてきた。

ローマ帝国からヴィザンチン帝国時代、ミイラに「ビチュメン」と呼ばれる「万能薬」が塗られているという迷信が流行し、盗掘されたミイラがヨーロッパに密輸された。実は、ミイラの肌が漆黒なのは、保存用に皮膚に塗られた樹脂が化学変化したからなのだが、当時は「知識は力なり」という言葉で知られるフランシス・ベーコンのようなイギリスの哲学者でさえ、ミイラの表皮を削って「血止め薬」に用いていた。

一八世紀、エジプトは軍事的要衝とみなされた。イギリスと敵対するフランスは、一七九八年、二九歳のナポレオン・ボナパルト将軍を遠征させて、エジプトを侵略する。ナポレオンは、軍隊と一緒に、医学・化学・薬学・地理学・建築学などを専門とする科学者一七〇名を同行させた。彼らはエジプトに関する研究成果を発表し続け、一九二九年に貴重な『エジプト誌』全23巻を完成させた。

ナポレオンの遠征軍が発見した「ロゼッタ・ストーン」には、古代エジプト語の「神聖文字（ヒエログリフ）」と「民衆文字（デモティック）」に、「ギリシア文字」を加えた三種類の文字で同一文が記述されている。この宝を、ナポレオン軍を破ったイギリスが戦利品として持ち帰り、今も大英博物館に展示している。エジプト政府の返還請求に対して、イギリスはレプリカだけを渡した。

本書で最も驚かされたのは、ドミニカ共和国の弁護士キャスリーン・マルティネス氏が、二〇〇五年から「私費」を投じて、今も謎の「クレオパトラの墓」探しに挑んでいるということだ。篠田氏のインタビューによると、彼女は「徐々に発見に近づいています。証拠を積み上げ、真実に迫る。それは法律家の仕事と一緒です」と話したという。古代エジプトの謎は、国籍・性別・年齢・職業などに関わりなく、全世界のあらゆる人々を魅了するらしい！

本書のハイライト

エジプトには「ナイルの水を飲む者は、ナイルに帰る」とのことわざがある。冗談じゃない。ナイルの水は不衛生で、とてもそのまま飲む気になれない。水に限らない。エジプトはテロの危険があり、ぼったくりは日常茶飯事で、万事いい加減な人も多く、予定が予定通りに進んだためしがない。悪態をつけばキリがない。でもそんなエジプトを初めて旅した二〇歳の頃から、実はずっとずっとあの国に惹かれ続けている自分がいる。（二四九頁）

篠田航一（しのだこういち）一九七三年生まれ。早稲田大学政治経済学部卒業。毎日新聞社外信部デスク。ベルリン・カイロなどで特派員を務めた。著書に『ナチスの財宝』（講談社現代新書）や『ヒトラーとＵＦＯ』（平凡社新書）などがある。

どうして「小学生」にそこまで要求するのか？

『超難関中学のおもしろすぎる入試問題』（平凡社新書）

超難関中学入試問題のセンス

すでに何年も前のことだが、我が家の子どもたちも国立中学校を「お受験」した経験があるので、本書を読みながら「どうして小学生にそこまで要求するのか」と、当時、何度も憤慨した記憶がマザマザと蘇ってきた。

たとえば、読者が「御《お》徒町《かちまち》」で地下鉄「大江戸線」に乗り、「都庁前駅」に向かうとする。このとき「ア：1番線に乗る」「イ：2番線に乗る」「ウ：1番線と2番線のどちらに乗ってもよい」のどれが正しいだろうか？

正解は「ウ」である。大江戸線は、部分的に「都庁前駅」を中心に山の手線のように環状になっている。これは、利用客にとっては容易だろうが、知らなければ解けない問題である。それでは、「東京の地下鉄は浅草〜上野間が最初だが、これは現在では銀座線の一部になっている」という文は、正しいか？

正解は「正しい」である。

ここに挙げた二問は、開成中学校が頻繁に出題する「東京問題」と呼ばれる入試問題の一部である。なぜ開成はこんな問題を出すのか。実は例年、一月に灘中学校の受験を終えた生徒が、二月に開成中学校の試験を受けに来る。これを「開成ツアー」と呼ぶらしいが、彼らは自宅のある関西の灘中学校に進学するので、開成中学校には記念受験に来るだけである。このツアーを組むのは大手塾で、「灘に三〇名、開成に二〇名合格！」といった実績を宣伝したいがために、優秀な特待生に旅費や宿泊費を出すわけである。

しかし、彼らは合格しても入学を辞退するため、開成は補欠合格者を何十名も出さざるをえない。それを「苦々しく思っている」開成サイドが、東京の生徒に有利になるように「東京問題」を出題するというのが、塾業界の「噂」だという。こんな理由のために、東京の雑学を懸命に覚えている受験生が、可哀そうになる。

思考力を問う意味で良問だと思ったのは、「新聞の紙面の約四割は広告」という事実から、「新聞社が広告料にたよることが、なぜ新聞記事の内容に影響を与えるのか」を問う麻布中学校の記述問題である。

「広告料を払う広告主に批判的な記事を書きにくくなるから」と答えられる小学生は、立派である。

「ランドセルが普及した理由を安全性の面から答えなさい」という渋谷教育学園幕張中学校の問題も、おもしろい。

「両手が自由に使える上、倒れてもクッションになるので怪我をし難いから」と思い浮かべば、正解である。

本書で最も驚かされたのは、台詞から芝居の題名を当てるという慶應義塾中等部の入試問題である。「こりァ面白くなってきたっ、サア、抜け、抜け、抜け抜け抜け、抜かねエか」という台詞だが、この芝居がおわかりだろうか。

正解は、歌舞伎の「助六」である。侠客《きようかく》の助六が源氏の宝刀を探すため、吉原の遊女に言い寄る遊客に故意に喧嘩を吹っかけて刀を抜かせようとする場面だが、この知識を小学生に要求することに意味があるのだろうか？

本書のハイライト

２０２４年度の学習指導要領改訂後の試験では、大きな変化が起こると考えられます。暗記量が減少し、記述式の問題、表やグラフを読み取って答える問題の割合が増えます。求められる学力、教養が変わっていくのです。現在、中学受験を行う受験生は、全員が学習指導要領改訂後、本当の大学入試改革後に大学受験に挑む世代です。したがって、国私立中学が受験生に求める学力も変わってきています。明らかに大学入試改革を見据えているのです。（一六八頁）

松本亘正（まつもとひろまさ）一九八二年生まれ。慶應義塾大学総合政策学部卒業。中学受験専門塾「ジーニアス」を首都圏各所に展開。著書に『合格する親子のすごい勉強』（かんき出版）や『合格する歴史の授業』（実務教育出版）などがある。

「出生前診断」を受けるべきか？

『出生前診断の現場から』（集英社新書）

「新型出生前診断」と「遺伝カウンセリング」

女性が社会に進出し、晩婚化が進むにつれて、いわゆる「高齢出産」が増えてきた。医学的には、妊婦の年齢が上がると共に胎児の染色体疾患の頻度も上昇することがわかっている。そこで注目されているのが「出生前診断」である。

かつて「出生前診断」といえば羊水検査を意味した。この方法では、母体の腹壁と子宮筋を長い注射針で穿刺《せんし》して二〇ミリリットル程度の羊水を吸引し、その中にある胎児由来細胞の染色体を検査する。超音波診断によって胎児の位置を確認して穿刺するわけだが、動き回る胎児が針で傷付くことも稀にある。羊水検査による流産のリスクは三〇〇分の一とされている。

ところが、二〇一三年に始まった「新型出生前診断」とも呼ばれる「ＮＩＰＴ：Non-Invasive Prenatal genetic Testing（無侵襲的出生前遺伝学的検査）」では、母体から一〇ミリリットル程度を採血するだけで胎児の染色体を検査できる。高度な医療テクノロジーによって、母体の血中に含まれる微小な胎児由来細胞だけから、三種類の染色体「トリソミー」（通常二本で対をなす染色体が三本になる状態）を識別できるようになったのである。

その三種類のトリソミーとは「21トリソミー（ダウン症）」・「18トリソミー（エドワーズ症）」・「13トリソミー（パトー症）」である。これら以外の染色体疾患のある胎児は、妊娠初期に流産するのが普通だという。その意味で、トリソミーを抱えて誕生する赤ちゃんは、それだけ「生命力が強い」ということもできる。問題は、彼らの先天異常を「個性」とみなすか否かである。

日本医学会は、（一）三五歳以上の「高齢出産」、（二）染色体疾患の子の出産歴があること、（三）超音波診断等で医師が異常所見を認めた場合に限って、ＮＩＰＴ検査を九二の指定施設で承認している。これらの施設では、そもそもＮＩＰＴを受けるべきか、「陽性」・「判定保留」の結果が出た際にはどう対応すべきか、その後のカップルのメンタル・ケアまでを含めた「遺伝カウンセリング」を行っている。

ところが、インターネットで手軽に予約することが可能で、しかも胎児の染色体ばかりでなく性別も通知するような無認可施設が増えている。通知後にカウンセリングなどはなく、さまざまなトラブルが続出している。

本書で最も驚かされたのは、すでに三種類のトリソミーだけではなく、胎児の全染色体のスクリーニングが可能になっているという事実である。アメリカでは、高額な費用を支払えば、胎児の「ＤＮＡシーケンス（塩基配列）」のうち、七〇〇万塩基対の重複や欠損をスクリーニングするサービスもあるという。

二〇一八年一一月、中国でＤＮＡ編集を施した受精卵からＨＩＶ耐性のある双子が誕生した。「出生前診断」から「出生前治療」、さらに「デザイナーベビー」へと進む最先端医療テクノロジーに、モラルが追い付いていない現状を痛感せざるをえない。

本書のハイライト

出生前診断の本質は選択的中絶にあります。異常が見つかれば中絶する。なぜ？　豊かな生活のため。充実した生活のため。誰の？　畢竟《ひっきょう》、それは自分のため、自分たちのためです。自分たちだけのためです。［……］「情報」をいくら集めたところで、人生の正しい選択をすることはできっこありません。正しい選択、あるいは後悔のない選択などというものは本質的にはありえません。そこにあるのは自分で決めて前に進むこと、そしていかに充実した生を生きるかということだけでしょう。（二四二‐二四三頁）

室月淳（むろつきじゅん）一九六〇年生まれ。東北大学医学部卒業。宮城県立こども病院産科部長・東北大学大学院医学系研究科客員教授。著書に『妊娠初期超音波と新出生前診断』（共編著、メジカルビュー社）がある。

「タコ」が進化したらどうなってしまうのか？

『タコの知性』（朝日新書）

「タコ」の衝撃の知性

日本人は、タコをよく食べる。刺身に握り鮨、タコ酢にタコの天ぷらや唐揚げ、おでんの具にもなるし、子どもたちはタコ焼きが大好きだ。ゆでダコはサラダやマリネ、炒め料理にもマッチする。海外のアヒージョやパエリア、カラマリにも欠かせない。タコが「万能食材」と呼ばれる所以《ゆえん》である。

タコをイカのような軟体動物から際立たせている特徴といえば、その巨大な脳である。タコの体重に対する脳のサイズは、およそ高等脊椎動物（哺乳類や鳥類）と下等脊椎動物（両生類や爬虫類や魚類）の間にある。タコは、その重い脳を六本の腕で支えて「二足歩行」もできる。凄すぎるではないか！

一口に「タコ」といっても、二五〇種が世界の海洋に分布し、その寿命は一〜二年と非常に短い。それにもかかわらず、マダコにボールを提示し、そのボールを攻撃したときに餌を与えることを繰り返すと、そのマダコはボールを攻撃するようになる。つまり、イヌと同じレベルの条件付けが成立するのである。

さらに、イタリアのタコ研究者として知られるグラツィアーノ・フィオリトとピエトロ・スコットが行った実験では、マダコに赤いボールと白いボールを同時に見せて、赤いボールを攻撃すれば餌を与え、白いボールを攻撃すれば電気ショックを与える。この水槽を透明な仕切りで隔てて、その様子を他のマダコに見せる。そのマダコは、何が起こっているのかを熱心に観察する。

さて、実験を見ていたマダコに赤いボールと白いボールを見せると、なんとこのマダコは、赤いボールだけを攻撃するというのである。一般に、同種の他個体の行動を見て学ぶことを「観察学習」と呼ぶ。これは、チンパンジーでも難しいといわれる学習だが、マダコには、その能力があるというのだ！

この研究結果は、一九九二年の『サイエンス』に掲載された。本書の著者・池田譲氏の研究グループは、さらに高度なタコの「鏡像自己認識」や「社会活動」に関する実験を現在進行形で実施しており、本書には、その興味深い成果が詳しく解説されている。

本書で最も驚かされたのは、タコが「道具」を使うという事実である。二〇〇九年に発表された論文によれば、タコがホタテガイやハマグリのような二枚貝の殻を持ち歩いて、いろいろな局面で利用するケースが二〇例も報告されている。たとえばメジロダコは、人間が捨てた大きなココナッツの殻をソリのようにして持ち歩き、その中に自分の体を入れて隠れることもあるという。

タコが「二足歩行」して「道具」も使える以上、もし未来に人類が弱体化したら、海から上陸して火を使えるほどに進化するかもしれない。そこで思い浮かぶのは、イギリスのＳＦ作家ハーバート・ウェルズの『宇宙戦争』に登場する「火星人」である。

この「タコ型知的生命体」は、脳が異常発達して巨大化する一方、消化器官は退化して、吸盤から動物の血液を直接吸出して栄養を摂取する。今はタコを食べている傲慢な人類が、未来にはタコの子孫に襲われるかもしれない！

本書のハイライト

想像の域を出ないが、タコの先祖である何者かは貝家を飛び出たのだろう。彼は自由を求めて飛び出した。貝家のアウトサイダーとも言えるだろう。後に彼は、あるいは彼女は、大きな脳を身につけ、立派なレンズの入った眼を備え、吸盤のついた八本の腕というユニークな道具で身を固めた。硬い盾で身を守るのではなく、さりとて強靭な牙で獲物を襲うのではなく、状況を読み取り、わずかな力で最大限の成果をあげる、賢さという武具により生き抜く術を体得した。（二四一頁）

池田譲（いけだゆずる）一九六四年生まれ。北海道大学大学院水産学研究科修了。琉球大学理学部教授。著書に『イカの心を探る』（ＮＨＫ出版）がある。

何が「はやぶさ2」を大成功させたのか？

『はやぶさ2 最強ミッションの真実』（ＮＨＫ出版新書）

「はやぶさ2」プロジェクトの舞台裏

二〇一〇年六月一三日、小惑星探査機「はやぶさ」は、数え切れないほどのアクシデントに遭遇しながら、約七年間にわたる約六〇億キロの宇宙の旅を終えて地球に帰還した。小惑星イトカワのサンプルを含むカプセルを地球に送り込んだ「はやぶさ」は、大気圏に再突入して、夜空を輝かせる流星となって消滅した。

「はやぶさ」が打ち上げられた二〇〇三年当時に手術を受けた患者や転職した会社員が、その後の自分の病状や境遇と「はやぶさ」の苦難とを重ね合わせて応援を始め、ネットにはフアンクラブまで結成された。

宇宙に「おつかい」に行って「迷子」になった「満身創痍」の「はやぶさ君」が、健気に仕事を果たして「桜と散る姿」を動画で見て、涙が出たというファンも多かった。

閉塞した状況の現代の日本で、はやぶさは「広く国民に敬愛され、社会に明るい希望を与えることに顕著な業績があった者」である以上、「国民栄誉賞」を与えてはどうか、という意見さえ飛び出している。

一般に、人間以外の対象に人間の性質や特徴を与える比喩表現を「擬人化」と呼ぶが、この擬人化が深い感情移入をもたらすことは、よく知られている。もちろん、言うまでもないことだが、「はやぶさ」は厳然たる精密機械であって、考えたり悲しんだりすることはない。実は、「はやぶさ」に人間性を与えているのは、驚異的な頭脳と献身的な努力によって、幾多のトラブルを乗り越えてきたプロジェクトチームの血の通った人々の存在なのである。

さて、「はやぶさ」が小惑星からのサンプル回収という「工学実証ミッション」だったのに対して、「はやぶさ2」は「小惑星探査ミッション」と位置付けられる。小惑星は、風化や浸食がなく、太陽系成立時点の状態を維持する「太陽系の化石」である。

「はやぶさ2」が向かった小惑星「リュウグウ」は、いびつな形状で岩盤が多く、到着直後には「着陸可能な領域はない」との悲観的な見通しが立てられるほどだった。ところが、それから一年半の間に二地点にタッチダウンして、二〇二〇年一二月六日には、期待を大幅に上回るサンプルを回収できた。その成功の秘訣とは何か？

本書で最も驚かされたのは、著者・津田雄一氏がプロジェクトマネージャーに任命されたのが、准教授になったばかりの三九歳の若さだということである。

一般に、世界が注目する重大プロジェクトを准教授が率いるようなことは、大学業界の常識では、まずありえない。任命された津田氏も、「これは捨て駒にされたかな」と訝《いぶか》ったそうだが、それも当然だと思うほど、異例中の異例の人事といえる。

しかし、津田氏の力量を見抜いたＪＡＸＡ上層部の判断は正しかった。六年間に及ぶ「はやぶさ２」の飛行管制や困難な着陸に全員が疲弊し、チーム内が「殺伐」とした時点で、津田氏は自分の権限を移譲して、管制室内ではフライトマネージャーの指示に従うことにした。そこでチームワークが復活し、彼らは七つもの「世界初」を達成できたのである。

サンプルを地球に投下した「はやぶさ２」は、新たなミッションに向けて、今も「健気」に飛行中である。

本書のハイライト

はやぶさ2が行ったのは「最先端の技術」による「究極の基礎科学」だ。技術・科学の両面で、人類普遍の価値を高めた。組織のためや国のためではなく、人類全体の叡智に貢献するミッションだから、世界に喜ばれた。はやぶさ2を通じて、日本という国、日本の技術や科学へのひたむきさが、世界に伝えられたと思う。（二五八 - 二五九頁）

津田雄一（つだゆういち）一九七五年生まれ。東京大学大学院航空宇宙工学研究科修了。宇宙航空研究開発機構（ＪＡＸＡ）教授。二〇一五年から「はやぶさ2プロジェクトマネージャー」を務めた。数多くの専門論文を発表している。

学校の問題を「法律」で解決できるのか？

『学校弁護士』（角川新書）

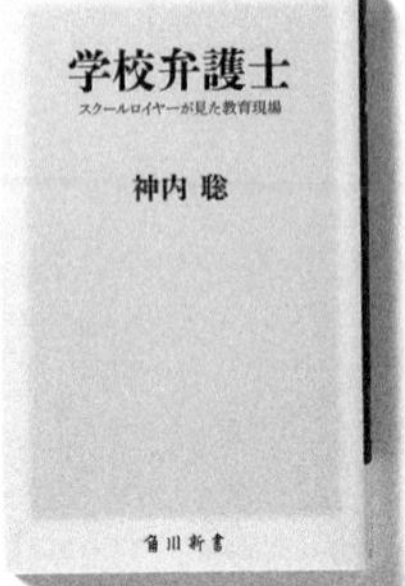

文科省が推進する「スクールロイヤー」設置

日本の学校において、どれだけ解決困難な問題が生じているのか、本書の目次を追っていくとよくわかる。いじめ、虐待、不登校、校則そして懲戒処分、保護者対応、体罰、部活動、学校事故、教師の過重労働……。このような小・中・高等学校の教育現場における諸問題を、法的に解決できるのだろうか？

本書の著者・神内聡氏は、弁護士として学校の「スクールロイヤー」を担当する一方、中高一貫校の社会科教師としての勤務経験もある。一般に、弁護士は学校現場を知らず、教師は法律に疎い。両方を知る著者だからこそ、本書の価値がある。

さて、読者が高校教師だとしよう。担任のクラスの男子生徒Xが同じクラスの女子生徒Y

に好意を抱き、「交際してほしい」と告白した。しかし、YはXに興味がないので、即座に断った。これに傷付いたXは、不登校になってしまった。読者だったら、この問題に、どのように対処されるだろうか？

よくある思春期の失恋であり、プライバシーにも関わる案件なので、時間が解決するまで放っておくだろうか？　それでも不登校が長く続くようであれば、Xの家庭に連絡して、家族と共にXを励ますだろうか？　あるいは、Yを呼び出して、Xに少しは優しくしてやってほしいとでも諭すだろうか？

二〇一三年に制定された「いじめ防止対策推進法」によれば、「いじめ」の定義は、「児童生徒に対して、当該児童生徒が在籍する学校（小学校、中学校、高等学校、中等教育学校及び特別支援学校）に在籍している等当該児童生徒と一定の人的関係にある他の児童生徒が行う心理的又は物理的な影響を与える行為（インターネットを通じて行われるものを含む）であって、当該行為の対象となった児童生徒が心身の苦痛を感じているもの」となっている。

要するに、被害者が加害者の「心理的又は物理的な影響を与える行為」によって「心身の苦痛を感じている」場合は、法的に「いじめ」に相当する。したがって、右記の事例では、法律上、Xは「いじめ」の被害者であり、Yは加害者とみなされる。

そこで、担任の教師は、XとYから事情を聴取し、Xには「支援」、Yには「指導」を行わなければならない。さらに、この問題を学校の「いじめ防止対策委員会」に報告して、情報を共有しなければならない。

本書で最も驚かされたのは、その種の法的対応は「常識的にあり得ない」と神内氏が喝破している点である。文部科学省は、「いじめ」対策のためスクールロイヤー設置を推進しているが、肝心の法律が現実から遊離している以上、弁護士が違法か適法かを判断しても、現場では「役に立たない」というわけである！

そもそも文科省は、「プログラミング教育・外国語教育・道徳教育・理数教育・我が国の伝統や文化に関する教育・主催者教育・消費者教育・特別支援教育」の八つを重点化し、この種の「○○教育」が世間に氾濫している。生徒も教師も疲れ果てている「教育」現場に、さらに「法律」まで持ち込んで、何をしたいというのだろうか？

本書のハイライト

百種類以上あるともいわれる○○教育。日本のような大人数学級でのアクティブ・ラーニング。思い付きのように進められる大学入試改革。何のエビデンスもない教育政策が繰り返され、今の学校は子どもも教師も完全に疲弊し、いいようのない閉塞感が漂っている。［……］新型コロナウイルスの激動の中でわかったことは、「日本の教育政策には子どもたちの目線で考えるスタンスが決定的に欠けている」ということだ。こうしたスタンスである限り、いくら法律を制定したところで子どもたちを救えるはずがない。（二六八 - 二六九頁）

神内聡（じんないあきら）一九七八年生まれ。東京大学大学院教育学研究科・筑波大学大学院ビジネス科学研究科修了。兵庫教育大学大学院学校教育研究科准教授、弁護士。著書に『スクールロイヤー』（日本加除出版）や『学校内弁護士』（日本加除出版）などがある。

なぜ「ＣＭ」が炎上するのか？

『炎上ＣＭでよみとくジェンダー論』（光文社新書）

「ジェンダー」と「ＣＭ」

一九七五年八月、ハウス食品工業がインスタント・ラーメン「シャンメン」のコマーシャルをテレビで放送した。若い女性と少女が「作ってあげようシャンメン、フォー・ユー」と歌いながら踊り、自分たちを指差して「私作る人」と言い、男性が「僕食べる人」と言って、三人で並んでラーメンを食べる。

製作サイドからすれば、小学校四年生の少女が家でラーメンを家族に作ってあげるという調査回答からヒントを得たＣＭだということで、「かわいらしい」とか「ユーモラス」という好評価もあった。ところが、「国際婦人年をきっかけとして行動を起こす女たちの会」が、この台詞は「男女の役割分担を固定化するもの」と強く抗議し、ハウスはＣＭの放送を中止した。そこで『私作る人、僕食べる人』は、日本で最初に「ジェンダー」概念によって批判され、たった一か月の放送で中止された元祖「炎上ＣＭ」となったわけである。

本書の著者・瀬地山角氏は、小学校六年生だったときに、『私作る人、僕食べる人』が放送中止になった理由を母親に聞かれて、「料理をするのは女性と決めつけてるから」と答えたそうだ。このＣＭが「出発点」となって、その利発な少年が立派な社会学者に成長したのだから、このＣＭは少なくとも一つは想定外の成果を挙げたといえるかもしれない。

さて、日本国憲法第一四条は、「すべて国民は、法の下に平等であって、人権、信条、性別、社会的身分又は門地により、政治的、経済的又は社会的関係において、差別されない」と定めている。ここで「差別」とは、一般に個人が変えることのできない「属性」によって不利益な扱いを受ける事態を指す。したがって、「女だから」とか「男だから」といった「社会的性役割（ジェンダー）」をＣＭで振り分けること自体、すでに「差別」的発想なのである。

二〇一七年に「炎上」した牛乳石鹸のＣＭでは、息子の誕生日を迎えた会社員が、仕事の合間に妻から頼まれたケーキとプレゼントを購入するが、仕事で失敗した後輩を慰めるために居酒屋へ行く。帰宅が遅くなり、怒る妻を残して風呂場へ。牛乳石鹸で顔を洗い、風呂場から出て妻に「ごめんね」と謝罪し、息子と三人で食卓へ。画面に「さ、洗い流そ」のキャッチ・コピーが流れる。

女性視聴者から「子どもの誕生日に飲んで帰って来て何を洗い流すの⁉」とか「ただただ不快な気持ちになる」と批判が殺到した。牛乳石鹸は公式サイトに「がんばるお父さんたちを応援するムービーです」と説明して、火に油を注いだ。このＣＭが、家庭よりも仕事を優先する「男性役割」に固執した結果である。

本書で最も驚かされたのは、多くのジェンダー論者が非難する「ミスコンテスト」を瀬地山氏が容認していることである。本書には、「外見が優れている」という評価は「歌がうまい」という評価と同程度に「肯定」してよいとある。その一方で、ミスコンの女性像が社会的圧力あるいは「差別」になってはならないとも指摘している。ここで重要になるのは、女性がミスコンに出場する「自由」と女性たちの「平等」のバランスをどう保つかという論点ではないだろうか？

本書のハイライト

「男女の平等」は、「性別からの自由」を一緒に含めて考えなくては意味がないというのが、私の一貫した立場です。性別に関しては「平等」という概念だけでなく、「自由」という概念が不可欠なのです。この場合の自由というのは、性別にかかわりなくある人が自分の能力を発揮できる、性別にかかわりなく、個人として扱われる、ということを意味します。（四九頁）

瀬地山角（せちやまかく）一九六三年生まれ。東京大学大学院総合文化研究科修了。同大学大学院比較文化研究科教授。専門は社会学・ジェンダー論。著書に『東アジアの家父長制』（勁草書房）や『お笑いジェンダー論』（勁草書房）などがある。

「おもてなし」とは何か？

『客室乗務員の誕生』（岩波新書）

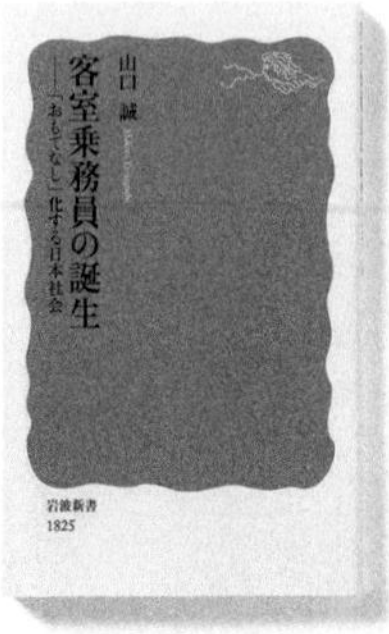

ＣＡの「究極の任務」

飛行機の乗客が「自分はパニック症候群なのです」とキャビン・アテンダント（ＣＡ）に伝えたところ、機長から「自分もジェットコースターは苦手です。揺れないように操縦しますから、ご安心ください」という機内アナウンスがあった。その配慮に、乗客は感激した。

出産直後から集中治療室に入っている孫を見舞うために、老夫婦が飛行中に「折鶴」を折っていた。事情を知った機内のＣＡ全員が、折鶴を折り、お見舞いメッセージを添えて渡してくれたので、老夫婦は、彼女たちの行為に感動した。

着陸後、乗客が搭乗口に向かって歩いていると、ＣＡが追いかけてきた。この乗客の持っていた土産袋が痛んで破れかけているのに気付いて、新しい紙袋を持ってきてくれたのである。乗客は、彼女の思いやりに深く感謝した。

これらのエピソードは、大手航空会社に採用された「ＣＡの卵」が「訓練開始までに読むように」と渡された冊子から抜粋した「お客様の声」の一部である。実は、私のゼミから入社の決まった卒業生が見せてくれたものである。

この冊子の表紙には、「一〇〇人のお客様」がいれば「一〇〇通りの想い」があり、その「想い」は常に変化するため「正解はありません」と書いてある。しかし、その「想い」に応えることは「難しいこと」でも「特別なこと」でもなく、「一生懸命さ、ひたむきさは必ずお客さまに伝わります」とある。なるほど、これが「おもてなし」教育の出発点なのかと、大いに考えさせられた。

さて、今からおよそ百年前の一九二二年、イギリスのダイムラー航空が、世界初の客室乗務員「スチュワード」を配置した。当初は飛行機への負担を軽減するため、小柄な少年が乗客の食事や飲み物のサービスを行った。一九三〇年にはアメリカで女性の「スチュワーデス」が誕生し、一九三四年にユナイテッド航空が採用した看護師資格を持つ八人の女性「オリジナル・エイト」が大評判になった。

第二次世界大戦後、民間航空機の日本上空飛行が許可された一九五一年、日本航空が誕生した。この年に採用された「エアガール」には、一三〇〇人の応募から、年齢・身長・体重・学歴に加えて「容姿端麗」で「英会話可能」な一五人が選ばれた。

それから約七〇年の間に、「エアホステス」・「スチュワーデス」を経て「キャビン・アテンダント」に変遷する経緯が、本書では、制服・機内サービス・ドラマ制作・メディア情報などの多種多様な観点から詳細に分析されている。

いわゆる「サービス」が、対価に応じる一般的な対応であるのに対して、個人に向けた特別の配慮のことを「ホスピタリティ（hospitality）」と呼ぶ。とくに日本に特化したホスピタリティが「おもてなし」なのである。

本書で最も驚かされたのは、本書の著者・山口誠氏がＣＡを「おもてなしの達人」と位置付け、その「達人」になることを「究極の任務」とみなしている点である。果たして現場のＣＡがそこまで意識しているのか、一度尋ねてみたい。

本書のハイライト

品格労働とは、対価を求めない無償奉仕、終わりなき自己研鑽、そして伝統や教養に裏打ちされた集合的で審美的な品格への同化、という三つを特徴とする、日本型ホスピタリティとしての「おもてなし」に特有の思考様式である。それはお金のためでなく、他人のためでもなく、自分を磨くために伝統の「おもてなし」を実践し、その先に日本人としても品格を共有する、という考え方である。（二二二頁）

山口誠（やまぐちまこと）一九七三年生まれ。東京大学大学院人文社会系研究科修了。獨協大学外国語学部教授。専門は社会学・観光学。著書に『英語講座の誕生』（講談社）や『グアムと日本人』（岩波新書）などがある。

「ポスト・コロナ」の世界はどうなるのか？

『SDGs』（中公新書）

国連で採択された「持続可能な成長目標」

西暦元年の世界人口は三億～四億人にすぎなかったが、二〇世紀初頭に約四倍の一六億人に達し、二〇世紀末には約六〇億人にまで膨れ上がった。二〇二〇年時点の世界人口は約七八億人、一〇年後の二〇三〇年には一〇%増の八五億人ほどになると推計される。

一九〇〇年かけて約四倍になった世界人口が、最近の一〇〇年で、そのまた約四倍と爆発的に増加したわけである。一九七〇年、この状況に危機感を抱いた世界屈指のシンクタンク「ローマ・クラブ」は、マサチューセッツ工科大学の環境学者ドネラ・メドウズに「人類の未来」をシナリオ化する研究を委託した。

彼女は、多彩な分野の専門家一七名によるプロジェクトチームを結成し、「人口・農業・工業・汚染・天然資源」の五つの要素を状態変数とする世界モデルを構築した。そのモデルに基づくコンピュータ・シミュレーションを二年間繰り返し、結果を一九七二年の『成長の限界：ローマ・クラブ「人類の危機」レポート』に発表した。彼女の結論は「一〇〇年以内に地球上の成長は限界点に到達するだろう。最も生じる可能性の高い帰結は、世界人口と工業力が突発的に制御不可能な減少に転じることである」という悲観的なものだった。

その後もメドウズらは、新たな情報を加えてシミュレーションを繰り返し、最新版の二〇〇五年版『成長の限界：人類の選択』には、一一種類の未来のシナリオが示されている。その中には、二〇三〇年までに成長の限界点を迎え、資源供給が行き詰まり、経済破綻と人口減少が始まるというシナリオもある！

二〇一五年九月、国連は「持続可能な開発目標（ＳＤＧｓ：Sustainable Development Goals)」を掲げた。ここで重要なのは、この「ＳＤＧｓ」が、国連加盟の一九三の国と地域すべての賛同によって採択された「国際目標」だという点である。本書の著者・蟹江憲史氏は、その詳細を明快に解説している。

さて、ＳＤＧｓには一七の「目標（Goals)」が掲げられている。貧困・飢餓・健康と福祉・教育・ジェンダー平等・安全な水とトイレ・エネルギー・働きがいと経済成長・産業と技術革新・不平等の是正・都市と居住・消費と生産・気候変動・海洋生態系・陸上生態系・平和と公正・パートナーシップ……。

これらの「目標」は、二〇三〇年までに一六九の「ターゲット（target）」を具体化すれば達成できるという。ターゲット間には、「農業従事者の所得拡大」と「化学物質の削減」のように、両立が困難に思える組み合わせも見られるが、その改善策も世界中で研究が進められているそうで、実に壮大なプランである。

本書で最も驚かされたのは、新型コロナウイルスによるパンデミックがＳＤＧｓに貢献する面もあるという点だ。たとえば、観光客のゴンドラが激減したヴェネツィアでは、水路が透明になり水底が見えるようになった。人間社会と経済は大打撃を受けたが、地球の環境は改善されているというわけである！

本書のハイライト

個別の現象のように見える課題が、世界各地で固有の文化や地域的要素にのっとりながら現れる。気候変動、エネルギー、ジェンダー……根っこは同じことでも、違う時間や場所で違うかたちで、しかし同じように複雑にからみあいながら、現われてくる。逆から見れば、現象としての現れ方に差はあっても、課題の本質は同じといった問題が、世界各地で同時多発的に発生する。（vii - viii頁）

蟹江憲史（かにえのりちか）一九六九年生まれ。慶應義塾大学大学院政策・メディア研究科修了。同大学環境情報学部教授。専門は国際関係論・環境政策学。著書に『地球環境外交と国内政策』（慶應義塾大学出版会）や『環境政治学入門』（丸善出版）などがある。

「20世紀最恐の天才」は何を考えていたのか？

『フォン・ノイマンの哲学』
（講談社現代新書）

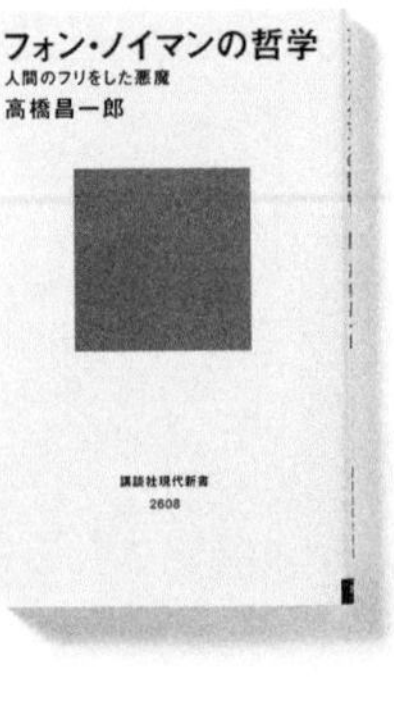

現代思想の「善・悪」の原点

再び拙著を紹介するのはおこがましいのだが、ぜひ読者に読んでいただきたいのが『フォン・ノイマンの哲学』である。彼は、二〇世紀を代表する天才の中でも、ひときわ光彩を放っている人物だ。わずか五三年あまりの短い生涯の間に、論理学・数学・物理学・化学・計算機科学・情報工学・生物学・気象学・経済学・心理学・社会学・政治学に関する一五〇編の論文を発表した。

天才だけが集まるプリンストン高等研究所の教授陣の中でも、さらに桁違いの超人的な能力を発揮したノイマンは、「人間のフリをした悪魔」と呼ばれた。彼は「コンピュータの父」として知られる一方で、原子爆弾を開発する「マンハッタン計画」の科学者集団の中心的指導者でもあった。

彼の死後、生前の論文を集めて出版された英語版『フォン・ノイマン著作集』は、全六巻で合計三六八九ページに及ぶ。第一巻「論理学・集合論・量子力学」、第二巻「作用素・エルゴード理論・群における概周期関数」、第三巻「作用素環論」、第四巻「連続幾何学とその他の話題」、第五巻「コンピュータ設計・オートメタ理論と数値解析」、第六巻「ゲーム理論・宇宙物理学・流体力学・気象学」というタイトルを眺めるだけでも、彼の論文がどれほど多彩な専門分野に影響を与えたかわかるだろう。

その一方で、ノイマンがいかに世界を認識し、どのような価値を重視し、いかなる道徳基準にしたがって行動していたのかについては、必ずしも明らかにされているわけではない。さまざまな専門分野の枠組みの内部において断片的に議論されることはあっても、総合的な「フォン・ノイマンの哲学」については、先行研究もほとんど皆無に等しい状況である。

そこで、ノイマンの生涯と思想を改めて振り返り、「フォン・ノイマンの哲学」に迫るのが、本書の目的である。そして、書き終えて改めて思うのは、やはり彼は、通常のセンスでは計り知れないということだ。ノーベル物理学賞を受賞したハンス・ベーテは、ノイマンのことを「人間よりも進化した生物ではないか」と述べているが、それが誇張ではないと思えるほどの人物である。

第二次世界大戦中、ノイマンは、日本人の戦争意欲を完全に喪失させることを最優先の目標として、「歴史的文化的価値が高いからこそ京都へ投下すべきだ」と原爆標的委員会で述べた。戦後は、アメリカから大量の原爆で先制攻撃を仕掛けて、ソ連のスターリン独裁政権を徹底的に壊滅すべきだと主張した。

晩年のノイマンは、アイゼンハワー大統領の主要ブレーンの一員であり、陸海空軍長官をはじめ、ロスアラモス国立研究所やランド研究所といったシンクタンクの所長と対等に話し合える立場にまで昇りつめていた。ガンで倒れた彼の病室に大統領側近が勢揃いして彼のアドバイスに耳を傾けたのは、それだけノイマンが信任され、先見の明を期待されていたからである。

もし彼が生きていたら、もっと早い段階で「ノートパソコン」や「スマートフォン」が誕生し、今頃は「量子コンピュータ」が実用化されていたかもしれない。ただし、犠牲を最小限にして最大利得を求める「ミニマックス戦略」を生み出した超合理的なノイマンは、キューバ危機や朝鮮戦争やベトナム戦争では、何のためらいもなく、核兵器の使用を大統領に進言したことだろう！

本書のハイライト

要するに、ノイマンの思想の根底にあるのは、科学で可能なことは徹底的に突き詰めるべきだという「科学優先主義」、目的のためならどんな非人道的兵器でも許されるという「非人道主義」、そして、この世界には普遍的な責任や道徳など存在しないという一種の「虚無主義」である。つまり、ノイマンは、表面的には柔和で人当たりのよい天才科学者でありながら、内面の彼を貫いているのは「人間のフリをした悪魔」そのものの哲学といえる。（一七五頁）

そもそもなぜ「顔」があるのか？

『「顔」の進化』（講談社ブルーバックス）

進化が生み出した「究極の傑作」

「『顔』とはなんだろう。そもそもなぜ顔はあるのか。どこからどこまでが顔なのか。なぜそこに顔があるのか。何がついていれば顔なのか。顔は何をしてきたのか。顔がない生きものと顔がある生きものの違いとは。人類の顔はなぜこうなったのか。東洋と西洋、男と女、大人と子供の顔はどう違うのか。これから顔はどう変わっていくのか。顔についてのあらゆる疑問に、人類形態進化学の大家が答える！」

これが本書の「内容説明」である。一般に「内容説明」といえば、書籍の内容をパラフレーズしたにすぎないものが多いが、この「内容説明」は、「顔」に対する一〇の本質的な論点を疑問形にして、それを「人類形態進化学の大家が答える」と読者に大いなる期待感を抱かせている。おそらく編集者が書いたのだろうが、読者の興味をそそるという意味では、立派な「名文」だと思う。

　さて、植物は光合成によって栄養を作り出すことができるが、動物は餌を外部から取り込まなければならない。そこで、最初に「口」が誕生した。地中に棲《す》むミミズには眼がないが、先端には口がある。つまり口こそが動物の特徴であり、その機能を高めるために、眼・鼻・耳などのパーツが付け加えられて、動物の「顔」に進化してきたというわけである。

　ウマは、ライオンやトラに襲われても即座に逃げ出せるように、長い脚を持ち、立ったまま草を食べる。好きな草を選ぶのに都合がよいように口先は細く、草で眼球を傷付けないように、また視野を広げるために、眼は口から遠ざかる。こうしてウマの顔は、細長く、眼から口までの距離が長い「馬面」になった。つまり顔とは、環境への適応により進化した結果なのである。

　ネコの顔が横に広がり丸くなったのは、獲物に強く噛み付くためだ。ネコの顎は短く、切歯で噛み付くために側頭筋《そくとうきん》が発達した。多くの動物にとって最優先事項は食べることなので、顔の先端に口がある。ところが、巨体のゾウは、口を上下左右に動かすことができず、鼻が長く発達して餌を口に運ぶようになった。顔の先端に口がないという意味で、二足歩行により手で餌を口に運ぶようになったヒトの顔は、ゾウの顔に近いと本書の著者・馬場悠男氏は述べている。

本書で最も驚かされたのは、口の中でも歯が顔の進化に果たしてきた重大な役割である。日本人のルーツは、約一万五〇〇〇年前から日本にいた「縄文人」と約二八〇〇年前に大陸から渡ってきた「弥生人」の混血にある。頭蓋骨の化石のレントゲン写真を分析すると、日本人の祖先は、顎の骨がしっかりとして歯並びがよく、側頭筋や咬筋《こうきん》が発達していたことがわかる。彼らが肉を食いちぎり、乾燥米のような硬い食物を食べていたからである。

ところが、古墳時代以降、日本人は柔らかく加工された食物を食べるようになり、顔が「華奢」に変化してきた。中世から近代になると、歯槽骨《しそうこつ》が退縮し、すべての歯が並びきれず、いわゆる「出っ歯」の傾向が強くなった。馬場氏は、現代の日本の若者は「歯並びが最悪」だと述べているが、その原因は、柔らかすぎる食物にあったのである。若者よ、もっと硬い物を食べようではないか！

本書のハイライト

あなたの顔には、眉毛があり、眼には白眼が見える。頬から高まる鼻があり、中には鼻毛もある。唇がめくれ、赤く染まり、すぐ上に人中と呼ばれる窪みもある。じつはこんな特徴は、ほかの動物には見られないものであり、ヒトが進化の過程で獲得した「人間らしさ」の表出ともいえるものなのだ。そして、こうした特徴が、我々の祖先が文化を生み出し、文明を築くようになった原動力ともなっている。（四頁）

馬場悠男（ばばひさお）一九四五年生まれ。東京大学大学院理学系研究科修了。国立科学博物館名誉研究員。専門は人類学・形態進化学。著書に『ホモ・サピエンスはどこから来たか』（河出書房新社）や『ビジュアル顔の大研究』（監修、丸善出版）などがある。

どうすれば「中東」を理解できるのか？

『中東政治入門』（ちくま新書）

国家・独裁・紛争・石油・宗教

ミシガン大学大学院に留学していた頃、何度も学部で数学の必修科目を落としていたアリという留学生に個人指導したことがある。彼はレバノンの部族長の息子で、宝石のついた指輪を何個も指に嵌《は》めて、ポルシェに乗って大学に来ていた。ようやく単位が取れると、お礼だとステーキハウスに招待してくれた。

彼は、ボーイが皿を持ってくると「レアと注文したのに焼き過ぎだ」と文句を言って、別の肉を表面だけ焼いて持ってこさせた。私は、ミディアムのフィレを美味しく戴いたが、彼は、血の滴る肉を口に運びながら「本当に旨いのは、屠《ほふ》ったばかりの羊の生肉だ。いつかお前がレバノンに来たら、この手で羊を絞め殺して、胸を割いて、動いている心臓を取り出して食べさせてやる」と、恐ろしいことを言った。

アリは、何年かの兵役を終えて留学してきたので、私よりも年長だった。普段はニコニコしているが、ふとした瞬間に眼がギラリと光る。戦闘中、何度も人を殺した経験があるという。髪と髭を伸ばし、スーツを着て、ワインをガブ飲みし、フィリピン出身の美人留学生のガールフレンドがいる。彼は完全にアメリカ化した生活を送りながら、「アメリカは大嫌いだ」と公言していた。

大学卒業後、アリは父親の部族と共に母国を立て直すと言ってレバノンに戻り、その後、内戦の途中に消息不明になった。なぜ彼は、アメリカの優雅な生活を捨てて、わざわざ命懸けで祖国に戻ったのか？

さて、イラクでシーア派とスンナ派の武力衝突が起こり多数の死者が出たとする。ニュースでは、イラクの住民は六割がシーア派で二割がスンナ派だというコメントが付け加えられる。視聴者は、中東で相容れない宗派同士が衝突したのかと脳内で整理する。

なぜ両派が武力衝突にまで至ったのか、その「理由」を理解していないにもかかわらず、わかったような気になる。それこそが問題だと本書の著者・末近浩太氏は指摘する。本書は、中東が根本的にどのように動いているのか「国家・独裁・紛争・石油・宗教」の五つのテーマから解明する。

本書が対象とするのは、イランからモロッコに至る二一の中東諸国である。シリアやイエメンのように強固な権威主義体制を維持する国々も多い。第二次世界大戦後、国家間の戦争と難民流入・民主化運動などに起因する内戦は増加の一途を辿り、今では中東の武力紛争数は過去最高に達している。全世界の石油量約四八%を所有し、総人口三億四一〇二万人の九三%程度がイスラム教徒である。

本書で最も驚かされたのは、それぞれ「体制・政治・社会・経済・信仰」の状況が大きく異なる中東諸国の「多様性」である。同じイスラム教徒でも、まったく戒律を守らないアリのような人間もいれば、毎日の礼拝を欠かさない厳格な信仰者もいる。安易に「中東」と一括りにする発想が、どれほど「理由」を見え難くさせるか、本書の多面的な考察によって明らかになるだろう。

本書のハイライト

中東は難しい。そう感じている人は、少なくないであろう。戦争や内戦が絶えず、民族や宗教の問題が複雑に絡み合っている。加えて、石油や天然ガスをめぐる国際的な争奪戦が問題をさらにややこしくしている［……］中東で起こっていることは、グローバルな広がりを見せ、いまや世界全体の趨勢を左右するものとなっている。だとすれば、日本にとっても、もはや対岸の火事ではなく、その理解に努めていくことは、いまや喫緊の課題となっている。（一三 - 一四頁）

末近浩太（すえちかこうた）一九七三年生まれ。京都大学大学院アジア・アフリカ地域研究研究科修了。立命館大学国際関係学部教授。専門は、中東地域研究・国際政治学。著書に『イスラーム主義』（岩波新書）や『イスラーム主義と中東政治』（名古屋大学出版会）などがある。

「古代人」から何を学ぶのか？

『ぼくは縄文大工』（平凡社新書）

日本人のルーツの謎

日本列島では、ホモ・サピエンスよりも古い旧人類の化石は発見されていない。発見された化石は、約三万八千年〜三万年前の年代に集中していることから、日本人の祖先は、その頃に大陸から渡来したというのが定説である。

その後、日本人のＤＮＡ解析によって、ホモ・サピエンスが日本列島に渡ってきたルートは、サハリンから北海道への「北海道ルート」、朝鮮半島から対馬への「対馬ルート」、アジアから沖縄への「沖縄ルート」の三つとみなされるようになった。古代の海面は低く、サハリンと北海道は陸で繋がっていたし、対馬ルートでは、多くの小島伝いに、簡単に渡ることができたはずである。

ところが、沖縄ルートは最短でも一一一キロメートルの距離があり、しかも海峡全域には「黒潮」の激流があるため、現在の動力船でも困難なルートである。いかなる方法で古代人が海峡を渡ることができたのか、大きな謎だった。

この謎に迫るため、国立科学博物館の研究チームがクラウドファンディングで資金を集め、三万年前の道具と材料だけを使った渡航の再現実験を行った。二〇一六年、台湾に多く生息する「ヒメガマ」という草を刈って「草舟」を作製、二〇一七年、「麻竹」で「竹舟」の筏を作製して挑んだが、どちらも黒潮に流され、舟が大きなダメージを受けて失敗した。しかし、二〇一九年、丸太を繰り抜いた「丸木舟」で、ついに台湾から与那国島への渡航を成功させたのである！

古代人の道具と材料で、長さ七・五メートル、五人乗りの「丸木舟」を作製したのが、本書の著者・雨宮国広氏である。彼は、木製の柄に尖った石を嵌め込む「石斧《せきふ》」を数多く作製し、それらの石斧だけを使って能登半島の森にある巨大な杉の木を切り倒した。彼が石斧を振り下ろした回数は、六日間で三万六千回に及んだ。その木を石斧で繰り抜いて「丸木舟」を完成させたのである。

さて、静岡県沼津市の「井出丸山遺跡」には、約三万八千年前の石器群が出土しているが、その中に、神津島産の黒曜石が含まれていることが考古学界で注目されている。つまり、井出丸山の古代人は、わざわざ神津島に舟で渡って黒曜石を持ち帰っていたわけで、それが人類最古の「意図的な往復航海」の事例だというのである。なぜ古代人は、それほど黒曜石を必要としたのか？

本書で最も驚かされたのは、その黒曜石の凄さである。そもそも黒曜石は火山活動で生み出された天然のガラスで、打ち割ると鋭く剥がれるが、それが鋭いナイフの役目を果たす。雨宮氏は、車に轢かれて死んだタヌキを見つけて、「空豆ほどの大きさ」の黒曜石で一匹全体を「見事に解体できた」そうだ。その切れ味は「レーザーメスのように指先に何の抵抗もなく切れる」という。本書に登場する古代人の「知恵」の数々には、仰天させられるばかりである。

本書のハイライト

現代社会の暮らしには、ハイスピードで効率よく仕事をこなさなければ、利益が生まれず暮らし向きがよくならないという殺伐とした雰囲気があるが、石斧を手にすると穏やかな心持ちになる。「時は金なり」の束縛からの解放感は、たまらなく刺激的なのだ。人間本来の生き方は、ここにあると確信してしまうほどだ。解放された心は、とても敏感に自然を感じ取る。「コン、コン、コン」と響き渡る石斧の音は、すぐに森の静寂に吸い込まれていく。同時に、風の声、虫の声、小川のせせらぎがいつになく聞こえてくる。足元のアリ達の足音まで聞こえてくるかのように、心が研ぎ澄まされていくのである。（二一二‐二一三頁）

雨宮国広（あめみやくにひろ）一九六九年生まれ。山梨県の高校を卒業後、丸太小屋造りのアルバイトをきっかけに大工修業を開始。文化財修復・社寺建築・数寄屋建築などの現場を体験後、独立して「雨宮大工」を開業。「縄文大工」を自称し、縄文式小屋に暮している。

沖縄の「秘密戦」とは何だったのか？

『証言　沖縄スパイ戦史』（集英社新書）

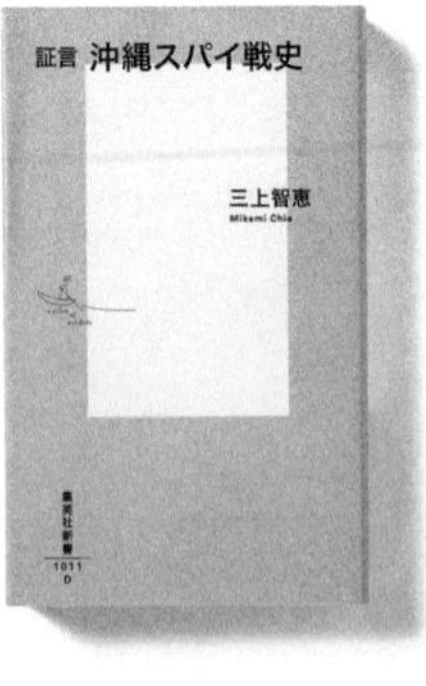

「本土決戦」が導いた「狂気」

太平洋戦争末期、日本の指導者層は「本土決戦」を国内外に表明して「一人十殺」の徹底抗戦を叫んでいた。大本営陸軍部は、昭和二〇年（一九四五年）四月二五日発行の『国民抗戦必携』という冊子を国民に配布した。その内容は、全八回にわたって全国版の新聞各紙にも絵入りで掲載されている。

巻頭には、「敵若《も》し本土に上陸し来つたならば、一億総特攻に依《よ》り之を撃滅し、郷土を守り皇国を絶対に護持せねばならぬ」とある。「敵が上陸してきたら国民はその土地を守って積極的に敵陣に挺身切込みを敢行し、敵兵と激闘し、これを殺し、また兵器弾薬に放火したり、破壊して軍の作戦に協力しなければならない」という「抗戦命令」が、すべての日本国民に下されたのである。

表紙には、国民服を着た日本人が、アメリカ人兵士の上に馬乗りになり、喉元に短刀を突きつけている姿が描かれている。この『国民抗戦必携』には、「白兵戦の場合は竹槍で敵兵の腹部を狙って一突きに」とか、「背の高いヤンキーと戦うには、刀や槍をあちこちにふりまわしてはならない。腹をねらって、まっすぐに突き刺せ。ナタ、カマ、熊手などをつかうときは、うしろから攻撃せよ」などといった殺害方法が、絵入りで入念に解説されている。

私は、留学中にワシントンD.C.の「国立アメリカ歴史博物館」を訪れた際、この冊子が展示されているのを見て、驚愕した。乏しい素材から「爆雷」を作る方法の後には、敵戦車の「進行前面へ七キロの急造爆雷を抱えて飛び込むのも適切な攻撃法である」と書いてある。まさに「特攻」ではないか！

さて、アメリカ軍は一九四五年三月末から沖縄諸島への上陸を開始し、日本軍による組織的な戦闘は、六月二三日、牛島満・陸軍大将の自決で終結した。ところが、本島北部では「秘密戦」と呼ばれるゲリラ戦が九月頃まで続いたのである。この戦闘の中心となったのは、一〇代の少年たちによる「護郷隊」だった。この部隊を組織したのは「陸軍中野学校」から沖縄に送り込まれた四二名の若手将校である。諜報活動の専門家が、効率的な敵の殺害方法を教え、狙撃や爆破を含めたスパイ活動を行う「少年ゲリラ」を育成したのである。

本書の著者・三上智恵氏は、映画『沖縄スパイ戦史』のために取材した貴重な証言の記録を七四九ページに及ぶ本書にまとめた。

当時一八歳の宮城倉治氏は、一人で一〇〇人以上のアメリカ兵を殺したと証言する。彼は体格が小柄なので、着物に赤いふんどしを着けて、村の子どものフリをしてアメリカ軍の捕虜になる。収容所の食事で満腹になると、夜中に抜け出してガソリン缶を連続爆破し、燃料庫を何度も壊滅させた。竹林に隠れて、歩いてくる大柄なアメリカ兵を小銃で「面白いように撃てた」という。

本書で最も驚かされたのは、「村の優秀な人たち」が、村の存続や降伏を進言したばかりに「スパイ容疑」で惨殺されたという証言である。当時一七歳だった宮城康二氏は、海軍大尉が気に入らない住民を何人も虐殺した事件について、軍人が「人を殺すのはヤギを殺すより簡単だった」と述べている。戦争を美化するような現代人には、まず本書の膨大な証言を熟読してほしい！

本書のハイライト

沖縄戦を、敵が上陸したからたくさん人が死んでしまった出来事だと表面だけ捉えたり、防波堤にした、すまなかったという感情論に流されたりすることはもう止めて、軍隊にはつきものの秘密戦の中で、ごく普通の住民の運命がどこまで無残にも変えられていくのか、敵に殺されるのではない、友軍の作戦の中で自家中毒の形で命を落としていくという戦争の裏側こそ、学校でも教えてほしい。（七一四頁）

三上智恵（みかみちえ）一九六四年生まれ。成城大学文芸学部卒業。フリーランスのジャーナリスト・映画監督。「沖縄と戦争」をテーマに活動し、本書は映画『沖縄スパイ戦史』のために取材した証言の記録である。

なぜ「でたらめ」が重要なのか？

『でたらめの科学』（朝日新書）

「ランダム性」の定義

一九八七年、ＩＢＭワトソン研究所の情報数学者グレゴリー・チャイティンが「アルゴリズム的情報理論」を提唱した。この理論の中心に位置する概念が「ランダム性（randomness）」である。まず、次の二つの数列を比較してほしい。

数列１＝1010101010101010101010101010101010101010

数列２＝1000111100101010100001010100001010100001010

数列１は、「10の二〇回の繰り返し」と短く言い換えることができる。一方、数列２は、コインを六〇回投げて、表ならば1、裏ならば0を書いた数列であり、0と1の出現に規則性がない。このとき、数列1のように短縮して表現できる数列を「圧縮可能」、それができない数列を「圧縮不可能」と呼ぶ。

一般に、「ランダム性」は「無作為」や「不規則」や「予測不可能」を指す言葉で、直観的には理解できるが、数学的に厳密に定義することが困難な概念だった。ところが、チャイティンは、「それ自体よりも圧縮できない数列」と「ランダム性」を定義することによって、この問題を解決したのである！

この概念を用いて、チャイティンは、まったく関連がなさそうに映る論理学の最先端分野を開拓し、一九八七年に「ゲーデル・チャイティンの不完全性定理」と呼ばれる定理を証明した（この衝撃的な結果が何を意味するのかについては、拙著『ゲーデルの哲学』をご参照いただきたい）。

さて、「ランダム性」といえば、偏った結果が出てはならない「宝くじ」のようなゲームで重要になることは明らかだろう。実はカジノばかりでなく、「無作為抽出」を行う工業製品管理や世論調査、「ランダム化試験」が中心となる新薬開発、「暗号化」の情報セキュリティでも必要不可欠な概念である。私たちが安心してクレジットカードを使用できるのも、ランダムな乱数のおかげといえる。

本書で最も驚かされたのは、一秒間に一七億回も振ることができる「世界最速のサイコロ」の話である。といっても、これは実際にサイコロを振るわけではなく、レーザーの点滅から乱数を発生させる「レーザーカオス乱数」と呼ばれる埼玉大学大学院理工学研究科の内田淳史教授が開発した方法を用いる。

そもそも「レーザー（laser）」とは、正式には「誘導放出による光増幅放射（Light Amplification by Stimulated Emission of Radiation）」のことで、「レーザー発振器」から人工的に生み出された光を意味する。単一波長の電磁波で、直進性と収束性が強く、遠くまで届き、集中照射できる特徴がある。

鏡の前で手鏡に自分を映すと、光が反射を繰り返して自分の姿が鏡の奥に無限に連なるように見える。これをレーザーで行うと不安定になって超高速で点滅する。内田氏は、この現象を応用して膨大な乱数を生み出したのである。本書の著者・勝田敏彦氏が綿密な取材に基づいて描写する「ランダム性」に魅せられた科学者たちの奇抜な発想は、実に興味深い！

本書のハイライト

私の記者生活で思い出に残るのは「渋滞」だ。渋滞といえば、普通は自動車の渋滞を指すが、実はアリの行列や私たちの体でも細胞の渋滞が起きていることを知った。それを簡単な記事にまとめたところ、某出版社の編集者が目をつけて本が出版され、今では「渋滞学」という学問分野までできてしまっている。そういう「横串」を刺せるところが、科学のおもしろさではないかと思うし、そういうところに真理が隠れていると思う。（二一九‐二二〇頁）

勝田敏彦（かつだとしひこ）一九六二年生まれ。京都大学大学院工学研究科修了。朝日新聞社東京本社科学医療部次長。本書は「乱数」に関わる日本の最先端研究者を取材した「科学ルポ」である。

なぜ「エリート教育」が必要なのか？

『独裁の世界史』（ＮＨＫ出版新書）

「衆愚政治」に陥る「民主政治」

古代ギリシャ時代の哲学者プラトンは、五〇歳代で書いた全一〇巻におよぶ主著『国家』において、どうすれば「正義」を実現し、堅固な「政治」体制を整え、理想の「国家」を建設できるか、詳細に議論している。

プラトンは、アテネとスパルタが地中海世界を二分して三〇年近く戦ったペロポネソス戦争の最中に生まれた。当時のアテネでは「民主政治」が腐敗し「衆愚政治」に陥り始めていた。アテネ市民は、国家全体を見渡す視野に欠け、扇動者の演説で感情的に右往左往し、欲得ばかりを求めて理性的な判断ができなくなっていた。この状況は、近年の日本の政治的閉塞状況を想い起こさせる。

美男で知られるアルキビアデスは、イタリアの穀倉地帯シチリアに大遠征すべきだという無謀な作戦にアテネ市民を誘導し（彼の扇動は、真珠湾攻撃を主張した日本の軍部を想い起こさせる）、その後スパルタに寝返って、アテネを完敗させた。プラトンの師ソクラテスは、ソフィストに扇動された市民の多数決判決によって、死刑となった。これらの事件に大きな衝撃を受けたプラトンは、「民主政治」そのものに大きく失望し、政治家になる夢を捨て去った。

プラトンは、強く安定した理想の国家を建設するためには、「哲人王」と呼ばれる厳しい選抜から選び抜かれた哲学者が王となり、「独裁政」で国家を運営するのが最善だという結論に達した。プラトンが想定したのは、もちろんヒトラーやスターリンのような独裁者ではない。彼は「哲人王」を国家という患者の病気を治療し、外敵から守り、元気を与える「医者」に喩えている。

プラトンの弟子アリストテレスは、独裁政があまりに強大な権力を一個人に与える危険性に気付いていたため、少数のエリートが国家を率いる「貴族政」を推奨した。この政治形態は「元老院」支配による「共和政」ローマで実現した。アメリカやフランスでは、大統領が強大な権限で国家を率いて、それを議会が監視する「共和政」に近い政治形態といえる。

本書で最も驚かされたのは、著者・本村凌二氏が「私は、必ずしも民主政が最善理想の政体ではないと考えています」と明確に断言していることである。民主政は基本的に多数派による支配であり、結果的に「ポピュリズム」にすぎない。それが「ましなポピュリズム」に向かえばよいが、多数派の「独善的意見や欲得に流されてしまう」と「大衆迎合主義」に陥ってしまう。

親の選挙地盤を受け継いだ二世や三世のような政治家は、必ずしも有能でなく、国家に対するビジョンを欠き、大衆に迎合して右往左往することも多い。世界を見渡しても、国家がパンデミックのような大きな危機に陥ったとき、真のリーダーシップを取ることができる政治家は、本当に稀にしか存在しないことは明らかである。

ここで本村氏が求めるのは「自らの職務と責任から逃げない」という「エリート意識」である。「皆同じ・平等・優劣を付けない」というポピュリズムではなく、適材適所の「エリート教育」が必要だというのである。

本書のハイライト

民主政にせよ、独裁政にせよ、それをましなものにするのはリーダーが見識と説得力を備えていることです。もちろん、国民にも自覚と見識が求められます。フェイクニュースに振り回されたり、ラクな話や得する話に飛びついたり、聞こえのいい話になびいたりするようでは、危険なデマゴーゴスや独裁者をのさばらせることになるでしょう。（六四‐六五頁）

本村凌二（もとむらりょうじ）一九四七年生まれ。東京大学大学院人文科学研究科修了。同大学名誉教授。専門は西洋史・ローマ史。著書に『薄闇のローマ世界』（東京大学出版会）や『世界史の叡智』（中公新書）などがある。

なぜ日本の司法では「正義」が見失われるのか？

『檻の中の裁判官』（角川新書）

裁判官が「檻の中」に閉じ込められている理由

福井地方裁判所の樋口英明裁判長は、二〇一四年五月二一日、大飯原子力発電所の運転差止を命じる判決を下した。しかし、二〇一八年七月四日、名古屋高等裁判所金沢支部は、この判決を取り消し、大飯原発は再稼働している。

樋口裁判長は、二〇一五年四月一四日には高浜原子力発電所の運転差止仮処分を命じた。ところが彼は、同年四月付で名古屋家庭裁判所に異動させられた。入れ替わりに赴任した三人の裁判官は、二〇一五年一二月二四日に関西電力の保全異議申立を認め、仮処分を取り消した。そこで高浜原発も再稼働した。

この三人の裁判官は、いずれも「最高裁判所事務総局」の勤務経験があり、「仮処分を取り消すという方向でのなりふりかまわぬ送り込み人事であることは、間違いないだろう」というのが、本書の著者・瀬木比呂志氏の指摘である。

樋口裁判官が異動させられたのは「みせしめ・警告人事」のためだった。要するに、日本の裁判所は、最高裁の意向に従わない裁判官は左遷させられ、最高裁の意向に沿った判決を出せば順調に昇進する構造になっている。その人事権を「最高裁判所事務総局」が掌握しているというのである。

日本の裁判官は、大学時代に司法試験に合格して四〇年間務めた場合で考えると、一〇年目に判事になる頃に年収一千万を超え、二五年目に地裁裁判長になれば二千万円、最高裁判事で三千万円になる。定年後の天下りや公証人収入などを合算すると、生涯収入は七億円から八億円にもなるという。

本書のオビには「国家に〝人事と金〟を握られ良心をねじ曲げられた『囚人』」すなわち「裁判官」が「冤罪を生み出す！」とまで表現されている。実際に本書は、足利事件をはじめとする冤罪事件、原発や辺野古訴訟、死刑や夫婦別姓などに対する最高裁の「および腰」を分析し痛烈に批判している。

本書で最も驚かされたのは、自己の「良心を貫く判決を書ける裁判官」の割合について尋ねられた著者が「五ないし一〇パーセント」と答えると、それを尋ねた「優秀な若手弁護士」が「私もそう思います」と言ったというエピソードである。つまり、日本の裁判官の九〇パーセント以上は「良心を貫く判決」を書けないというのである。これは驚愕の実態ではないか！

日本の裁判官が「大事件」から逃れようと立ち回る様子も描かれている。大事件を担当すると「準備が大変で訴訟指揮も難しい」上に、記録書類がロッカーを一杯にするほど膨大になり、それらを精査して判決を書くのに苦労する。しかも、市民感情に沿った果敢な判決は必ずしも評価に繋がらず、むしろ上層部から睨まれる「失点」になりかねない。このような裁判官の「官僚的傾向」を適切に批判し監視しない限り、改善は望めない！

本書のハイライト

残念ながら、比較法的にみても、日本の裁判所は、「あまりにも『権力チェック機構』としての性格が弱すぎ、あまりにも『権力補完機構』としての性格が強すぎる」といわざるをえないと思う。それが事実だ。日本の裁判所は、こうした意味でも、世界標準から大きく外れている…。そして、その原因の一つは、裁判官の「昇進」、「出世競争」、「異動」を当然のこととしている日本特有の年功序列型キャリアシステムなのである。（一一二‐一一三頁）

瀬木比呂志（せぎひろし）一九五四年生まれ。東京大学法学部在籍中に司法試験合格。明治大学法科大学院教授。東京地方裁判所・最高裁判所事務総局民事局・地裁の判事を務めた。専門は民事訴訟法・法社会学。著書に『絶望の裁判所』（講談社現代新書）や『黒い巨塔　最高裁判所』（講談社文庫）などがある。

21世紀に必要な「知性」とは何か？

『20世紀論争史』（光文社新書）

「科学と哲学を軽やかに往来する知性」

再び拙著を紹介するのはおこがましいのだが、ぜひ読者に楽しんでいただきたいのが『20世紀論争史』である。全三〇章・四五六ページという新書は、これまで私が上梓してきた中でも最も分厚い作品だが、「21世紀に必要なのは科学と哲学を軽やかに往来する知性である！」（編集担当者作成によるＰＯＰ）という趣旨を、どなたにもわかりやすく把握していただけるように執筆したつもりである。

本書は、「教授」と「助手」がコーヒーを飲みながら、二〇世紀に繰り広げられた三〇の「論争」について、研究室で対話する形式で進行する。とくに対象読者としてイメージしていたのは、教養課程に在籍する大学一・二年生である。実際に私が大学で使用する際には、

まず事前に論争を指定して、どちらの見解に共感するか学生に考えてきてもらう。

たとえば、流れる時間は主観的なものであると主張するベルクソンと、時間は客観的なものでしかありえないとするラッセルのどちらの見解に賛同するかを考えてきて、授業時にはベルクソン派とラッセル派に分かれてディベートを行う。

そのディベートで浮かび上がってきた論点を抽出し、整理して、それらが現在の学界ではどのように議論されているのか、改めて解説する。授業後のリアクションペーパーでは、学生自身の最終的な見解を熟考した上で、小論文にまとめて提出してもらう。

本書で扱う根源的な「論争」の背景には、さまざまな哲学的問題が潜んでいることが多く、必ずしも単一の絶対的解答が存在するわけではない。また、私の授業で行う「哲学ディベート」は、「競技ディベート」のように、他者への説得力によって勝ち負けを競うものでもない。あくまでディベートを通して、視野を広げることこそが重要なのである。

したがって、最終見解で、ベルクソン派だった学生がラッセル派に意見を変えるのも、その逆も自由である。お互いの意見や立場の違いを明らかにしていく過程で、かつて考えたこともなかった発想や見方を発見し、さらにそこから新たなアイディアを生み出すことこそが、「哲学ディベート」の目的だからである。

さて、本書の「論争」は、ベルクソン対ラッセル、ウィトゲンシュタイン対ポパー、アインシュタイン対ボーアのように個人間における狭義の「論争」が基本となっている一方、ソーカル対「ポストモダニスト」、チューリング対「反人間機械論」、カーツ対「反科学思想」のように思想的な対立という意味で広義の「論争」を指す場合もある。これらのすべての「論争」から、大いなる知的刺激を味わってほしい。

そもそも、なぜ二〇世紀に多種多彩な「論争」が生じたのか、そこからどのように枝分かれして別の「論争」に繋がっているのか、それらが二一世紀現在ではどのように議論されているのか。このように単なる個別「論争」を超えたメタ問題について考える姿勢も、現代思想の根源に迫るためには必要不可欠である。

読者には、ぜひ一緒に議論に参加していただき、多彩な「論争」を上空から俯瞰《ふかん》して、何が二〇世紀の「源泉」で生じたのか、二一世紀に生きる我々にどのようなヒントを与えているのか、幅広い視野で把握していただけたら幸いである。

本書のハイライト

教授　かつて「生命」「言語」「真理」「認識」「知性」「存在」「正義」などに関する根源的な問題は、哲学の世界で思弁的に議論されるばかりだった。これらの問題に対して、自然科学からアプローチできるようになったのが二〇世紀といえる。

　したがって、「科学を視野に入れない哲学も、哲学を視野に入れない科学も、もはや成立しなくなった」というのが、私が二〇〇二年に上梓した『科学哲学のすすめ』で述べた見解だ。

助手　第一線の哲学者や科学者が根源的な問題を議論したら、当然「論争」が生じることになりますね。

教授　その種の「論争」は、二一世紀の現代になっても形を変えながら深層で継続し、ますます重要性が高まっている。

助手　おもしろそう！　先生、いろいろな「論争」について、教えてください！（一六頁）。

そもそも「プライバシー」とは何か？

『プライバシーという権利』（岩波新書）

進化する「プライバシー」の概念

何が人間と動物を区別するのか？　実は、その単純な回答が「プライバシー」である。人間は、動物と違って衣類を着用して外出し、訳もなく裸の姿を他者に見せることに「羞恥心」を抱く。この人間だけに内在する「羞恥心」に関わる「品位」を保つために必要なのが「プライバシー」という概念である。

したがって、たとえば一人で風呂に入っているところを第三者に勝手に覗かれたら、その第三者の行為は「プライバシーの侵害」に相当する。現在の日本では、「軽犯罪法第一条二三号」の「正当な理由がなくて人の住居、浴場、更衣場、便所その他人が通常衣服をつけないでいるような場所をひそかにのぞき見た者」に該当し、刑罰を処せられる行為となっている。

社会が複雑化するにつれて、「プライバシー」の適用範囲も拡張されてきた。第三者に電話を盗聴されたりメールを無断で見られたりすれば、それが「羞恥心」に直接関わらない場合でも「プライバシーの侵害」に相当する。現在の先進諸国の多くでは、「個人情報」が「人格の一部」と判断され、それらを保護することが「プライバシーの権利」と解釈されているからだ。

ちなみに、本書の著者・宮下紘氏の生年と卒業大学の学歴は、ネットを駆使して検索しても開示されていない。さすが「プライバシー」の専門家と感嘆せざるをえない。

さて、カリフォルニア大学バークレー校教授のウィリアム・プロッサーは、一九六〇年、「プライバシーの侵害」を次の四類型に分類した。（一）私的な生活状態への侵入、（二）他人に知られたくない私的な事実の公開、（三）他人に誤った印象を与える事実の公表、（四）営利目的による氏名や肖像の盗用。

コロンビア大学教授のアラン・ウェスティンは、一九六七年、プロッサーの定義を拡張し、「プライバシーの保護」を「自己に関する情報をコントロールする権利」と定義した。さらに二〇〇六年、ジョージ・ワシントン大学教授のダニエル・ソロブは、「プライバシーの侵害」を一六類型に分類した。本書にはその詳細が解説されているが、この新たな定義でも時代の進歩には追い付けない。

本書で最も驚かされたのは、宮下氏が「プライバシー」を「相対的な概念」であり「時代、場所、そして文化によって異なりうる文脈的概念」と述べている点である。つまり「プライバシー」は、環境に適応して進化するというわけである。

実際にネット普及以降には「個人情報」の意味そのものが大きく変化している。二〇一六年にビッグデータを悪用した会社は、フェイスブック利用者がどの記事に「いいね」を付けたかを平均六八個分析すれば、人種（九五％）・性別（九三％）・性的志向（八八％）・支持政党（八五％）まで特定できると暴露した。

この会社は、その情報に基づいて選挙活動を行ったために内部告発されたわけだが、今後この種の事件はいくらでも起こりうる。つまり、ＳＮＳでどの記事に「いいね」を付けたかが監視され悪用される脅威に注意しなければならないわけである。もっと「プライバシー」に敏感にならなければならない！

本書のハイライト

現代の最先端技術の多くは、本来ひとりひとり異なる存在を、一定の類型にはめ込んで評価の対象とすることに傾注してきました。ＡＩによる評価、顔認証による類型化、またインターネットの閲覧履歴に基づくおすすめ商品の提示などにみられるように、データは、しばしば個人をデジタル・アイデンティティの囚人へと強制的に追いやります。［……］プライバシーが人格の自由な発展にとって不可欠であると考えられるのは、このような自我の造形への不当な干渉を排除する必要があるからです。

（一四頁）

宮下紘（みやしたひろし）生年非公開。一橋大学大学院法学研究科修了。中央大学総合政策学部教授。専門は憲法・情報法。著書に『ビッグデータの支配とプライバシー危機』（集英社新書）や『プライバシー権の復権』（中央大学出版部）などがある。

なぜ「文部科学省」は失敗を繰り返すのか？

『文部科学省』（中公新書）

「三流官庁」と呼ばれる文部科学省

もう二五年前の話になるが、現在私の勤務する大学が新学科を設立した。正式には、当時四学科だった文学部を六学科に再編成する改組案を文部省に提出し、その申請は大学審議会に諮問された。その過程で新カリキュラム案が精査され、「新しい時代」に相応しい「情報文化論」・「論理的思考法」・「コミュニケーション論」の専門科目を設置する方がよいという答申があった。

これらの三科目は、まさに私が専門とする「論理学」から派生する応用科目であるため、私は本務校の新学科に招聘されることになった。つまり、もし当時の文部省が大学に新科目増設を勧めていなければ、私が移籍する機会も生じなかったわけで、実は私は、個人的には、文部省に大いに感謝しているのである！

とはいえ、私事は別として、最近の文科省の混迷ぶりに対しては、危機意識を抱かざるをえない。とくに二〇二一年一月に開始された「大学入学共通テスト」は、文科省の最終方針が右往左往して二〇一九年末まで明確に定まらなかったため、受験生が大きな損害を被った。なぜそんなことになったのか？

「文部科学省」は、二〇〇一年に当時の「文部省」と「科学技術庁」が統合して発足した。英語名称が「ＭＥＸＴ：Ministry of Education, Culture, Sports, Science and Technology」であることからもわかるように、その管轄は国の「教育」「文化」「スポーツ」「科学技術」といった幅広く非常に重要な分野に及ぶ。

ところが、文科省の予算は年々減少し続け、発足時二〇〇一年度の六・六兆円が二〇一九年度には五・五兆円にまで落ち込んでいる。この金額は二〇一九年度予算総額一〇一兆円の五・四％にすぎず、防衛費の五・三兆円と同程度だ。

少子化に伴い、義務教育費や国立大学法人運営費が減少したのが大きな理由だが、本書の著者・青木栄一氏は、科学技術研究費の減額による学術研究の弱体化を懸念する。

一方、高齢化が主な理由とはいえ、二〇一九年度の社会保障費は三二兆円にまで膨れ上がっている。「年金」「医療」「介護」「子育て」といった社会保障が重要なのはもちろんだが、その経費が「教育」「文化」「スポーツ」「科学技術」の文科省予算の約六倍という現状は、やはり国家としてバランスが取れているようには思えない。

本書で最も驚かされたのは、文科省が霞が関で「三流官庁」と呼ばれているという指摘である。実際に、文科省の職員定員は、統合時の一三万人から年々減少し続け、今では中央省庁一府一二省庁で最低の二一一五人になっている。七万人を超える財務省、五万人の法務省や三万人の厚生労働省などよりも圧倒的に少ない。環境省の三三三六人よりも少人数で国の「文科」を担っているのである！

この状況で、文科省が若者の「新しい時代に必要な力」を養うために立案したのが、「英語四技能（読む・書く・聞く・話す）試験」と「記述式問題」の導入を中核とする「大学入学共通テスト」だった。

しかし、実際の業務は試験も採点も外部委託という「民間に丸投げ」の計画だったため、試験の「公平性」や「中立性」に対して日本中から非難が殺到した。受験生の人生を左右する大学入試の記述式問題を、大学生のアルバイトが採点する計画とは、信じ難い。そして二

○一九年末、この計画は、当然のことながら破綻したのである！

本書のハイライト

文科省を正面から扱う本書のような書籍を、研究者、しかも国立大学に籍を置く教育行政学の研究者が出版するのは、これまでなかったことである。本書の草稿段階ではどこか遠慮した書きぶりが目立った。不思議なもので、そうした遠慮は観察のレンズを曇らせていたようである。それに気づいてからは、ある種の覚悟のようなものすら胸に秘めた執筆作業であった。（二七九頁）

青木栄一（あおきえいいち）一九七三年生まれ。東京大学大学院教育学研究科修了。東北大学大学院教育学研究科准教授。専門は教育行政学・公共政策学。著書に『地方分権と教育行政』（勁草書房）や『教育の行政・政治・経営』（共著、放送大学教育振興会）などがある。

「晩年のカント」に何が起こったのか?

『晩年のカント』（講談社現代新書）

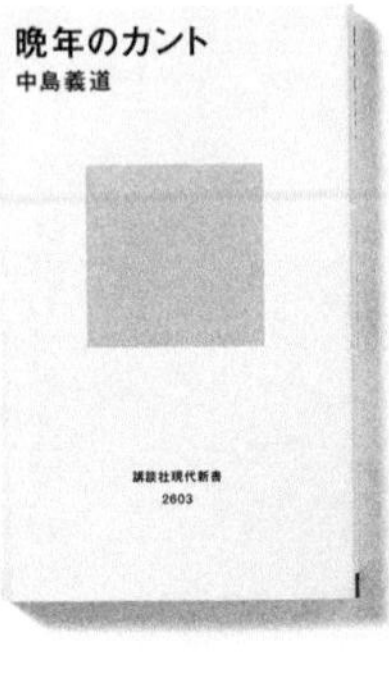

カントの晩年に鬼気迫る中島義道氏

「限界シリーズ」と呼ばれる拙著三部作『理性の限界』・『知性の限界』・『感性の限界』では、多種多彩な仮想の登場人物が自由闊達に議論を繰り広げる。その特徴は、「学問的枠組み」を飛び越えて、人間の遭遇する多様な「限界」に迫る点にある。

このシリーズに「カント主義者」という人物が登場する。彼は、どんな議論になっても強引に話をカントの哲学に持っていこうとして、その都度、司会者から「そのお話は、また別の機会にお願いします」とたしなめられ、スゴスゴと引き下がるというコメディアン風の役回りになっている。

そのため、高名な哲学者から大学の研究室に電話が掛かってきて、「君はカントを茶化しているのか！」と叱られたこともあるくらいだが、ＳＮＳでは「カント主義者のファンです」とか「笑える」とか「癒される」など、想定外の反響を数多く頂戴して驚いている。

実は、私が「カント主義者」としてイメージしていたのは、どんな話題でも自分の学問的枠組みに持っていかなければ会話ができない頑固で偏屈な「哲学者」だった。そこでカントの名前を出した理由は、カントこそが人類史上で最も強固な「哲学」の学問的枠組みを創設した思索の達人だからである。

さて、本書の著者・中島義道氏の名を聞いてすぐに思い浮かぶのは、「哲学はまったく役に立たず、自他の幸福を望むこととは無関係であり、反社会的で、危険で、不健全なもの」(『東洋経済オンライン』二〇一六年七月二日付)と言い切る彼の「正直」な生き方である。ただし「哲学をしなければ死んでしまう全人口の一パーセント未満の人」が存在し(もちろん中島氏はその一人)、その人々のために旧帝国大学の片隅にでも哲学科があれば十分で、私立大学の哲学科などは「即刻廃止」すべきだと「本音」で語る、日本には稀な哲学者が中島氏なのである。

本書は、「私は74歳になった。哲学を志してから54年が経つ」という中島氏の言葉に始まり、七九歳で亡くなったカントの晩年の姿を淡々と描写する。老カントの規則正しい日常生活、晩年に生じた宗教論争、若き哲学者フィヒテとの確執と決裂、そしてチーズを貪《むさぼ》るように食べ過ぎて亡くなる老醜……。大部分は冷静な分析だが、ところどころに中島氏の鬼気迫る言葉が挟まる。

本書で最も驚かされたのは、カントが晩年に遺した『人間学遺稿』に、彼が経験していないはずの人生哲学が立派に理論化されていたという点である。カントは生涯独身で恋愛沙汰もなく、三人の妹は教養がないからと絶交していたにもかかわらず、「秀逸な女性論」が遺されていたとは、驚きではないか！

ショーペンハウアーは、カントには「美に対する感受性」がないと批判した。そのカントが、「みずから美しい作品を生み出すことのできるひとは、それについて哲学することなどしないで、作品一本に打ち込んだ方がよい。哲学することなどは、思想家にまかせておけ」と書き遺しているのも興味深い。やはりカントは凄い「哲学者」である！

本書のハイライト

いま哲学に携わっている者たち（とくに老人たち）は、ある若いときに哲学をめざし、幸運なことに、それを一生手放さないことができた。しかし、間もなく死んでしまうのである。それでいいのであろうか？　背筋が寒くなるような虚しさを、やりきれなさを感じないだろうか？　真理をめざすことに生涯をかけながら、それに到達できずに死ぬのである。これほど虚しいことがあろうか？（二三〇頁）

中島義道（なかじまよしみち）一九四六年生まれ。ウィーン大学大学院哲学研究科修了。「哲学塾カント」主宰者。電気通信大学教授を務めた。著書に『カントの人間学』（講談社現代新書）や『醜い日本の私』（角川文庫）などがある。

なぜ生命に「寿命」があるのか？

『寿命遺伝子』（講談社ブルーバックス）

ヒトの最長寿命

一九六一年、カリフォルニア大学サンフランシスコ校医学部の微生物学者レナード・ヘイフリックは、次のような実験を行った。ヒトの皮膚の繊維芽細胞をシャーレで培養する。細胞は分裂して増加するので、その一部を別のシャーレに移し、再び増加した細胞を別のシャーレに移す。このように細胞を分割して「代」を継ぎながら培養し続ける方法を「継代培養」と呼ぶ。

ヒト細胞の「継代培養」は順調に続き、一二〇日を過ぎても繊維芽細胞は新たなシャーレで増え続けた。ところが、培養日数が一三〇日になり、分割が四〇回を超えた頃から、細い繊維芽細胞が徐々に扁平に広がり始め、分裂のスピードが衰えてきた。四五回まではシャーレの細胞数はほぼ一定だが、それ以降は目に見えて、分裂する細胞が減少し始めた。実験開始から二七〇日が過ぎた六三回目のシャーレでは、ついにすべての細胞分裂が完全に止まってしまった。

つまり、ヒトの繊維芽細胞は、永遠に分裂を繰り返すのではなく、その回数に限界が存在する。この現象は、今では「ヘイフリック限界」と呼ばれている。最後のシャーレに残された「老化細胞」は「ＷＩ‐38細胞」と名付けられた。ヘイフリックは、この現象を少しでも早く解明するため、「ＷＩ‐38細胞」を世界中の研究者に提供した。すばらしい「科学探究精神」ではないか！

さて、なぜ「ヘイフリック限界」があるのか？　いったい何が細胞の分裂回数を制御しているのだろうか？

この問題を一九九〇年に解明したのは、アメリカのコールド・スプリング・ハーバー研究所の分子生物学者キャロル・グライダーのグループだった。彼女らは、細胞分裂の限界が「テロメア短縮」によって引き起こされることを発見した。これらの功績によって、グライダーらは二〇〇九年にノーベル生理学・医学賞を受賞している。

「テロメア」とは、染色体の末端にある塩基対の「反復配列」（TTAGGG）のことで、最初は一万塩基対以上あるものが、細胞分裂の度に短くなっていき、二〇〇〇塩基対にまで短くなると、細胞がそれ以上は分裂できない「分裂限界」に達する。「テロメラーゼ」という酵素を使うと「テロメア」の長さを伸ばして再び分裂させられるが、その場合は細胞が「がん化」してしまう。

本書で最も驚かされたのは、生物種の最長年齢が「寿命遺伝子」によって定められているということだ。個別の人間の寿命は「遺伝三割・環境七割」で決まるが、ヒトの「最長寿命」は、遺伝子の設計図に完全に記されている。そして、ヒトの寿命の限界は一二〇歳であり、これを超えることは不可能だというのである！

生物種の寿命は、「身体の大きさ」「成熟までの時間」「脳の大きさ」の要因で定まる。それらを設計するのが、本書の著者・森望氏が紹介する多種多彩な「寿命遺伝子」である。今も「遺伝子ハンター」が新たな発見競争を繰り広げている状況は、実に興味深い。

本書のハイライト

本書ではおよそ12種類の寿命遺伝子についてその発見の経緯と実態についてとりまとめた。それら寿命遺伝子の機能の総和として、人間の120歳という寿命もある。その実態としくみは、巷のアンチエイジングブームとは無関係に科学的真実として永遠に存在しつづけるだろう。そして、この遺伝子と関連するタンパク質の機能性を制御することで、真に科学的なアンチエイジング戦略も可能となる。その意味で、これらの寿命遺伝子を明らかにしてきた科学者たちの努力と洞察に敬意を表したい。（二六二頁）

森望（もりのぞむ）一九五三年生まれ。東京大学大学院薬学系研究科修了。福岡国際医療福祉大学医療学部教授。専門は神経解剖学・分子神経老年学。著書に『新老年学』（共著、東京大学出版会）や『老化研究がわかる』（共著、羊土社）などがある。

日本の「教科書検定」はどこに問題があるのか？

『戦後教科書運動史』（平凡社新書）

戦後七〇年以上にわたる教科書運動史

小学校二年生になると、算数に「かけ算」が登場する。たとえば「1つの皿にバナナが2本あります。この皿が3つあります。バナナは何本ありますか」という問題では、「2×3＝6」と答えれば「正解」だが、「3×2＝6」と答えると「不正解」になる。なぜか？

なぜなら「教科書にそう書いてあるから」！

教科書的に説明しよう。この問題をたし算で求めると「2＋2＋2＝6（本）」になり、それは「2を3回たすこと」と同じ「2×3」である。一般に「A×B」において、Aは「一つ分の数＝かけられる数（被乗数）」、Bは「いくつ分＝かける数（乗数）」でなければならないという「かけ算の順序」が教えられる。

数学的には「A×B＝B×A」の交換法則が成立する。しかも「被乗数」と「乗数」の「順序」は日本の教科書が勝手に定めた「慣習」にすぎない。小学校では「2×8」を「2本足のタコが8匹になる」と決めつけて不正解にするそうだが、これでは数学の自由が失われ、数学嫌いが増えるばかりではないか？

さて、一九四五年八月の終戦から二か月後に再開した学校では、戦前の国定教科書をそのまま使用するわけにはいかなかった。そこで教員は、国定教科書の非民主的・軍国主義的な部分に墨をぬらせた。いわゆる「黒ぬり教科書」である。昨日まで「正しい」と教えられた文章を今日は「間違い」と塗りつぶす作業は、児童にとっても教員にとっても、大きな衝撃だったに違いない。

一九四九年度、文部省による「教科書検定」制度が始まった。一九六三年度、東京教育大学教授の家永三郎氏が執筆した高等学校教科書『新日本史』（三省堂）が検定で「不合格」となった。三〇〇か所に及ぶ「修正意見」によれば、太平洋戦争を「無謀な戦争」と述べた部分は「日本だけに責を負わせるのは酷」なので削除、原爆で焼け野原になった広島の写真は「戦争について暗い印象を与えすぎる」ので不可、傷痍《しょうい》軍人の写真は「陰惨すぎる」ので不適切など……。

家永氏は、この「検定」は日本国憲法第二一条の禁ずる「検閲」に相当するのではないかと日本国政府を提訴した。それから三二年後の一九九七年に最高裁判決が下されるまでの克明な記録と共に、本書の著者・俵義文氏は、「教科書検定」の問題点を詳細に分析する。

本書で最も驚かされたのは、教科書を検定する「教科書調査官」が、必ずしも学術的に研究者としての資格を有する大学院修了者ではなく、教職免許を持つわけでもなく、実際の教育経験もない官僚だということである。これらの官僚を、誰がどのように任命しているのかさえ不透明だというのだから、呆れ果てる話ではないか！

二〇〇六年一二月、安倍晋三内閣が新教育基本法を強行採決させた。俵氏は、この新法は「軍国主義と皇国史観による愛国教育」を復活させる「世紀の悪法」だと非難する。小中学校では、二〇一九年度から「道徳」が正規の授業として復活した。この「道徳」教育は、日本の若者たちに何をもたらすのだろうか。

本書のハイライト

人生を捧げた私自身の教科書運動も一つの節目を迎えたといえるが、今年２０２０年は、家永教科書裁判の「杉本判決」が出されてから50周年にあたる年でもあった。その年に私のライフワークのまとめともいうべき本書を刊行できたのは、とても意義のあることであり、名誉なことでもある。本書は、家永教科書裁判運動にともに取り組んできたすべての人に捧げたいと思う。（四二一頁）

俵義文（たわらよしふみ）一九四一年生まれ。中央大学法学部卒業。評論家。新興出版社啓林館社員・家永三郎教科書裁判支援会員・出版労連教科書対策部長・和光大学非常勤講師などを務めた。著書に『子どもたちがねらわれている』（学習の友社）や『あぶない教科書ＮＯ！』（花伝社）などがある。二〇二一年六月に逝去。

そもそも「教育」とは何か？

『「生存競争《サバイバル》」教育への反抗』（集英社新書）

アリストテレスの「スコレー」と現代日本の「生存競争教育」

古代ギリシャ時代の哲学者アリストテレスは、多彩な分野の知識を数百巻の書物に体系化したため「万学の祖」と称される。彼の名前は、今でも哲学、論理学、倫理学はもちろん、政治学、詩学、演劇学に登場する。さらに彼の「自然学」は、現代の物理学、天文学、生物学を包括する超大作である。

彼の「自然学」に含まれる「動物誌」は、五二〇種類の動物を「有血」（哺乳類、鳥類、爬虫類、両生類、魚類）と「無血」（昆虫類、甲殻類、有殻類、軟体類）の特性で細かく分類している。彼は、ウニ類の形態を精密に観察し、その口器が古代ギリシャ時代の提灯に似ていると書き残した。そのため、ウニ類の口器は「アリストテレスの提灯」と呼ばれるようになった。

アリストテレスは、人間を「知を愛する」動物とみなした。そして、まさに彼自身が六二年の生涯にわたって知を愛し続けた。彼は、世界で生じる現象すべてに知的好奇心を抱き、根拠や理由を探究し、分類整理して体系化した。

彼は、人間の「幸福はスコレーのうちにある」と述べている。古代ギリシャ語の「スコレー」は「余暇・閑暇・ゆとり」を意味し、これがラテン語の「スコラ」（学校）を経由して、英語の「スクール」（school）に変化した。

つまり、アリストテレスによれば、人間は知を愛する動物であり、人間の幸福は余暇のうちにある。「学校」の語源は「知を愛するための余暇」であり、本来は、そこにいる学生は「幸福」であるはずだということになる！

さて、日本の教育は、アリストテレスの理想から遥かに逸脱したように映る。現代の日本で求められている教育は、「生きる力」（文部科学省）、「人間力」（内閣府経済財政諮問会議）、「就職基礎能力」（厚生労働省）、「社会人基礎力」（経済産業省）、「エンプロイヤビリティ」（日本経営者団体連盟）など……。「余暇・閑暇・ゆとり」とは、ほど遠い。

本書の著者・神代健彦氏は、これらの「生きる力の教育」を「生存競争の教育」と位置付け、それに「反抗」すべきだと主張する。「本書が提案したいのは、わたしたちの社会の教育を『ゆるめる』ことだ」という一文から始まる本書には、教育家族、教育依存や教育思想などの視点から、現代の「張りつめた」教育が批判される。

本書で最も驚かされたのは、「教育に過剰な期待を寄せるな」と主張する一方で、その過剰な期待から解放された教育に未知の「世界と出会う」という期待を寄せる著者の矛盾であり、その矛盾に著者自身が気付いている点である。

要するに、昔の学校は「役に立たない無駄なこと」を教えたが、今の学校は「人生の成功」に役立つことを教える。現代の学生は、一生の「平日の仕事」に就くための「生存競争教育」で張りつめているが、本書は、それをゆるめて、「かけがえのない休日の過ごし方」の教育を再提案するわけである。人生において、「平日」と「休日」は、どちらが大切なのだろうか？

本書のハイライト

だから必要なのは、消費（需要）の面から経済に（も）貢献するような教育と、それを導く教育学なのである。それらは、働くこと（平日）の役に立つことを、あえて拒否するわけではない。しかし本質的にはむしろ、生産よりは消費の、労働よりは余暇の、平日よりは休日の充実を準備するという仕方で、個人と社会のよさに関わっている。わたしが強調したいのは、そんな、休日のためのゆるやかな教育と教育学なのである。（二三一 - 二三二頁）

神代健彦（くましろたけひこ）一九八一年生まれ。一橋大学大学院総合社会科学研究科修了。京都教育大学教育学部准教授。専門は教育学・教育史。著書に『道徳教育のキソ・キホン』（共編著、ナカニシヤ出版）や『悩めるあなたの道徳教育読本』（共著、はるか書房）などがある。

「ＡＩ大国」中国はどこへ向かうのか？

『内側から見た「ＡＩ大国」中国』（朝日新書）

アメリカ対中国の「新冷戦」

二〇二〇年、日本の名目ＧＤＰ（五〇四八七億ドル）はアメリカの名目ＧＤＰ（二〇九三二八億ドル）の約二四・一％にすぎない。ところが、一九八八年、日本の名目ＧＤＰ（三一三四二億ドル）はアメリカの名目ＧＤＰ（五二三六四億ドル）の約五九・九％を占めていた！

一九八八年当時、半導体市場に占める日本のメーカーのシェアは五〇％を超えて世界第一位だった。これに対してアメリカは、日本の企業が政府から援助される「官民癒着」であり、日本の半導体製品は「不公正貿易」されていると批判した。さらに、不当に安く販売する

「ダンピング（不当廉売）」や、日本サイドがアメリカの半導体技術を「スパイ」した疑惑があるとまで非難した。

その前年の一九八七年、アメリカは、「日米半導体協定」を日本が守っていないという理由で、日本製のパソコン・カラーテレビ・電動工具に一律一〇〇％の関税をかけるという「制裁」を発動した。当時の中曽根康弘首相は、慌てて訪米してレーガン大統領に直談判したが、この制裁は解除されなかった。

一九九一年に締結された第二次「日米半導体協定」では、日本市場におけるアメリカ製半導体のシェアを二〇％に引き上げ、日本製半導体の規格をアメリカの規格に合わせる「公正販売価格」が要求された。この協定が満期を迎えた一九九七年、日本の半導体は完全に競争力を失い、世界から取り残されてしまった。

そして今では、一九八〇年代にアメリカが日本に向けた圧力が中国に向かい、米中は「新冷戦」状態にあるというのが本書の著者・福田直之氏の主張である。二〇二〇年、中国の名目ＧＤＰ（一四七二二八億ドル）はアメリカの名目ＧＤＰ（二〇九三二八億ドル）の約七〇・三％に達している。急速に「ＡＩ大国」化した中国は、世界で強い存在感を示すようになったわけである。

本書は、福田氏の三年間の中国取材と、元アリババ会長ジャック・マー氏ら先端起業家のインタビューで構成されている。

本書で最も驚かされたのは、二〇一九年五月時点の取材で、北京市中心部の長安街で物乞いをする女性がＱＲコードを印刷した紙を持っていたというエピソードである。行きかう人々は、立ち止まってその紙にスマートフォンをかざして小銭を与える。この六〇歳の女性は、以前は容器に小銭を入れて貰っていたが、キャッシュレス化で誰も小銭を持たなくなった。そこに親切な人が現れて「アリペイ」のＱＲコードを印刷すればよいと教えてくれたという。

キャッシュレス決済サービス「アリペイ」は、中国最大手のネット通販プラットフォーム「アリババ」と直結する。スマートフォンにアプリを入れるだけでＱＲコードからの入金が可能になるので、銀行口座のない人も活用できる。すでに世界五〇か国で一〇億人以上が使用しているというから驚きである。

長安街に立ち並ぶ朝食の煎餅《ジエンビン》を目の前で調理する屋台には、ＱＲコードを印刷した紙が貼られ、客はそれをスマートフォンで読み取って代金を入力する。そもそもＱＲコードは日本で開発された技術だが、それが中国で活用され、データが集積され、あらゆる場所に設置されたカメラが国民を監視している。
この「ＡＩ大国」中国とアメリカの狭間で、日本はどうすべきなのだろうか？

本書のハイライト

外交と軍事は日米関係が基軸だからといって、中国との経済関係を犠牲にすることはできない。かたや中国との経済関係が大事だからといって、米国から求められた中国に対する政策協調に応じないわけにもいかない。日本は米中が対立するなかでも、自国の利益を守れるしくみを作る必要がある。同時に両国から今まで以上に必要とされるように技術力を高め、維持することが自主独立路線を歩む上で大切である。（一六二頁）

福田直之（ふくだなおゆき）一九八〇年生まれ。慶應義塾大学法学部卒業。朝日新聞社東京本社経済部記者。北京特派員を務めた。本書は元アリババ会長ジャック・マー氏ら中国先端起業家のインタビューを含むルポである。

なぜ「イスラエル」が世界を動かすのか？

『世界を動かすイスラエル』
（ＮＨＫ出版新書）

「エルサレム宣言」の背景

イスラエルといえば徹底したコロナ政策が思い浮かぶ。二〇二〇年三月四日、議会総選挙を終えたばかりのベンヤミン・ネタニヤフ首相は、その時点で国内に新型コロナウイルス感染者が一〇人程度だったにもかかわらず、外国人の入国を拒否する「鎖国政策」と感染者をＡＩで追跡する「監視政策」を定めた。

さらに、総人口が日本の一〇分の一以下であるのに対して、「ＰＣＲ検査」の実施件数は毎日一万件にも及ぶ。二〇二一年四月二六日時点で、ワクチン接種（一回以上）の割合を六二・二六％と世界第一位にした。ちなみに、この時点でアメリカの接種率は四二・一五％、日本は一・六四％と大幅に遅れていた。五月四日、ネタニヤフ首相は「初期段階のパンデミックは乗り切った」と勝利宣言し、経済活動の緩和に踏み切った。

さて、なぜイスラエルが世界を動かすのかといえば、イスラエルがアメリカを動かすからである。二〇一八年の統計によれば、アメリカ合衆国の人口の約二三・一％が無宗教、約二三・〇％がカトリック、約二二・五％が福音派、約一一・〇％がプロテスタント主流派である。つまりアメリカ人の二人に一人以上がキリスト教徒であり、そのキリスト教徒の二人に一人近くが福音派なのである。

「福音派（Evangelical）」とは、一九世紀にイギリスのピューリタンから派生し、キリストの言葉（福音）すなわち「聖書」の教えを厳密に守ろうとする原理主義的な立場を指す。二〇世紀に「反中絶・反進化論・反イスラム」の右派保守主義を掲げて、アメリカ国内で急速に広まった。彼らは、ドナルド・トランプ氏を熱狂的に支持し、結果的に彼を大統領に当選させた。

アメリカのユダヤ人は約六〇〇万人にすぎないが、数千万人の福音派を加えると一大勢力になる。二〇一七年一二月、トランプ大統領は、イスラエルが軍事的に占領したエルサレムを「イスラエルの首都」と公式に認める「エルサレム宣言」を発表して、世界を驚かせた。

彼は、イスラエル建国七〇周年の二〇一八年五月一四日、テルアビブのアメリカ大使館をエルサレムに移転させた。

　エルサレムといえば、もちろんユダヤ教・キリスト教・イスラム教の聖地であり、その帰属は長く和平交渉のテーマになっている。トランプ氏の独断的な「宣言」は、ＥＵ諸国をはじめとする国際社会から大きな非難を浴び、国連では「撤回を求める決議」が総会で採択された（賛成一二八か国、反対九か国、棄権三五か国、欠席二一か国）が、アメリカは拒否権を発動した。

　本書で最も驚かされたのは、国連決議も国際法も無視してイスラエルが続々と建設しているユダヤ人入植地に、福音派のアメリカ人がツアーを行っているという事実である。彼らは、キリストが十字架を背負って歩いたゴルゴダの丘の跡地を泣きながら歩き、広大なブドウ畑で何日も無償で働く。完成したワインはアメリカに輸出され、その大部分は福音派が購入して飲む。彼らがイスラエル支援のロビー活動を行い、アメリカを動かしているのである！

本書のハイライト

見渡せば、日本は不安定な中東から原油を輸入するだけでなく、イスラエルのイノベーションを取り込む時代に向かっている。立ちはだかる最大のリスクは、一触即発のイランvsイスラエル・アメリカ・サウジアラビアの緊張関係だ。この問題は現在の中東で、平和構築を語るうえでも、日本がビジネスを行ううえでも避けては通れない。日本はこれを中東情勢の本丸の問題と捉えて、アメリカに追随するのではなく、緊張緩和に向けて独自のイニシアチブを発揮できないだろうか。歴史的な再編が進む中東情勢は、日本自身の問題にほかならないからだ。（二三二頁）

澤畑剛（さわはたごう）一九七五年生まれ。東京外国語大学外国語学部卒業。ＮＨＫエルサレム支局員。ＮＨＫ報道局・カイロ支局員を務めた。本書は二〇一七年以降のイスラエル最前線ルポである。

「天安門事件」とは何だったのか？

『八九六四　完全版』（角川新書）

「現代中国最大のタブー」

中国語で「八九六四」（バージョウリョウスー）といえば、一九八九年六月四日に生じた「天安門事件」を意味する。現代の中国国内では、この事件は歴史書から葬り去られ、ネットで関連キーワードを検索すると接続が切れてしまう。この言葉を口にすること自体が「現代中国最大のタブー」なのである！

その日、中国の政治改革と経済改革を要求して天安門広場を占拠した学生と市民約一〇万人に対して、中国共産党は、人民解放軍による武力鎮圧を行った。約二万五千の軍人が戦車と装甲車で広場に突入し、学生と市民に発砲した。中国の公式発表では「三一九人が死亡」だが、イギリス大使館は「少なくとも一万人以上の市民が軍に殺害された」と極秘公式文書で述べている。

この事件が他人事ではないのは、実は、当時、私の妹が北京に留学していたからだ。彼女は、大学寮の学生と一緒に毎日のように天安門広場に行っていたが、その日に限ってルームメートが高熱を出したため、寮に残って看病していた。そこに血塗《ちまみ》れの学生たちが次々と担架で運ばれてきて、震え上がったという。もし広場に行っていたら、殺されたとしても仕方がない状況だった。

事件の翌日から、外国報道機関は国外に退去させられ、中国国内の報道も厳格に統制された。現在のようにネットやスマートフォンはなく、唯一の交信手段である国際電話も繋がらなくなった。数日間、家族で心配し続けたが、妹は、日本政府の特別便で帰国することができた。偶然テレビをつけたら、妹が空港でインタビューを受けていて、ビックリしたことを覚えている。

さて、「天安門事件」といえば、すぐに思い出す写真が二枚ある。一枚は、広場に設置された「自由の女神」を模した高さ九メートルの白い彫像「民主の女神」である。中国の学生や市民が望んだアメリカ風の民主主義の象徴だが、この像は、戦車に踏み潰された。もう一枚は、戦車の前に立ちはだかる男の写真で、「戦車男」・「無名の反逆者」・「中国の自由の象徴」として世界の新聞に掲載された。彼が何者で、その後どうなったのかは、今も不明である。

当時の中国共産党は、四月二六日付『人民日報』で「民主化学生運動」を「動乱」と決め付け、五月二〇日に「戒厳令」を公布した。六月四日以降、人民解放軍に「妨害行為」に対して「必要とするすべての手段」を取るように命じた。これが民主主義国家では当然の「言論の自由」や「普通選挙」が存在せず、政府への批判が許されない国の実態である。一方、資本主義市場経済を取り込む「改革開放政策」は大成功し、GDP世界第二位の経済大国になった。

本書で最も驚かされたのは、中国全土で民主化の声を上げた数百万人の若者が、今では完全に体制に取り込まれるか、体制に距離を置いて無関心を装っていることだ。誰もが、体制を批判して政治改革を求めるような「面倒」を避ける。その姿勢が、日本の若者との「意外な共通点」だと、本書の著者・安田峰俊氏は重く指摘する。

本書のハイライト

保守的な習近平のもと、中国は八九六四以降で最も政治的に抑圧された雰囲気が強まっている。社会のサイバー化も進み、都市部ではスマホ抜きでは生活ができないほどになった。だが、これはデータを一括管理する当局に、個々人の言動や交友関係が筒抜けになったことも意味する。いまや全世界の監視カメラの七割が中国に集中し、その一部には最新鋭の顔認証技術やクラウド化技術が組み込まれた。私のような外国人の物書きや、体制に不都合な思想を持つ中国人は、間違いなく監視のターゲットになっている。（三三七頁）

安田峰俊（やすだみねとし）一九八二年生まれ。広島大学大学院文学研究科修了。立命館大学人文科学研究所客員協力研究員。ルポライター。著書に『中国人の本音』（講談社）や『性と欲望の中国』（文春新書）などがある。

「世界的キャラクター」とは何か？

『ディズニーとチャップリン』（光文社新書）

チャーリーとミッキーマウス

高校生の長女にチャップリンを知っているか尋ねたら「『レオン』でナタリー・ポートマンが物真似した人」と答えた。ジャン・レノが孤独な殺し屋レオンを演じる映画『レオン』では、殺伐とした状況描写が続くが、一瞬だけ息をつかせるのは、ポートマンの演じる少女マチルダが物真似をしてみせる一幕である。

彼女は、最初にマドンナ、次にマリリン・モンロー、最後に鼻の下にチョビ髭を描きダブダブのズボンをはいてチャップリンを演じる。だが、イタリア系移民のレオンは、どれも当てられない。この映画を観ていて、いくら何でもチャップリンはわかるだろうと、違和感を抱いたことを思い出した。

レオンは少年時代からマフィアで殺人に加担し、学校に通わなかったため、ろくに読み書きもできない設定になっている。その彼がニューヨークに流れてきたのだから、アメリカで流行したマドンナとモンローを知らなくても無理はない。しかし「世界的キャラクター」のチャップリンを知らないことがありえるだろうか？

そもそも「映画」は一八九五年一二月二八日に誕生した。「映画の父」と呼ばれるリュミエール兄弟が、パリのグラン・カフェ地階のサロンに入場料を払った観客を集めて、「工場の出口」から出てくる人々の映像を上映したのである。

その映画に「生命」を吹き込んだのが、イギリスのミュージック・ホールの一人芝居で人気のあったチャーリー・チャップリンだった。彼は舞台に登場したとたん、お辞儀をして山高帽を落としてしまう。慌てて手で拾い上げようとするが、足が帽子を蹴って拾えない。この繰り返しに、観客は爆笑した。

チャップリンは、映画でもドタバタ喜劇を披露して有名になっていったが、一九一八年には初めて自身で監督・主演を務めて制作した映画『犬の生活』を発表した。この作品の「放浪紳士チャーリー」は、キャバレーで虐められている少女と野良犬と助け合って生きる。大衆は、多分にペーソスを帯びたコメディに感動し、チャップリンは映画を「芸術」にまで高めたと評価した。

さて、そのチャップリンに憧れて俳優を志したものの夢破れ、漫画家になったのが、彼よりも一二歳年下のウォルト・ディズニーである。ディズニーは、当時発明されたばかりの「アニメーション」の世界で頭角を現し、一九二八年一一月一八日に公開したミッキーマウスを主役とする『蒸気船ウィリー』を大ヒットさせた。ちなみにこの日は、今ではミッキーの誕生日ということになっている。

本書で最も驚かされたのは、ミッキーマウスのモデルがチャップリンだったという指摘である。ミッキーの黒い耳はチャーリーの山高帽、大きな尻はブカブカのズボン、極端に大きな靴はドタ靴……。社会的「弱者」のネズミと放浪者が、「権力」に立ち向かい、愛する女性のために「献身的」に尽くす姿は、まさにチャップリンそのものである。

チャップリンとディズニーの不思議な「師弟関係」は、本書の著者・大野裕之氏が詳細に分析している。二人が紆余曲折を経てハリウッドで出会う光景は、運命的に映る。

本書のハイライト

なぜ、チョビ髭に山高帽とステッキの放浪紳士と、小さなネズミが世界中に愛されたのか？　その問いは壮大すぎて完全に答えることは不可能だが、共通する特徴といえば、両者とも普遍的に変わらないイメージにして、どんなものにも変わることができるキャラクター、つまりは〈常に不変で、常に可変〉であるということだ。（一一五頁）

大野裕之（おおのひろゆき）一九七四年生まれ。京都大学大学院人間・環境学研究科修了。脚本家・演出家。専門は映画論・演劇学。著書に『チャップリンとヒトラー』（岩波書店）や『京都のおねだん』（講談社現代新書）などがある。

なぜマンデラは「アパルトヘイト」を撤廃できたのか？

『ネルソン・マンデラ』（岩波新書）

「分離」から「和解」へ至る道

ネルソン・マンデラは、一九一八年七月一八日、アフリカ南部のテンブ王家に生まれた。父親は王の相談役であり、マンデラは、「親切、思いやり、もてなし、自分が他人と結び付いていると知ること」を意味する「ウブントゥ」というアフリカ特有の伝統的価値観を受け継いだ。この「伝統」が将来の「和解」へと彼を導くのである。

マンデラは、メソディスト派のミッションスクールで「黒い英国人」養成教育を受け、ヴィッツ大学法学部を卒業して弁護士になった。身長一九〇センチで趣味はボクシング、早朝のジョギングが日課だった。ヨハネスブルク唯一の仕立屋でスーツを仕立て、黒人文化雑誌

『ドラム』のグラビアを飾った。

つまりマンデラは、王家出身の弁護士、しかもファッショナブルなスポーツマンとしてアフリカ黒人社会のアイドルだったのである。その彼が「アフリカ民族会議(ANC)」の指導者として黒人解放運動の先頭に立つようになった。

当時の南アフリカでは「アパルトヘイト(分離)」が法制化され、「白人」と「非白人」の権利が明確に区別されていた。郵便局の窓口から公園のベンチに至るまで、あらゆる公共施設が「白人用」と「非白人用」に分離され、人種の違う者同士の結婚は禁止、恋愛関係になるだけでも刑罰が科せられた。

一九五二年に法制化された「パス法」では、一六歳以上の黒人が、人種・住所・勤務先・病歴・納税歴・犯罪歴などすべてを記した「身分証」を常時携帯しなければならない。この法律によって、黒人のあらゆる行動が監視された。

当初、ANCが行ったのは「不服従運動」である。ストライキやデモに加えて、黒人が故意に駅の「白人用」出入口を利用して逮捕され、留置場を満杯にする。この運動は次第にエスカレートして、一九六〇年三月二一日、五千人以上の黒人が身分証を持たずにシャープビルの警察署前で抗議デモを行った。迫ってくる群衆にパニックを起こした装甲車の警官が発砲し、六九人が虐殺された。

この「シャープビル虐殺事件」に黒人は激怒し、南アフリカ全土が騒乱状態に陥った。三月三〇日には「非常事態宣言」が発令され、ＡＮＣは地下に潜った。マンデラら指導者は、解放運動を武装闘争に転換し、官庁や発電所の破壊工作を指示した。一九六四年六月、逮捕されたマンデラには、終身刑が言い渡された。

結果的にマンデラは、四四歳から七一歳までの人生の二七年間、獄中生活を送った。この時期の様子は、映画『マンデラの名もなき看守』に克明に描かれている。白人の看守がマンデラの優れた人間性に惹き付けられ、仲間からは「黒人びいき」と殴られる。最初は夫の「黒人びいき」を理解できなかった白人の妻も、徐々にマンデラを尊敬するようになる。

釈放されたマンデラは、一九九四年、南アフリカ共和国大統領に選出された。翌年に開催されたラグビー・ワールドカップで彼が決勝戦の会場に姿を現すと、黒人と白人が一緒に「マンデラ・コール」を唱和する。人種を超えて共に代表チームを応援する彼らの姿は全世界一〇億人の前に放映され、「和解」の象徴となった。この光景は、映画『インビクタス』に感動的に描かれている。

本書で最も驚かされたのは、八〇歳の誕生日を迎えたマンデラが三度目の結婚式を挙げた際、披露宴にスティーヴィー・ワンダーやマイケル・ジャクソンら著名人二千人が世界中から集まったことである。本書の著者・堀内隆行氏は、歴史的事実を冷静かつ詳細に叙述しているが、その行間からマンデラの人間的魅力を十分読み取ることができる。

本書のハイライト

今われわれは、偏狭なナショナリズムが跋扈する世界に生きている。他方マンデラは、そのような分断を超え、誰もが想像し得なかった「和解」を成し遂げた人だった。一九九一年のアパルトヘイトの撤廃から三〇年、二〇一三年のマンデラの死から八年が経ったが、彼の経験を振り返ることで、偏狭なナショナリズムを超えるビジョンが見えてくるかもしれない。（六‐七頁）

堀内隆行（ほりうちたかゆき）一九七六年生まれ。京都大学大学院文学研究科修了。中央大学文学部教授。専門はイギリス帝国史・南アフリカ史。著書に『異郷のイギリス』（丸善）や『ウォーラーステイン』（共著、講談社）などがある。

そもそも「ケア」とは何か？

『ケアとは何か』（中公新書）

「医療」と「ケア」の対立

私は大学と大学院を通してアメリカで七年以上を過ごしたが、おそらく日常会話に最も多く登場した単語の一つが「ケア（care）」だったと思う。別れ際の「Take care!（お大事に・気をつけて・がんばって）」とか「I don't care.（気にしない・どうでもいい）」や「Who cares?（気にするな・構うものか）」のように、文脈・状況に応じて微妙なニュアンスを伝えるのに便利な言葉である。

「ケア」自体は「心配・注意・世話」を指し、「medical care（医療）」「aged care（高齢者介護）」「those dependent on care（要介護者）」のように、名詞形で用いると一挙に「看護」や「介護」の意味に傾く。とくに「ケア」で問題になるのが、治療を望めない患者の

「terminal care（終末期医療）」である。

さて、本書の著者・村上靖彦氏によれば、「ケア」とは「人間の本質そのもの」である。生まれたばかりの人間の赤ちゃんは、あらゆる意味で大人が世話をしなければ生きていけない。つまり、周囲に依存しなければ生存できないという意味で、「新生児は障害者や病人と同じ条件下」にあると考えることもできる。

人間は、相互に助け合いながら社会を形成し、とくに苦境に立たされたときに「独りでは生きていけない」と実感する。村上氏は人間を「独りでは生存することができない仲間を助ける動物」と定義することもできると主張する。

本書に、神経難病に罹患し、禁食になった小学校三年生のエピソードが出てくる。約二年後、身体機能が低下して余命一か月になった時点で、「誤嚥《ごえん》性肺炎」のリスクも覚悟の上で、母親が手作りのプリンを娘に食べさせた。すると「無反応、無表情」だった彼女の頬を「大粒の涙」が流れたという。

「好きなものを食べたい」という患者の「小さな願いごと」を叶えるのが「ケア」であれば、それが「医療」と対立する場合には、どうすればよいのか？

本書には、心臓病患者が寿司を食べたいと望んだケースや、糖尿病患者がカレーパンを隠し持っていたという実例が登場し、医師と看護師がどのように折り合いをつけたかが描かれている。

現場で行われているのは、「患者が医師の指示に従わず、節制しないことも織り込んだ上で、その人が望む生き方が持続可能になるようにサポートするという、綱渡りのようなあいまいなケア」である。そこに、論理的・倫理的に一般化できるような明快な指針はない。

本書で最も驚かされたのは、厚生労働省が終末期医療を家族や医療従事者と話し合う「人生会議」を提唱したにもかかわらず、そのポスターが猛烈な批判を浴びたため、配布を撤回したという事件である。

酸素チューブを付けたお笑い芸人が「俺の人生ここで終わり？　大事なこと何にも伝えてなかったわ……」と嘆くポスターだが、そもそもなぜ人生で最も重要な局面を表す場面で「お笑い芸人」を使うのだろうか。「現在重い病気で闘病している患者や家族のことを考えていない」という非難が巻き起こったのも当然である。それにしても、どうして厚労省は、ここまでセンスがないのだろうか？

本書のハイライト

本書は「ケアとは何か」という問いについて、私が対人援助職の語りを聴き、実践の現場を観察するなかで学んだことのエッセンスを記した本である。全体を通して読むと、「生を肯定する」「出会いの場をつくる」「小さな願いごとを大切に」「落ち着ける場所を持つ」「仲間をつくる」といった、シンプルな主題をめぐる変奏曲となっていることがわかるだろう。身体的なケアと心理的なケアのあいだに境目を設けていないだけでなく、医療と福祉を横断するような目線でケアを考えてきたことも、本書の特徴の一つではないかと思う。（二二七頁）

村上靖彦（むらかみやすひこ）一九七〇年生まれ。東京大学大学院総合文化研究科修了。大阪大学 大学院人間科学研究科教授。専門は精神病理学・精神分析学。著書に『自閉症の現象学』（勁草書房）や『治癒の現象学』（講談社選書メチエ）などがある。

「ハイブリッド戦争」は何を導くのか？

『ハイブリッド戦争』（講談社現代新書）

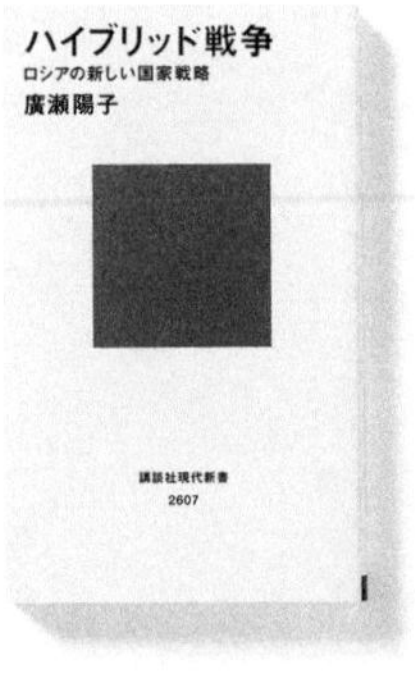

低コストで得る最大の効果

アメリカ合衆国の「マンハッタン計画」は、約三年間に総計二二億ドルの経費をかけて、ピーク時には一二万人の科学者・技術者・労働者をつぎ込んで、原子爆弾を完成させた。この計画に関わったノーベル賞受賞者だけでも二一人に及ぶ。

一九四五年当時のアメリカは、第二次世界大戦で最も多くの犠牲者を出して疲弊したソ連が同じような計画で原爆を開発するためには、一五年から二〇年かかると予測していた。つまり一九六〇年代まではアメリカが唯一の原爆保有国に相違ないと想定して外交政策を進めていたが、ソ連は一九四九年八月に核実験を成功させてしまった。その理由は、ソ連が原爆の機密情報を入手したからである！

その機密を漏らしたのは、フォン・ノイマンと原爆の特許取得関連の最高機密書類を共同執筆するほどまでに上層部に潜入していた物理学者クラウス・フックスだった。彼はイギリスで逮捕されたため死刑にならず、一九五九年に東ドイツに引き渡されて、ドレスデン工科大学教授に就任した。そこで中華人民共和国の留学生に原爆製造方法を教えたため、中国も早期に核兵器を開発できた。

このスパイ活動によってフックスがソ連から得た報酬は、四〇〇ドル余りの経費にすぎない。彼は「筋金入りの共産主義者」であり、そうすることが人類のために正しいと信じて、共産主義圏に原爆の情報を流したのである。もし彼の存在がなければ、その後の世界の冷戦構造は完全に異なっていただろう（このスパイ事件の詳細については拙著『フォン・ノイマンの哲学』をご参照いただきたい）。

さて、一九九一年一二月にソ連は崩壊した。二〇一九年度の軍事費は、世界第一位がアメリカの七三一八億ドル、第二位は中国の二六一一億ドル、第三位はインドの七一一億ドル、第四位はロシアの六五一億ドルである。かつて世界を二分した冷戦構造からは想像もできないが、現在のロシアの軍事費はアメリカの一割に満たない。ちなみに日本の防衛費は四七六億ドルで世界第九位となっている。

だからといって、低コストで最大の効果を得ようとするソ連時代からの伝統が消え去ったわけではない。二〇一四年の「ウクライナ危機」に際して、「北大西洋条約機構（NATO）」のオランダ少将フランク・カッペンは、ロシアが「ハイブリッド戦争」を遂行していると表現した。これは軍事的正規戦に加えて、サイバー攻撃やプロパガンダによる情報戦、フェイクニュースを用いた心理戦、テロや犯罪行為など、あらゆる非正規戦を組み合わせた「戦争」を指す。

本書で最も驚かされたのは、二〇一六年だけでも一月にドイツで偽ニュース拡散によるメルケル首相攻撃、六月にイギリスのブレグジット国民投票介入、一〇月にモンテネグロ首相暗殺とクーデター未遂、一一月のアメリカ大統領選挙ではトランプ氏を支援しクリントン氏を攻撃、一一月にモルドバ大統領選挙介入と、スパイ映画を遥かに超えた「ハイブリッド戦争」が現在進行中ということだ。

本書の著者・廣瀬陽子氏が綿密に分析する「目的のためには手段を選ばないロシアの国家戦略」を知ると、日本の危機意識があまりにも希薄だと憂慮せざるをえない。

本書のハイライト

今この瞬間に日本の中枢がハッキングされ、日本中の電気が落ち、真っ暗になり、大混乱に陥る可能性も否定できないのである。しかも、中国や北朝鮮、イランなども、ロシアと並んでサイバー攻撃の近年の主要アクターとなっているし、個人レベルも含む、潜在的な敵は無数にいると言ってよい。ハイブリッド戦争の脅威はつねに存在していると考えるべきだろう。（三三四頁）

廣瀬陽子（ひろせようこ）一九七二年生まれ。東京大学大学院法学政治学研究科修了。慶應義塾大学総合政策学部教授。専門は国際政治学・比較政治学。著書に『強権と不安の超大国・ロシア』（光文社新書）や『未承認国家と覇権なき世界』（ＮＨＫブックス）などがある。

「宇宙人」としての教養とは何か？

『宇宙人と出会う前に読む本』
（講談社ブルーバックス）

「宇宙人の集まる宇宙ステーション・カフェ」

二〇〇八年に私が上梓した『理性の限界』は、おかげさまで二〇刷を重ねるロングセラーとなっている。なによりも読者の皆様に感謝したい。

この新書のテーマは、アローの不可能性定理・ハイゼンベルクの不確定性原理・ゲーデルの不完全性定理である。専門書三冊で解説しても大変そうな難解な話題を、どうすれば新書一冊にわかりやすくまとめることができるか？

執筆当時かなり悩んだが、結局「雑談」のように書くのが最も効果的だという結論に達した。というのは、普段は近寄り難い経済学や物理学や数学の大家が、雑談の席では「枝葉末節」を跳び越えて明快にポイントを説明してくれるからだ。そこで、専門家や会社員や運動選手のような多彩な登場人物が自由闊達に議論を繰り広げる「仮想シンポジウム」形式が誕生したのである。

拙著『理性の限界』に触れたのは、本書の著者・高水裕一氏が、おそらく私と同じように、いかに読者の知的好奇心を刺激しながら新書で明快に解説できるか悩んだ末に、地球人が宇宙人に知識を伝えるにはどうすればよいのかという場面設定に到達したのだろうと、共感したからである。

そもそも「科学をあなたのポケットに」をキャッチフレーズにする講談社ブルーバックスは、数学・物理学・化学・生物学・天文学・医学・薬学といった自然科学を対象とする。執筆者は、論文では数式や記号で表現する専門分野のテーマを、可能な限り平易な日本語で表現することが求められる。そこでクイズ形式やカラー図解など工夫を凝らすわけだが、本書の場面設定は実に楽しい。

地球人が「宇宙人の集まる宇宙ステーション・カフェ」を訪れる。宇宙人とは「自動翻訳機」で自由に会話ができるという設定である。そこで「あなたはどこから来たのですか」と質問されたら、読者はうまく答えられるだろうか?

地球は太陽系の第三惑星であり、太陽は直径一〇万光年の銀河系の中心から約二・六万光年に位置する。宇宙的視野では、銀河系の中心を経度・緯度〇度とする「銀河座標」に基づく「３Ｄ宇宙地図」で位置を示す必要があるだろう。

それでは太陽は何色だろうか？　恒星のスペクトル分類（Ｏ型・Ｂ型・Ａ型・Ｆ型・Ｇ型・Ｋ型・Ｍ型・ＬＹＴ型）で太陽が「Ｇ型」に相当することを知る読者は「黄色」と答えるかもしれない。ところが、実は太陽は「緑色」なのである！

地球に届いた緑色の光は、大気によって散乱し青色のスペクトルが広がる。だから空は青く、太陽は黄色く見えるが、宇宙的視野では太陽は緑色である。

本書で最も驚かされたのは、恒星間距離が膨大すぎる銀河系では、「宇宙人の集まる宇宙ステーション・カフェ」自体が、現実にはＳＦを想定しなければ不可能だと終盤に暴露されること。場面設定を壊しても、科学と非科学の境界を示す姿勢が科学者らしい！

本書のハイライト

結局、宇宙人としての教養をどれだけ高められるかは、なにげない日常のなかで普遍的なものと、そうでないものをどれだけ見極められるかにかかっているのではないかと思います。地球人にとっては必要でも、宇宙人にとっては無意味なものも少なくないはずです。ぜひ身の回りのものを、宇宙人的視点で見つめなおしてみてください。そのときあなたは地球にいながらにして、名実ともに立派な宇宙人となっていることでしょう。（二六〇頁）

高水裕一（たかみずゆういち）一九八〇年生まれ。早稲田大学大学院理工学研究科修了。筑波大学計算科学研究センター研究員。専門は宇宙論・科学論。著書に『知らなきゃよかった宇宙の話』（主婦の友社）や『時間は逆戻りするのか』（講談社ブルーバックス）などがある。

なぜ「東電原発事故」が起こったのか？

『東電原発事故　10年で明らかになったこと』（平凡社新書）

東電原発事故から10年で明らかにされた「人災」

二〇一一年三月一一日、東北地方太平洋沖地震が発生した。福島第一原子力発電所は、地震による停電で外部電源を失い、非常用ディーゼル発電機が稼働した。ところが、一三メートルを超える津波が発電所を襲って施設全体に損傷を与え、非常用発電機も浸水のため故障し、発電所は「全電源喪失」の危機に陥った。

運転中の一～三号機の原子炉は地震を感知して自動停止したが、核燃料は停止後も崩壊熱を発する。しかし、電源喪失でポンプは動かず、原子炉への注水冷却ができなくなった。原子炉内部は「空焚き」状態になり、一～三号機の原子炉で核燃料が自熱で溶け出す「炉心溶融（メルトダウン）」が発生した。

原子炉内部には水素ガスが充満し、三つの原子炉で相次いで水素爆発が生じた。屋根は吹き飛び、放射性物質が大気中に放出された。この放射能汚染に起因する帰還困難地域は、名古屋市とほぼ同じ面積の三三七平方キロメートルに及ぶ。

「国際原子力機関（ＩＡＥＡ）」は、福島第一原発事故を一九八六年四月のチェルノブイリ原発事故と同じ最悪の「レベル七（深刻な事故）」に分類した。

さて、地震発生の八年以上前、二〇〇二年八月一日、政府の地震調査研究所は、マグニチュード八クラスの地震による「三陸沖地震津波が今後三〇年に二〇％程度の確率」で発生するという予測を発表した。これを受けて、経済産業省原子力安全・保安院は、東京電力株式会社に福島第一原発の安全性説明を求めた。

保安院側の担当者は原子力発電安全審査課の耐震班長・川原修司氏ら、東電から説明に出向いたのは高尾誠氏である。この時点で川原氏は「福島から茨城沖も津波地震を計算するべきだ」と要求したが、高尾氏は「論文を説明するなどして、四〇分間くらい抵抗した」と社内外関係者にメールで報告した。さらに「結果的には計算するとはなっていない」と誇らしげにメールに書いていたという。

川原氏が六月に耐震担当になったばかりであるのに対して、高尾氏は「東電の津波対応のすべてを知っている重要人物」だった。つまり、川原氏は高尾氏に「言い負かされてしまったのでは」というのが本書の著者・添田孝史氏の推察である。

添田氏が綿密に調査した二〇〇二年以降の東電の危機管理対策を読み進めると、この種の傲慢不遜な事例ばかりが続く。要するに、東電原発事故は防ぐことのできた「人災」だったのである。事故後も政府と東電は「不都合な事実」を隠蔽し続けてきたが、裁判で次々と新たな事実が明るみにされつつある。

本書で最も驚かされたのは、福島第一原発事故の「後始末」にかかる総合費用が、二〇一六年時点での政府試算で二一・五兆円、民間シンクタンク試算で三五兆〜八一兆円にも及ぶということだ。金額に幅があるのは、廃炉や汚染水の処理方法で計算が異なるためだが、いずれにしても、この莫大な金額を今後何十年もかけて私たち国民が東京電力の電気料金と税金で負担していくわけである！

本書のハイライト

事故に至った理由は単純だ。国や東電は「原発は絶対に事故を起こさない」と主張して、地元に建設・運転を受け入れてもらってきた。本当の「絶対安全」は難しいが、それに近づけようとするならば、地震や津波に対して通常の構造物より大きな余裕を上乗せして備え、最新の地震研究の成果を迅速に取り入れて備えを見直し、それらの情報は公開して透明性のある手続きで安全性を高いレベルに保ち続ける必要がある。しかし国や東電は「大きな余裕」「迅速な見直し」「透明性のある手続き」、すべてを怠っていたのだ。（四 - 五頁）

添田孝史（そえだたかし）一九六四年生まれ。大阪大学大学院基礎工学研究科修了。科学ジャーナリスト。朝日新聞社東京本社科学部記者などを務めた。著書に『原発と大津波』（岩波新書）や『東電原発裁判』（岩波新書）などがある。

どうすれば「ヘイトスピーチ」が消滅するのか?

『ヘイトスピーチと対抗報道』（集英社新書）

「中立」は「正義」ではない

在日韓国人の高校生が、実名を挙げて「悪性外来寄生生物種」などとブログに匿名で書き込まれた。少年は「ひどいヘイトスピーチを見たときの恐怖やショックを忘れることができません。家族みんなが傷つきました」と告訴し、情報開示請求によって六六歳の匿名投稿者が特定された。二〇一八年一二月、川崎簡易裁判所は「侮辱罪」を認め、この男に科料九千円の略式命令を下した。

これが、ネット上の匿名ヘイトスピーチが「侮辱罪」で処罰された最初の事件である。司法が有罪を認めた意義がある一方で、「ひどいヘイトスピーチ」をしても僅か九千円を支払えば済むのかと、批判の声も挙がった。

在日韓国人の三五歳の男性は、ネットの「2ちゃんねる」掲示板に実名を挙げて「在日朝鮮人の詐欺師」や「イヌやネコを食べている」などと書き込まれたため告訴した。二〇一九年一月、石垣簡易裁判所は「名誉棄損罪」を認め、書き込んだ二人の匿名投稿者を特定して、各罰金一〇万円の略式命令を下した。

これが、ネット上の匿名ヘイトスピーチが侮辱罪よりも重い「名誉棄損罪」で処罰された最初の事件である。被害者は「差別や心ない誹謗中傷を受けて泣き寝入りしていた人を勇気づけるきっかけになれば……」と述べている。

さて、二〇一六年六月三日、「ヘイトスピーチ解消法（本邦外出身者に対する不当な差別的言動の解消に向けた取組の推進に関する法律）」が施行された。ここで「ヘイトスピーチ」というのは、「特定の国の出身者であること又はその子孫であることのみを理由に、日本社会から追い出そうとしたり危害を加えようとしたりするなどの一方的な内容の言動」を指す。

具体的には、人種・民族・性など「自分の努力では変えられない属性」のみに基づいて、（一）一律に排除・排斥すること（「〇〇人は出て行け」「祖国に帰れ」等）、（二）危害を加えようとすること（「○○人は殺せ」「海に投げ込め」等）、（三）著しく見下すこと（昆虫や動物に例える等）であり、それらを見聞きした人々に「悲しみや恐怖、絶望感などを抱かせるもの」と定義される。本書の著者・角南圭祐氏は、ヘイトを報道する立場から、多種多様な論点を綿密に分析している。

本書で最も驚かされたのは、角南氏が「私は差別主義の右翼少年だった」と告白していることである。松山市にある彼の実家の前に皇族が使う老舗旅館があり、皇族が訪れるたびに歓迎する市民が日の丸の小旗を振った。ところが、皇族が去った後、大切な日の丸の小旗が道に捨てられているのを見て「憤慨と正義感」が湧き上がり、「国粋主義者」に育ったそうだ。

その彼が、大学に進学して在日韓国人教授の授業を受けて、韓国の豊かな文化と日本人による「差別」の実情を知り、『なぜこんな大事なことを知らなかったのか』と悔しくて恥ずかしくて泣いてしまった」という。要するに、ヘイトスピーチの根源にあるのは、相手や文化に対する「無知」なのである！

本書のハイライト

私は今後も、記者である限り反差別の記事を書き続けるし、人間である限り差別に反対し続ける。「私は差別をしない」では差別はなくならない。「私は差別に反対する。闘う」でなければならない。そのために、差別に反対する政策と法制度をつくり出し、差別に反対する仲間を増やしていきたい。この本を読んで、共に反差別の戦線に立とうと感じてくれればうれしい。（二六一頁）

角南圭祐（すなみけいすけ）一九七九年生まれ。大阪外国語大学卒業。共同通信広島支局次長。著書に『戦争への想像力』（共著、新日本出版社）や『ろうそくデモを越えて』（共著、東方出版）などがある。

「戦国時代」の村で何が起きていたのか？

『戦国の村を行く』（朝日新書）

『七人の侍』と戦国時代の村の真実

二〇一八年、「イギリス放送協会（ＢＢＣ）」が、世界四三か国の映画評論家二〇九人のアンケートを集計して「外国語映画ベスト一〇〇」を選定した。その結果、第一位の栄誉に輝いたのは、なんと一九五四年公開の黒澤明監督『七人の侍』だった！

この映画の舞台は、戦国時代末期の山間の農村である。長い戦からあぶれた野武士の集団が、秋になると村を襲って収穫したばかりの米を奪い、村の女や財産を略奪した。逆らう村人がいれば、容赦なく切り捨てる。衰退した足利幕府の代官も頼りにならないという設定で、田畑を捨てて逃げることもできない。ついに村人は立ち上がり、腕の立つ侍を雇って自衛することにした。

そこで雇われたのが、志村喬《たかし》や三船敏郎らが演じる七人の侍である。一癖も二癖もある彼らは、最初こそ村人たちから敬遠されるものの、いくつかの事件を経て次第に信頼を得ていく。彼らは、刀の持ち方さえ知らない村人に武器を用いて戦う方法を教え、村の周囲にさまざまな罠を仕掛けた。そして、ついに決戦の日を迎える……。

この映画は二〇七分の長編で、映画館では途中に五分間のインターミッション（途中休憩）が入る。それにもかかわらず、最初から最後まで展開のテンポが速く、大雨の中での最終決戦まで、あっという間に時間が過ぎる。不朽の名作である。

あまりに名作すぎて、一九六〇年にはアメリカで西部劇仕立ての『荒野の七人』にリメイクされ、その続編が何作も公開されている。ジョージ・ルーカスは大学時代に黒澤作品を観て大きな影響を受けたそうだが、たしかに彼の『スター・ウォーズ』シリーズには、『七人の侍』を想起させるシーンが何度も登場する。

さて、本書の初版が発行された当時、新聞書評が「まったく新しい戦国時代像」と取り上げて大評判になったという。なぜなら、「戦国時代研究の第一人者」とみなされた著者・藤木久志氏が、映画『七人の侍』が描いた戦国時代の「村」は現実から大きく遊離していることを歴史学的に明確に立証したからである。
実際には、戦国時代の村人は腰に刀を差すのが普通であり、村全体を外敵の侵入に備えて要塞化し、いざというときには自前の「村の城」に籠って村人や財産を守った。見張りが早鐘を打ち鳴らすと、すぐに村の男たちが武装して集まり、戦闘に備えた。しかも、「野武士」のような盗賊集団を各地の戦国大名が許すはずがなく、そもそも存在さえしなかったらしい。要するに、映画『七人の侍』の場面設定そのものが、ほぼ架空の話だったというわけである！

本書で最も驚かされたのは、諸大名が争う国境に住む村人が「何《いず》れの御方《おんかた》たりと雖《いえど》も、ただ強き方へ随《したが》い申すべき也《なり》」と発言した記録である。彼らは「誰でもよい、強い方につく」と明言していたわけだ。現実の村人は、生き残るためには、たとえ相手が大名でも平気で裏切る強者だったのである！

本書のハイライト

もともと中世の城は、決して大名たちだけのものだったわけではなく、中世の社会では村もまたたしかに自前の城をもっていたのです。長いこと戦国の民衆を戦争のみじめな被害者とばかりみて、ひたすら同情をよせてきた私にとって、この「村の城」の発見は、戦国の世に対する見方をすっかり変えてしまうほど、大きな収穫でした。「村の城」の存在は私たちに、中世の村の力量や主体性をもっと重視する必要がある、と告げているのです。（二〇頁）

藤木久志（ふじきひさし）一九三三年生まれ。東北大学大学院文学研究科修了。立教大学名誉教授。専門は日本中世史・戦国史。著書に『戦国社会史論』（東京大学出版会）や『中世民衆の世界』（岩波新書）などがある。二〇一九年九月に逝去。本書は一九九七年に刊行された同タイトルの朝日選書の改訂版である。

どうすれば賢い「カラス」を騙せるか？

『カラスをだます』（ＮＨＫ出版新書）

カラスを誘導する実験

動物の体重に占める脳の重量の割合を比較する際に「脳化指数」が用いられる。ヒト＝〇・八九、イルカ＝〇・六四、チンパンジー＝〇・三〇、カラス＝〇・一六、イヌ＝〇・一四、ネコ＝〇・一二、ウマ＝〇・一〇、ウシ＝〇・〇六、ブタ＝〇・〇五、ハト＝〇・〇四である。つまり、カラスの脳化指数はイヌやネコよりも高く、同じ鳥類のハトの四倍もある。

脳化指数が知能指数に比例することは必ずしも立証されていないが、それでもカラスの知能が高いことはよく知られている。クルミのように硬い殻の木の実を自動車に轢かせて食べたり、小枝を使って狭い隙間にいる虫を取り出して食べたりする。公園の水道の蛇口を捻って水を飲むこともある。蛇口が開いたままでは困るので、横浜市の公園などでは、カラスが開け難い蛇口に交換せざるをえなくなった。

さらに、カラスは見つけた食物を貯めておくという「貯食行動」をとる。木の根の間や電柱の拡声器の裏、建物の屋上の片隅などに隠しておき、しかもその場所をすべて記憶していて、賞味期限内に回って食べるというのである。

カラスは、線路の上に石を置くこともある。人間にとっては列車事故に繋がりかねない大問題だが、これも「貯食行動」の一環であるらしい。線路の下の敷石の隙間は他の動物から盗まれ難いので、カラスはそこに食物を隠す。その場所を忘れないようにするために、目印の石を置いていくのである。

田畑を狙う鳥や獣に対して、人間がいるように見せかけるために、昔から「案山子《かかし》」と呼ばれる人形が用いられてきた。海外にも似た習慣があるが、英語圏の「案山子（scarecrow）」は「カラス（crow）」を「怖がらせる（scare）」を意味する。人間は、世界各地でカラスと戦ってきたわけである。

さて、二〇一七年九月、山形市役所の周囲の木立は、集団で行動するカラスの「ねぐら」と化していた。バス停「山形市役所前」付近の道路は、二〇〇羽のカラスの糞で真っ白になっていた。困り果てた市役所は、カラス研究者として知られる本書の著者・塚原直樹氏に、どうにかカラスを移動させてほしいと依頼した。

塚原氏は、カラスが集団でコミュニケーション行動を取る習性を利用した。まず市役所テラスのスピーカーからカラスの天敵オオタカの声を流す。同時に、移動車からカラスが敵と戦うときの声を流し、地方裁判所前ではカラスがねぐらに帰る際の平和な声を流した。二〇〇羽のカラスは一斉に飛び立って、塚原氏の誘導する通りに裁判所前の方へと移動した！

本書には、音声以外にも、カラス撃退ロボットやカラスドローンなど、カラスを騙す多彩な方法が紹介されていて、実に興味深い。

本書で最も驚かされたのは、カラスを食べるという発想である。カラスは生ゴミをあさり、動物の死肉をついばむので心配になるが、カラスの胸肉の重金属・残留農薬・残留抗生物質・細菌・寄生虫を分析した結果、とくに問題はなかったという。さらに、高タンパク・低脂肪・低コレステロールで鉄分とタウリンも豊富だということで、塚原氏は「カラス食」を推進し、『本当に美味しいカラス料理の本』（ＳＰＰ出版）という本まで上梓している（ただし、この本は「手に入らない肉のレシピ本なんて誰が買うんだというツッコミ待ちのネタ本」であると自虐的に説明されている）。

さて、読者はカラス肉を食べることができるだろうか？

本書のハイライト

本書は、著者が十八年間カラスと向き合い、実際にやって……ことを書いたものだ。そのため内容としては偏りがあるかもしれない。カラスの……知りたい方は、カラス研究の巨匠達の名著を読んでいただきたい。著者の興味は、どう……スをだますことができるか、である。この無理難題に対し、現在進行形の悪戦苦闘の日々を書いた……

塚原直樹（つかはらなおき）一九七九年生まれ。東京農工大学大……宇都宮大学バイオサイエンス教育研究センター特任助教。著書に『本当に美味……料理の本』（ＳＰＰ出版）がある。

なぜ「官邸」が大暴走してしまうのか？

『官邸の暴走』（角川新書）

官僚とマスコミを支配し、倫理観に欠け、
戦争のできる国を目指す人々

二〇一七年二月一七日、当時の安倍晋三首相は、国会で、[illegible]大阪府で「安倍晋三記念小学校」の開設を目指していた森友学園に、国[illegible]して売却したとになれば、間違いなく総理大臣も国会議員も辞める」[illegible]問題を追及された際の発言である。

一般に、平気で嘘をつく人間ほど「嘘だったら辞め[illegible]などと信じ難い大見得を切るものだといわれる。安倍氏が大[illegible]らかにされた。というのは、国有地売却契約の決裁文[illegible]

述が何か所もあったからである。

安倍首相の発言を正当化するため、当時の財務省理財局長・佐川宣寿氏が、決裁文書の改《かい》竄《ざん》を指示した。その際、上司に向かって泣きながら「改竄なんてやめてください」と抗議したのが、近畿財務局職員・赤木俊夫氏だった。

赤木氏は、日常的に近所の知人に「私の雇用主は日本国民なんですよ。その日本国民のために仕事ができる国家公務員に誇りを持っています」と話すほど、誠実で責任感の強い人物だった。その彼が、公文書の改竄を命令されたのである。どれだけ不正に手を染める自分を嫌悪したか、察するに余りある。

そもそも財務省のような組織で上からの命令に抵抗すると、村八分にされて職場にいられなくなる。ところが、辞職しても、財務省に逆らった人間を採用する企業はないという。なぜなら、税務署を敵に回すことになるからだ。

赤木氏は、改竄前と改竄後の決裁文書のコピーや誰が何をどのように指示したのかを示すメールなど五一八ページの文書をすべてファイルに綴じた。これが「赤木ファイル」である。その冒頭で赤木氏は「現場の問題意識として決裁済の文書の修正は行うべきでないと財務省本省に強く抗議した。本省が全責任を負うとの説明があったが納得できず、過程を記録する」と記している。

二〇一八年三月二日、決裁文書の改竄がマスコミにスクープされた。三月七日、赤木氏は自殺した。その二年後、妻の赤木雅子氏が手記と遺書を公開した。そこには「最後は下部がしっぽを切られる。なんて世の中だ。手がふるえる。恐い」とあった。

さて、長く官僚の世界にいた本書の著者・古賀茂明氏によれば、赤木氏のように正義感の強い官僚は今や「絶滅危惧種」であり、大多数は「長いものには巻かれろ」と上司の命令に従う「凡人型」である。ただし「官邸官僚」だけは首相を動かすので、レベルが異なる。

本書で最も驚かされたのは、安倍氏が「能力の低いペテン師兼パフォーマー」にすぎず、彼のように「能力がない人が総理になった場合、官邸官僚の万能感はマックスとなる」という言葉だ。八年近く首相を操ってきた「官邸官僚」が何をしてきたのか、本書では多くの実名を挙げて実態を暴露している。彼らが推し進めてきた「負のレガシー」は、「官僚支配」「マスコミ支配」「地に堕ちた倫理観」「戦争のできる国づくり」だという。まさに官邸が国難を招く大暴走をしている様子が見える！

本書のハイライト

私たちは誰のことも当てにできない。政治家も官僚も、危機感が欠如しているからだ。だが一番大事なことは、私たち国民自身が、危機意識を持つということだ。警鐘を鳴らす人は結構多い。だが、多くの国民にはそれが届いていないように感じる。本当に爆弾が落ちるか、あるいは経済的にどん底に落ちるしかないのだろうか。（三三〇頁）

古賀茂明（こがしげあき）一九五五年生まれ。東京大学法学部卒業。政治経済評論家。通商産業省経済産業政策課長・中小企業庁経営支援部長・テレビ朝日コメンテーターなどを務めた。著書に『官僚の責任』（ＰＨＰ新書）や『国家の共謀』（角川新書）などがある。

そもそも「メタ倫理学」とは何か？

『「倫理の問題」とは何か』（光文社新書）

メタ倫理学における四つの基準

ミシガン大学大学院の哲学研究室に在籍していた頃、どんな教授に対してもアグレッシブに意見を表明する院生が、ハーバード大学出身のスティーブだった。彼は、留学生の私にも分け隔てなく接してくれる得難い友人だった。

一九八三年、イギリスのオックスフォード大学を代表する著名な哲学者リチャード・ヘアが、なぜかアメリカのフロリダ大学に移籍してきた。ヘアは当時六三歳なので、温暖な気候を求めたのかもしれない。あるいはスティーブが言うように、「オックスフォードの重箱の隅ばかり突く陰鬱な哲学科が嫌になって、フロリダのディズニーランドに逃げてきた」のかもしれない。

その後、ヘアはアメリカ各地の主要大学から招聘されて、精力的に講演やセミナーを開催した。一九八六年の春学期には、ミシガン大学で招待講演を行った。その内容は「道徳的な善悪を論理的に導き出せるか」という「メタ倫理学」に関わるテーマだった。講演後の質疑応答で、主催のリチャード・ブラント教授はヘアの見解を擁護する一方、ウィリアム・フランケナ教授とアラン・ギバード教授が反論を述べて白熱した議論になった記憶がある。

講演会の後には立食パーティがあるが、通常、教授陣は立派なレストランの方に行く。若い院生や学生で騒《ざわ》めく立食会場では、スティーブと私がビールを飲みながら、「ヘアの講演は実にバカげている。メタ倫理を振りかざしても現実世界の倫理問題を解けるわけがないじゃないか！」と大声で話していた。

すると、スティーブが私の背後を見て、突然身体を硬直させ、真っ白な顔が一瞬で真っ赤に変わった。恐る恐る私が後ろを振り返ると、背の高いヘア教授がムッとした表情で仁王立ちになっていたのである！　まるでコメディ映画そのもののような失態を演じた私たちは、慌ててその場から逃げ出した。この場を借りて、今は亡きヘア教授に、大変な失礼をお詫びしたい。

さて、「人を殺すのは悪か？」という問題は倫理学で扱う。たとえば「殺人を許容すれば社会が成り立たなくなるから悪だ」というのは、立派な解答の一つである。それでは尊厳死や自殺、戦争の場合はどう考えればよいのか、と現実問題に立脚して議論の進むのが倫理学（とくに「臨床倫理学」）である。

それに対して、メタ倫理学は、そもそも「倫理」とは何かに着目する（一般に「メタ○○」は「○○」自体を対象にする）。まず「倫理」という言葉を定義できるのか、倫理の問題に客観的な解はあるのか、倫理をどのように扱えばよいのかといった「原則論」を追究するのがメタ倫理学である。この分野の第一人者がヘアであり、原則論では何も解決できないと批判するのがスティーブの立場だった。

本書で最も驚かされたのは、著者・佐藤岳詩氏が、倫理を「重要性基準」（人間の生に重要なのが倫理）・「理想像基準」（人間の理想像を示すのが倫理）・「行為基準」（人間の意図に基づく行為が倫理）・「見方基準」（人間の世界の見方が倫理）の四つにぶった切り、明快に解説したことである。思考の出発点として、大いに楽しめる作品である。

本書のハイライト

メタ倫理学によって、いきなり現実の問題をすべて解決することはできません。でも、それを通じて問題との向き合い方を考えることは、自分の「世界の見方」を反省する機会になる、そうした反省は私たちの日常を少し良い方に進める一助になる、そう考えてもいいのではないかと、今では思っています。（三六二頁）

佐藤岳詩（さとうたけし）一九七九年生まれ。北海道大学大学院文学研究科修了。専修大学文学部准教授。専門は倫理学・メタ倫理学。著書に『R・M・ヘアの道徳哲学』（勁草書房）や『心とからだの倫理学』（ちくまプリマー新書）などがある。

いかに「原爆の記憶」を伝えていくべきか？

『広島平和記念資料館は問いかける』（岩波新書）

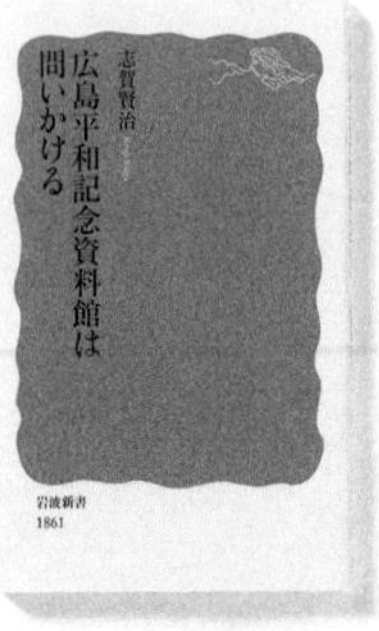

「蝋人形論争」が問いかける原爆資料館の使命

一九四五年八月六日午前八時一五分、アメリカ空軍の爆撃機「エノラ・ゲイ」が広島市中心部を目標に原子爆弾を投下した。爆心地周辺の温度は摂氏三〇〇〇～四〇〇〇度にまで達し、「熱線」の直射を受けた人々は、瞬時に消滅した。

原爆は上空約六〇〇メートルで爆発し、高圧の衝撃波による「爆風」を発生させた。その圧力は爆心地から五〇〇メートル地点で一平方メートル当たり約一一トンに達する。その威力で爆心地から二七キロメートル離れた建物の窓ガラスが割れるほどだった。建物は吹き飛ばされ、その下敷きになった人々は圧死した。火災による大火傷やガラスの破片で外傷を負った人々は数知れない。

さらに、原爆が通常兵器と本質的に異なるのは、核分裂による「放射線」が人体に深刻な被害を及ぼすことだ。爆発直後から地上の土や建物の破片が大量の放射線を放出し、チリやススが黒煙となって巻き上げられた後、空気中の水分と結合して「黒い雨」を降らせた。放射性物質の「恐怖の雨」である。

被爆から年月が経ってから、放射線に起因すると考えられる悪性腫瘍や原爆白内障などの「後障害」が増加した。たとえば、白血病は被爆から二〜三年後に発生が急激に増加し、七〜八年後にピークに達した。その影響は胎児にも及び、被爆による染色体異常などの遺伝的影響の調査は、今も続けられている。

さて、原爆投下直後から被爆の痕跡を留める石や瓦礫などを収集したのが、広島文理科大学で地質学を教えていた長岡省吾氏である。彼は、その後も被爆に関する写真・フィルム・新聞・書籍や犠牲者の遺品など一〇万点以上を収集し、それらを基に一九五五年に開設された広島平和記念資料館（原爆資料館）の初代館長となった。

一九七三年には「被爆蝋人形」が展示された。被爆一時間後に逃げ惑う二人の婦人と幼児を想定して制作された人形である。婦人たちの上着は焼け焦げ、露出した乳房と両手の皮膚が火傷で剥けて垂れ下がっている。幼児は全身火傷で皮膚が露出し、頭の半分は毛髪がなく、三人全員が「幽《ゆう》鬼《き》」の印象を与えた。

この蝋人形設置を推進したのは、当時の広島市長・山田節男氏である。原爆の凄惨な光景を一目でわからせるためには「真に迫ったものを見せるのが手っ取り早い」というのが彼の主張だった。それに対して、初代館長の長岡氏は、あくまで実際の被爆資料のみを展示すべきであり、「現物では物足りないから模造で強く――というのははき違えだ」と人工的な脚色に反対した。

本書で最も驚かされたのは、この「蝋人形論争」が、本質的には今も続いていることである。広島平和記念資料館館長を務めた本書の著者・志賀賢治氏は、原爆資料館の使命とは何か、何をどのように展示すればよいのか、問いかけ続けている。

被爆七五年目の二〇二〇年に実施された過去最大規模の更新では、展示資料が一〇〇〇点に増やされ、映像と３Ｄ模型を駆使したビジュアル化が図られたという。「蝋人形論争」の帰結がいかに反映されているのか、ぜひ拝観したいと考えている。

本書のハイライト

時折考えます。なぜ、「人影の石」は資料館で保存され、展示され続けているのか？　人影の石は、そこに座って、自らの死の自覚を得ることなく亡くなってしまった、誰かの生きた証なのです。石段に座って、少し見上げると爆発の火球が見える、彼あるいは彼女が座っていた場所はそんな位置でしたが、恐らく爆発の瞬間を見ることはなかったでしょう。その瞬間には、既に亡くなっていたでしょうから。そこに誰であれ人が座っていた、その証を保存し続けているのです。（二三〇‐二三一頁）

志賀賢治（しがけんじ）一九五二年生まれ。名古屋大学法学部卒業。広島大学原爆放射線医科学研究所客員教授。広島市役所職員・広島平和記念資料館館長などを務めた。

なぜ「宗教的過激思想」が流行するのか？

『宗教と過激思想』（中公新書）

二〇世紀の「悪魔崇拝」

一九六六年四月三〇日、魔女が夜宴を開くとされる「ワルプルギスの夜」、カリフォルニア州サンフランシスコで、三六歳の宗教家アントン・ラヴェイが「悪魔教会（The Church of Satan）」を創設した。この教会の『悪魔の聖書』には、次の九箇条の「所信表明」が宣言されている。以下、原文から私が意訳した内容である。

（一）悪魔は、禁欲ではなく自由奔放を象徴する。（二）悪魔は、霊的な幻想ではなく、純粋な生ける世界の実存を象徴する。（三）悪魔は、偽善に満ちた自己欺瞞ではなく、知性を象徴する。(四)悪魔は、恩を知らない者のために愛を無駄にせず、愛するに値するものだけに愛を与えることを象徴する。(五)悪魔は、「右の頬を打たれたら左の頬も向けよ」ではなく、当然行われるべき復讐を象徴する。(六)悪魔は、精神的な弱者に配慮することなく、責任を果たす者に対してのみ果たすべき責任を象徴する。(七)悪魔は、動物としての人間を象徴する。その人間は、獣より少しは優れている点があるが、劣っている点の方が多い。なぜなら人間は「神から授かった精神と知能の発達」によって最も邪悪な動物になったからだ。(八)悪魔は、罪と呼ばれるものすべてを象徴する。なぜなら罪こそが人間の肉体的・精神的・感情的な欲求を満足させるものだからだ。(九)悪魔は、常に「教会」の最良の友人であり続けてきた。なぜなら悪魔のおかげで「教会」は失業せずに済んできたからだ。

ラヴェイは高校中退後、ミュージシャンとしてサーカスに入団し、猫の調教師やオカルト調査員といった職業を転々とするうちに、人間を原罪者あるいは弱者とみなすキリスト教に強い反感を抱くようになった。彼は、キリスト教義を「奴隷道徳」とみなすニーチェの哲学に共鳴し、自らの欲望を追求する「悪魔」的側面こそが人間の本質であり、それこそが真実だと説いた。
ラヴェイは、カトリックのミサをパロディ化して、スキンヘッドに角を付け、黒いガウンをまとって「黒ミサ」を行った。壁には「バフォメット」と呼ばれるヤギ頭の悪魔像が描かれ、祭壇には全裸女性の生贄が捧げられた。

ここで興味深いのは、ラヴェイ自身が「どの程度真剣だったか」よくわからない点である。本書の著者・藤原聖子氏は、ラヴェイが「金儲けのために作り上げた虚構に自らのめり込んでいった」可能性を指摘している。この「自己欺瞞」の傾向は、多くの新興宗教の教祖に共通しているようで興味深い。いずれにしても、それでもラヴェイの思想は、二〇世紀後半の悪魔崇拝的なブラック・メタルや右翼的なカウンター・カルチャーに影響を与えた。

本書で最も驚かされたのは、「宗教的過激思想」の根底に「社会的公正」のジレンマがあるという藤原氏の鋭い考察である。人間は社会で多くの選択を迫られるが、その際に「あれかこれか」の一方だけを理想とみなして徹底追求するのが「宗教的過激思想」であり、だからこそ共感者も生まれるというわけである。

本書が分析する「宗教的過激思想」は、ローマ教会の贅沢な聖職者を批判して極端な禁欲主義を貫いた「カタリ派」、「白人は悪魔」と説いた「ネイション・オブ・イスラム」、中国政府の弾圧に抗議して焼身する「チベット仏教」の僧侶たちに及ぶ。日本では、昭和初期に腐敗した政治を破壊しようと「一人一殺」を掲げて血盟団事件を起こした井上日召《いのうえにつしょう》の「日蓮主義」が挙げられる。本書の綿密な分析を読み進めるうちに、過激思想の本質が浮かび上がってくるに違いない。

本書のハイライト

多くの人が「一理はある」と認めている思想を突き詰め、いさぎよく振り子を一方向に振り切ったもの、それが過激思想なのだ。［……］過激化を抑えるための啓発活動が中途半端になりがちで、過激思想に惹かれる若者が後を絶たないのは、そのような運動が公正という問題につきまとうジレンマを直視せず、過激思想を単に異常思想として済ませることが一因なのではないか。（二二七頁）

藤原聖子（ふじわらさとこ）一九六三年生まれ。シカゴ大学大学院宗教学研究科修了。東京大学大学院人文社会系研究科教授。専門は宗教学・比較宗教学。著書に『現代アメリカ宗教地図』（平凡社新書）や『教科書の中の宗教』（岩波新書）などがある。

いつから「天皇制」が始まったのか？

『倭国』（講談社現代新書）

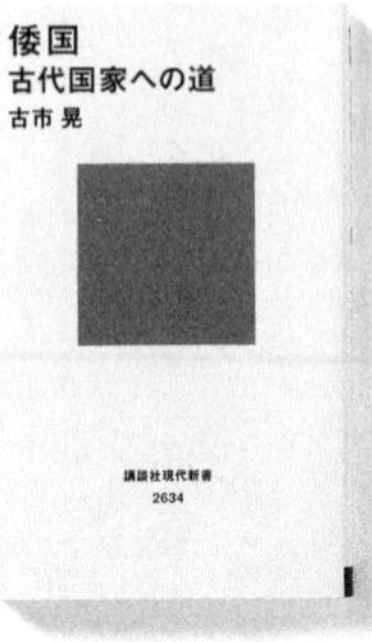

「倭国」成立は六世紀初頭

二〇二一年一二月二三日、上皇が八八歳の誕生日を迎えられた。体調は良好で、平静で安定した生活を送られているそうで、誠におめでたいことだと思う。そこで非常に興味深かったのが、「確かな記録が確認できる歴代天皇では、米寿を迎えるのは上皇さまが初めて」と、宮内庁が正式に発表した点である。

江戸幕府に代わって天皇中心の国家を形成しようとした明治政府は、初代の神武天皇の即位すなわち「皇紀元年」を紀元前六六〇年と定めた。神武天皇は、『古事記』によれば一三七歳、『日本書紀』によれば一二七歳で崩御したことになっている。他にも、たとえば『古事記』には、第五代孝昭《こうしょう》天皇の九三歳、第六代孝安天皇の一二三歳のように長寿の天皇がいたという記載があるが、宮内庁は、これらが「確かな記録」ではないと公式に認定したことになる。この発表は、もちろん上皇も認可されているはずだから、大いに注目すべき歴史認定といえるだろう。

一八八九年（明治二二年）、初代枢密院議長・伊藤博文が『皇室典範』を起草した。そこで「皇位継承における万世普遍の原則」が、「皇祚《こうそ》を践《ふ》むは皇胤《こういん》に限る・皇祚を践むは男系に限る・皇祚は一系にして分裂すべからず」と法制化された。さらに同年に発布された「大日本帝国憲法」第一条は「大日本帝国ハ万世一系ノ天皇之ヲ統治ス」と定めている。要するに、天皇の系統が永久に日本を統治するという「万世一系」の概念が、初めて明文化されたわけである。

一九四〇年（昭和一五年）は「皇紀元年」から二六〇〇年目に当たることから、全国で神宮や陵墓の整備などの記念行事が開催され、子どもたちは「皇紀二六〇〇年奉祝曲」を歌った。現代のＳＮＳでさえ「万世一系」や「皇紀二六八二年」という言葉を見掛けるが、これらは「確かな記録」ではないと宮内庁に認定されたわけである。

さて、中国の『漢書』によれば、紀元一世紀頃、「倭」と称された日本列島に百ほどの小国があった。『後漢書』によれば、二世紀頃の「倭」の国々は乱れて互いに争い、統治する者はなかった。その争乱状態を終わらせるために諸国が祭り上げた最初の「倭王」が、邪馬台国の女王・卑弥呼である。『三国志』によれば、二三八年、卑弥呼は当時中国で最も強大な魏に使者を送り「親魏倭王」の称号と金印を得た。しかし、卑弥呼の死後、再び「倭」は混乱した。

『宋書』には、五世紀に五人の倭王（讃《さん》、珍《ちん》、済《せい》、興《こう》、武《ぶ》）の使者を迎えたと記載がある。これらの五か国を平定し、六世紀、専制的な「倭国」を建国したのが継体《けいたい》天皇である。この国は欽明天皇に引き継がれ、世襲制が成立した。

本書で最も驚かされたのは、「記紀」における天皇統治の神話・伝承に関る記述が「七世紀以降に造作された空想の産物」だと喝破しながら、それらを相互に比較し、文献や発掘などの科学的データと照らし合わせて、より整合性の高い仮説を導くための「素材」として活用するという本書の著者・古市晃氏の研究方法である。日本古代史では「虚構」の中から「真実」を推論せざるをえない状況がよくわかる。

本書のハイライト

記紀が記す天皇で実在が確実視されているのは、第一五代応神天皇、または第一六代仁徳天皇からであって、それ以前の天皇は後世の造作にすぎない。記紀などに記されている陵墓の所在地と、巨大前方後円墳の集中する地が一致することや、陵墓に比定される古墳の年代観と歴代天皇の治世が近似するという見解から、第一〇代崇神天皇以降の天皇が実在したとする主張もあるが、そうした主張は文献史学や考古学の固有の方法論を無視したもので、学術的には何の意義も有さない。（一二頁）

古市晃（ふるいちあきら）一九七〇年生まれ。大阪市立大学大学院文学研究科修了。神戸大学大学院人文学研究科教授。専門は日本史・日本古代史。著書に『日本古代王権の支配論理』（塙書房）や『国家形成期の王宮と地域社会』（塙書房）などがある。

なぜ「超新星爆発」が起こるのか?

『爆発する宇宙』（講談社ブルーバックス）

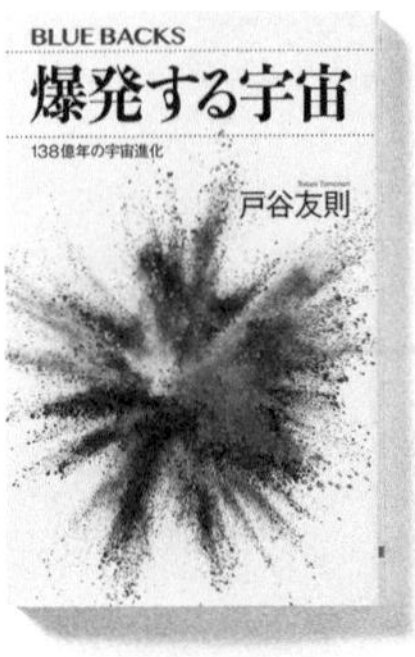

「リアルタイム」で観測された超新星爆発

二〇二二年一月六日、アメリカ天文学会の会誌『アストロフィジカルジャーナル』に掲載されたカリフォルニア大学バークリー校の宇宙物理学者ウィン・ジェイコブソン＝ガランらによる論文が大きなニュースになった。人類の天文学史上初めて、超新星の爆発を「リアルタイム」で観測できたというのである！

星間ガスが重力によって結合して収縮すると「原始星」が生まれる。内部では加速度的に密度が高くなり、水素をヘリウムに変換する核融合反応が生じる。エネルギーを外部放出することによって収縮が止まり、安定した「主系列星」になる。太陽は、すでに四六億年にわたって一定のエネルギーを安定して供給してきたが、今後五四億年も同じように輝き続けるはずである。

恒星の最後がどうなるかは、その恒星の質量によって大きく異なる。太陽の一〇倍以上の質量を持つ赤色巨星では、核融合反応が進むと中心に鉄のコアが生成される。鉄は核融合できないのでガンマ線で原子核が分解され、急激に圧力が下がり「重力崩壊」が起こる。そこで膨大な重力のポテンシャル・エネルギーが解放され外層が吹き飛ばされる。これが「超新星爆発」である。

今回観測されたのは、地球から約一億二〇〇〇万光年離れた銀河ＮＧＣ五七三一に位置する超新星爆発だった。それにしても気が遠くなりそうになるのは、天文学で「リアルタイム」というのが、実際には約一億二〇〇〇万年前の出来事だということである！

さて、バスケットボールの上にテニスボールを載せて手を離すと、床に衝突してそれぞれが跳ね返る。このうちテニスボールには、バスケットボールが床に衝突した反発力が加わるので、単体で床に落とした場合よりも遥かに高く飛び跳ねる。ここでバスケットボールを「鉄のコア」、テニスボールを「外層」とみなせば、超新星爆発をイメージできる。このように、本書の著者・戸谷友則氏の例示や解説は、実にわかりやすい。

本書で最も驚かされたのは、最初の「まえがき」が「芸術は爆発だ」という岡本太郎の言葉から始まることである。その言葉に続く「全身全霊が宇宙に向かって無条件にパーッとひらくこと。それが『爆発』だ。人生は本来、瞬間々々に、無償、無目的に爆発しつづけるべきだ。いのちの本当のあり方だ」という岡本の著書『自分の中に毒を持て』からの文章を引用して、戸谷氏は「何やら妙に腑に堕ちるような気がする」と述べている。私には、岡本の言葉も文章も、まったくの「意味不明」としか思えないのだが……。

とはいえ、読み進めるにつれて、戸谷氏が「超新星爆発」や「ガンマ線バースト」のような専門分野の解説だけで読者を飽きさせないように、工夫を凝らしてエピソードを挿入していることがわかる。東京大学の公開講座で「悪」という統一テーマを与えられて困った話とか、六歳の娘さんと一緒に国立天文台の天体観望会に遊びに行ったら天文クイズで間違えた（お嬢さんは正解だった）話とか、藤原定家の『明月記』にまつわる逸話など、楽しく読み進められる。

本書のハイライト

自然科学における謎というものは尽きることがない。ガンマ線バーストの謎があらかた片付いたかなと思っていたら、今度は電波で光る謎の天体現象「高速電波バースト」が発見され、今、世界中の天文学者を悩ませている。本書ではこれについてもご紹介し、最新の天文学の興奮を感じ取っていただければと考えている。そして最終章では、宇宙における爆発が、私たちの存在にどのように関わっているのかについて、思いをはせてみるつもりである。（五頁）

戸谷友則（とたにとものり）一九七一年生まれ。東京大学大学院理学系研究科修了。同大学大学院理学系研究科教授。専門は宇宙物理学・宇宙論。著書に『宇宙の「果て」になにがあるのか』（講談社ブルーバックス）がある。

魚にも「心」があるのか？

『魚にも自分がわかる』（ちくま新書）

鏡に映った「自己」を認識する熱帯魚

チンパンジーの目の前に大きな鏡を置くと、どうなるだろうか？

最初は、鏡に映った姿を他のチンパンジーと勘違いして、威嚇したり、攻撃的な態度を見せたりという「社会行動」を取る。ところが、しばらくすると、鏡に向かって腕を振り回したり、口を開けて中を見たり、股間を覗き込んだりする。

つまり、チンパンジーは、普段は自分で見ることのできない身体の一部分を鏡に映そうとする。すなわち、自分の行動と鏡像の行動の「随伴性（同調性）」を確認していると想定されるが、それを証明することはできるだろうか？

一九七〇年、チューレーン大学の心理学者ゴードン・ギャラップは、鏡を見たことのない野生の若いチンパンジーを一〇日間個室に入れ、八〇時間にわたって鏡を見せた。このチンパンジーに麻酔をかけて、無味無臭の赤いインクで頰に印を付ける。麻酔から覚めた後の行動は普段と変わらず、とくに印に触れることもなかった。ところが、このチンパンジーに鏡を見せると、指で自分の頰の赤い印に触れ、その指先をじっと見つめて、匂いを嗅いだのである！

この方法は、今では「鏡像自己認知テスト（ＭＳＲ：Mirror Self-Recognition Test）」あるいは「ミラーテスト」と呼ばれ、動物の「自己認知」を判定する実験方法とみなされている。ギャラップは、雄と雌の野生のチンパンジー四頭で同じ実験を成功させて、その成果を『Science』一九七〇年一月号に発表した。

その後、さまざまな動物で追試が行われ、ボノボ、オランウータン、アジアゾウ、イルカ、シャチ、カササギなどで成功報告がある。ところが、ギャラップは、それらの追試はサンプル数が少なく、再現性を確認できていないと批判し、「鏡像自己認知ができるのは大型類人猿だけだ」と主張している。

さて、本書の著者・幸田正典氏は、ホンソメワケベラという熱帯魚を鏡のある水槽に一匹ずつ入れた。最初は口を大きく開けて鏡を攻撃するが、次第に鏡に向かって、突進したり急停止したり上下逆さになったりと奇妙な行動を取るようになる。この魚に麻酔をかけて、喉の部分に寄生虫に似たマークを付ける。麻酔から覚めた魚を水槽に入れても、とくに変わった様子はない。ところが、水槽に鏡を入れると、この魚は自分の喉を見て、水槽の底にある石に喉を擦り付け、再び鏡の前に戻って、マークが取れたか確認する行動を取ったのである！

本書で最も驚かされたのは、これまでの追試では、若いチンパンジーで約七五％、チンパンジー全体で約四〇％の成功率しかないミラーテストに、ホンソメワケベラが一四匹中一四匹と一〇〇％の成功率を誇っているという点である！

幸田氏は、彼の大発見の論文を『Science』に投稿したが「reject（不受理）」にされてしまった。なぜなら、査読者のギャラップが猛反対したからである。本書には、動物認知研究の最先端で何が起こっているのか、発見の高揚感から研究者の権威主義的な人間性に至るまで、活き活きと描写されている。「魚が自己認知する」という驚愕の発見が哲学的に何を導くのか、考える必要性が出てきた。

本書のハイライト

ホンソメワケベラという10㎝もない小さな熱帯魚が、鏡で自己の顔を覚え、そのイメージに基づいて鏡像自己認知を行っていることが、明らかになった。そのやり方はヒトとほぼ同じなのである。つまり、小さな魚とヒトで、自己認識という高次認知とその過程までもがよく似ていたのだ。こんなことをこれまで誰が予想しただろうか。（二四七頁）

幸田正典（こうだまさのり）一九五七年生まれ。京都大学大学院理学研究科修了。大阪市立大学大学院理学研究科教授。専門は動物生態学・比較認知科学。著書に『魚類生態学の基礎』（共著、恒星社厚生閣）がある。

日本は「飢餓」に陥ってしまうのか?

『農業消滅』（平凡社新書）

日本の食料自給率は危機的

官公庁のサイトには豊富な情報がある。中でも農林水産省のサイトは、見やすくカラフルで、わかりやすく構成されている。メインページの「知ってる？　日本の食料事情」から「知る」に進むと「食料安全保障について」・「食料自給率・食料自給力について」・「デジタルコンテンツ」などのコーナーがある。

ところが、日本の食料事情について読み進めていくと、ネガティブな情報ばかりが出てきて、目を覆いたくなるほど悲惨な状況である。そもそも日本の「食料自給率」は二〇二〇年度で三七％にすぎない。これは日本と似た島国・イギリスの六五％、国土面積が日本とほぼ同じドイツの八六％、人口が日本の半分程度のフランスの一二五％に対して圧倒的に少ない。

もちろん、肥沃な国土のアメリカ合衆国の一三二％、オーストラリアの二〇〇％、カナダの二六六％とは比較にもならない。

「食料安全保障」とは、「すべての日本国民が、現在から将来にわたって、良質な食料を合理的な価格で入手できるよう保障」することと定義される。一九九九年施行の「食料・農業・農村基本法」で法的に規定され、必要な農地・農業用水、農業資源、農業の担い手の確保、農業の持続的な発展や高齢化で縮小している農村の復興などを支援する法律が盛り込まれている。そして、農水省は、二〇三〇年度までに「食料自給率」を四五％に上げる目標を掲げている。

しかし、世界的な人口増加による食料需要の増大、気候変動による生産減少、自然災害や経済危機による輸入途絶など、不測の事態はいくらでも起こりうる。実際に「国連食糧農業機関（ＦＡＯ：Food and Agriculture Organization of the United Nations）」の報告によれば、新型コロナウイルスのパンデミックが確認された二〇二〇年三月から六月の四か月間に輸出を規制した国は一九か国に及ぶ。日本でも、マスク・トイレットペーパー・消毒関連製品に加えて、生鮮食品やインスタント食品がコンビニから姿を消した記憶は新しいだろう。

さて、本書の著者・鈴木宣弘氏の試算によれば、「食料国産率」に「飼料・種自給率」を掛けた「実質的な食料自給率」は、二〇三五年時点の日本では、米が一一%、野菜が八%、牛乳・乳製品が一二%、青果物・畜産物は一%から四%にすぎず、危機的状況に陥るという。たとえば、野菜の「食料国産率」は八〇%と試算されるが、その種子の九〇%は外国の圃《ほ》場《じょう》で生産されているため、種まで遡ると「実質的な食料自給率」は八%（〇・八×〇・一）しかない。この試算は衝撃的ではないか！

国産の野菜が相対的に高いのは、生産コストに占める種子の経費が高いからだという。その種子の九〇%を輸入品に頼っているということは、日本が食料輸出国系グローバル企業の「餌食」になっていることを意味する。国が責任を持って公的に優良種子を育てて安価に普及させるための「種子法」は、二〇一七年に突然廃止された。二〇二三年には「遺伝子組み換えでない」表示も事実上禁止になった。

本書で最も驚かされたのは、二〇五〇年頃に日本が「飢餓」に陥るという最悪の可能性の指摘である。なぜ日本の「農政」では愚策が繰り返されるのか、本書の日本の「国家戦略の欠如」に対する批判は重い！

本書のハイライト

日本の農業の現状をみると、際限なき貿易自由化を進めていることで、国産の農産物が買い叩かれている。さらに高齢化による担い手不足、耕作放棄地の増加、集落消滅の危機が拡大し、いま、頑張ってくれている農家がいつまで耐えられるのかも分からない、そんな状況が続いている。農業・農村の疲弊と消滅の危機は深刻度を増しているのだ。食料こそが国民の命の源である。その生産を担う農業を、あまりにも軽視してきたのではないか。（一〇頁）

鈴木宣弘（すずきのぶひろ）一九五八年生まれ。東京大学農学部卒業。同大学大学院農学生命科学研究科教授。農林水産省農業総合研究所研究交流科長などを務めた。専門は農業経済学・国際貿易論。著書に『食の戦争』（文春新書）や『悪夢の食卓』（ＫＡＤＯＫＡＷＡ）などがある。

ドストエフスキーの「黒い言葉」とは何か？

『ドストエフスキー 黒い言葉』（集英社新書）

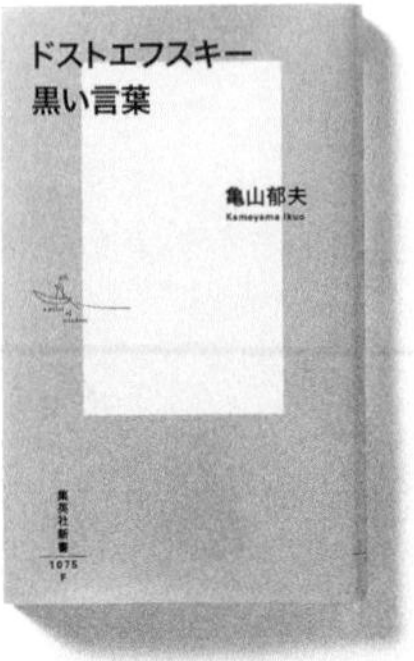

「神がなければ、すべては許される」

第二次世界大戦前のアメリカ合衆国連邦政府は、当時の仮想敵国である日本の言語・文化・思想を根本的に理解するため、「日本学研究所（Center of Japanese Studies）」の設置を各地の主要大学に促した。そこから発展して世界有数の研究所に発展したのが、現在のハーバード大学エドウィン・ライシャワー日本研究所であり、コロンビア大学ドナルド・キーン日本文化センターである。

私がミシガン大学に留学して何よりも驚いたことの一つは、大学内に図書館の建物だけでも一〇以上あり、その中の一つが戦時中に設立された日本語文献だけを集めた三階建の建物だったことである。アメリカには、それほどの余裕があったわけである。

この日本語文献の図書館は、留学生の私にとって実にありがたい存在だった。連日の英語漬けの授業に疲れると、帰り道に日本語図書館に寄る。そこに米川正夫氏が全訳した『ドストエフスキー全集』全二一巻があり、結果的に全巻を読破した記憶がある。ちなみに、私が國學院大學に赴任した当時の学科代表が、正夫氏の御子息に当たるイタリア文学者の米川良《りよう》夫《ふ》氏だった。その「りょうふ」という名前は、トルストイに因《ちな》んだものだと伺ったことがある。

さて、本書の著者・亀山郁夫氏は、雑誌『すばる』に連載した「ドストエフスキーの黒い言葉」を「箴言集」にまとめる構想だったが、結果的に「他者の死を願望する」「疚《やま》しさ」「神がなければ、すべては許される」「全世界が疾病の生贄となる運命にあった」「破壊者たち」といった一二のテーマに焦点を絞ることにした。本書はドストエフスキーの作品に登場する「黒い言葉」を作者の人生と照合しながら探究するという、他に類を見ない構成になっている。

二八歳のドストエフスキーは、ペトラシェフスキーの社会主義団体に加わった罪で逮捕され、死刑判決が下された。ところが、銃殺刑の執行直前になって、皇帝ニコライ一世の特赦により、シベリア流刑に減刑処分となった。この壮絶な体験から、ドストエフスキーは人間性を徹底して限界まで突き詰める作品を書くようになった。ただし、その大部分は創作だろうと私は思っていた。

本書で最も驚かされたのは、ドストエフスキーの「わたしの主人公が語っていることはみな現実に基づいています」というリュビーモフ宛書簡の言葉である。ブルガリアに攻め込んだトルコ人が妊婦の腹に短剣を突き立てて胎児をえぐり出す話、無邪気に笑う幼児の頭をピストルで撃ち抜く男の話、飼い犬に石を投げた子どもを裸にして猟犬の群れに入れて噛み殺させる将軍の話……。

つまり、「黒い言葉」は「現実の人間性」を表している。その一方で亀山氏は、「黒」は春に雪が溶けて蘇るロシアの「大地」を示す「豊穣の証」でもあるという。ドストエフスキーの「希望」とは何だったのか、改めて考えさせられる。

本書のハイライト

五十九年にわたるその生涯を見渡してみよう。謎に満ちた父親の死、死刑判決、流刑、癲癇、賭博癖、数十年にわたる国家からの監視。たしかに、二十世紀が生み出した桁外れな悲劇に類する事件に遭遇することはなかった。戦争体験もない。たとえば、ルーレット賭博への熱中のように、みずから呼び招いた不幸もある。しかし、彼の人生に降りかかった不幸は、おおむね運命的というべき、選択の余地のないものだった。小説を執筆するかたわら、借金地獄でのすさまじい苦闘を、彼はほとんど道化的ともいうべき言葉で書きつづった。（四 - 五頁）

亀山郁夫（かめやまいくお）一九四九年生まれ。東京大学大学院人文科学研究科修了。名古屋外国語大学教授。専門はロシア文学・ロシア文化論。著書に『ロシア・アヴァンギャルド』（岩波新書）や『ドストエフスキーとの59の旅』（日本経済新聞出版社）などがある。

死を賭した「檄文」とは何か？

『「檄文《げきぶん》」の日本近現代史』（朝日新書）

自由主義者の『所感』

終戦直前の一九四五年五月一一日、大日本帝国陸軍特別攻撃隊員として、沖縄嘉手納《かでな》湾のアメリカ海軍駆逐艦に突入して爆死したのが、上原良司である。彼は「自由主義者」が「出撃の前夜記す」という『所感』を遺したことで知られる。

上原は、一九二二年九月二七日、長野県北安曇郡の裕福な医師の家庭の三男として生まれた。なお上原家の長男と次男は軍医となり共に戦死したため、三兄弟が戦争で逝去したことになる。少年時代の上原は、恵まれた環境で育ち、自由な校風に憧れて旧制松本中学校（現在の松本深志高等学校）に入学した。彼は「自治といふ精神や古い歴史がある」と母校を誇る文章を残している。

一九四一年に慶應義塾大学予科、翌年に同大学経済学部に進学した。上原が大学時代に熱中して読んだのが、イタリアの哲学者ベネデット・クローチェの著作である。クローチェは、文部大臣の経歴もある自由主義者だったが、台頭してきたムッソリーニの独裁政治を批判して上院議員を辞職した人物である。

二一歳の上原は、一九四三年一二月一日、大学を繰上げ卒業し「学徒出陣」により陸軍松本第五〇連隊に入隊した。翌年、陸軍飛行学校で約五か月の飛行操縦訓練を受けて、その翌年、二二歳の若さで「特攻隊」に志願した。彼は、最後に長野に帰省した際、親友に「死地に赴くのに喜んで志願する者は一人だっていない。上官が手をあげざるをえないような状況をつくっているのだ。仕方ないと心で泣き泣き手をあげているのが本当の気持ち」だと告白している。

『所感』において、上原は「権力主義の国家は一時的に隆盛であらうとも必ずや最後には破れる」と指摘し、その具体例として「ファシズムのイタリア」と「ナチズムのドイツ」を挙げている。さらに「自由の勝利は明白な事だと思ひます」と宣言し、「この事は或は祖国にとつて恐るべき事でもあるかも知れませんが、吾人にとつては嬉しい限りです」とまで述べているのである！

さて、上原の『所感』には、「こんな精神状態で征つたなら、勿論死んでも何にもならないかも知れません。故に最初に述べた如く、特別攻撃隊に選ばれた事を光栄に思つて居る次第です」という奇妙な言葉もある。なぜ彼は「理性を以て考へたなら実に考へられぬ事」だと見抜いていた「特攻」について「光栄」などという矛盾した美辞麗句を書かなければならなかったのか？

本書で最も驚かされたのは、上原が「二重の意味」を込めて『所感』を書いたに違いないという本書の著者・保阪正康氏の指摘である。当時は、特攻隊員でさえ上官の「検閲」を受けていた。そして、上原には「虚構の中で掛け声だけをかけている軍人たちのいい加減さがはっきりとわかっていた」のである。要するに、この二二歳の青年には「すべてがお見とおし」だったというわけである。

本書には、上原の『所感』をはじめとする昭和時代の二八の「檄文」に保阪氏の解説が加えられている。「君側の奸《かん》を斬れ」（二・二六事件蹶起《けつき》趣意書）、「死をもつて大罪を謝す」（阿《あ》南《なみ》惟幾《これちか》陸軍大臣遺書）、そして「過ちは繰返しませぬから」（原水爆禁止運動）……。彼らの「死」を賭しての「叫び」すなわち「時代への語りかけ」を忘れてはならないだろう。

本書のハイライト

昭和という回り舞台は、さまざまな装置でほどこされた。不況、農業恐慌、汚職、テロ、侵略、独裁、戦争、敗戦、占領、戦後民主主義、再軍備、反体制運動、高度成長、公害、新官僚主義――。時代と人間は、大きくゆれ動いた。……人はときに抗議し、ときには痛憤し、ときには死を賭して叫んだ。昭和の檄文とは、そうした人びとの遺した〝叫び〟であり〝時代への語りかけ〟であると私は考えた。（三頁）

保阪正康（ほさかまさやす）一九三九年生まれ。同志社大学文学部卒業。作家。電通ＰＲセンター・朝日ソノラマに勤めた。著書に『昭和陸軍の研究』（朝日選書）や『昭和史の深層』（平凡社新書）などがある。

なぜ「人間」は拝まざるをえないのか？

『宗教の本性』（ＮＨＫ出版新書）

「宗教（本質）」を求める「人間（実存）」

フランスの哲学者アルベール・カミュは「死へ向う一方で生きなければならない人間」を「不条理」な存在とみなした。多くの人間は、この世界に何らかの「本質」を求めて救われようとする。科学者や哲学者や宗教家は、世界に何らかの意味や目的があると信じて、「真理」や「正義」や「神」を追究する。つまり「本質」を探すわけだが、それらが存在するという保証はどこにもない！

カミュによれば「不条理」に対処する方法は三つ考えられる。第一の方法は「自殺」である。自分がこの世界から消滅すれば、苦悩も同時に消え去るが、この方法は「不条理」からの卑怯な「逃避」にすぎないとカミュは否定する。

第二の方法は「妄信」である。世界の「不条理」の背景に「未知の科学的あるいは合理的な理由」や「神の与えた試練」のような「本質」があると想定する方法だが、カミュはこの種の「妄信」は「哲学的自殺」だと批判する。

第三の方法は「反抗」である。世界が「不条理」であることを認めて、真実を包括する科学的、合理的あるいは宗教的な「本質」が存在しないことを認め、さらに人生に意味がないことを受け入れ、その上で「反抗」するという方法である。この発想をカミュは「形而上学的反抗」と呼んで推奨した。

さて、本書の著者・佐々木閑氏は、理系学部から文系学部に再入学して仏教学の研究を始め、「仏教学の第一人者」と呼ばれるようになった経歴の持ち主である。大学教授であると同時に浄土真宗の僧侶でもある。本書では、多神教から一神教と善悪二元論に変遷し、仏教へと至る人類の宗教思想が明快に解説されている。

本書で最も驚かされたのは、佐々木氏が「資本主義」も「共産主義」も「人権」も「平等思想」も、あらゆるイデオロギーを「宗教」とみなしている点である。この考え方の基盤になっているのは、ヘブライ大学の哲学者ユヴァル・ハラリが『サピエンス全史』で主張した「宗教は、超人間的な秩序の信奉に基づく、人間の規範と価値観の制度」という定義である。

カミュならば、ハラリの定義を「超人間的な秩序の信奉という本質を優先する妄信」にすぎないと却下するかもしれない。それでも多くの宗教は、願望の充足を人間の幸福と捉え、その実現のために祈りを捧げる。しかし、仏教は、願望自体を消し去ることによって安寧の幸福を得ようとするため、願望の「本質」を放棄するという意味では、カミュの実存思想にも近いように映る。

ところが、本書には、佐々木氏ほどの仏教徒でさえ「父の死」という「実存」に向き合った際、「父を助けたい」という願望を抑え切れずに「人智を超えた大きな存在」に祈ったという本音が赤裸々に語られている。改めて「宗教の本性」とは何か、考えさせられる。

本書のハイライト

普段の私は、「仏教とは、苦しまずにこの世を生きるための自己鍛錬法を示したもので、人間の願望や欲望を叶えるためのものではありません」などと語っていますが、数年前に父を看取ることになったとき、自分の中にそれまでなかった感情が芽生えてきました。父の死期が近づくにつれて、「何かにすがってでも父を助けたい」という思いがどんどん強くなり、「人智を超えた大きな存在」に頼りたいという気持ちになってきて、実際、心の中で頼んだのです。おそらく皆さんも、大切な家族が不治の病に罹り、もう手の施しようがないという状況に陥ったら、何かを拝まずにはいられなくなるでしょう。（一六 - 一七頁）

佐々木閑（ささきしずか）一九五六年生まれ。京都大学大学院文学研究科修了。花園大学文学部教授。専門は仏教哲学・仏教史。著書に『科学するブッダ』（角川ソフィア文庫）や『ネットカルマ』（角川新書）などがある。

どうすれば「ヤングケアラー」を支援できるのか?

『子ども介護者』(角川新書)

家族の命を背負う子どもたち

研究室に遊びに来た卒業生が「婚約が決まりました」と嬉しそうに言った。彼女は、二歳年上の相手と職場で知り合い、すでに五年間交際して、お互いのことをよく理解し合っているという。「よかったね、おめでとう」と話していたら、急に泣き出したので驚いた。彼女は、双方の家族が顔を合わせる婚約式がうまくいくか心配で、その前日は、ほとんど眠れなかったそうだ。

実は、彼女にはダウン症の弟がいる。結婚相手は、早くからそのことを知っていたが、そのことを彼の両親に話したのは最近だという。もし将来、彼女の両親が亡くなれば、彼女が弟の世話をしなければならない。この事情は、結婚相手はもちろん、彼の家族にも影響を及ぼす可能性がある。幸い彼の両親は理解を示してくれたそうだが、彼女は内心で「婚約破棄」になるケースまで覚悟していたそうだ。ＳＮＳを検索すると、そのような悲劇も少なくないようだ。

大学時代の彼女は、成績優秀でゼミのリーダーを務め、いつも元気一杯な印象だった。幼い頃から三歳下の弟の世話をしてきたことは、まったく知らなかった。これまで相手の家族の前でも自分の家族の前でも、しっかり振る舞ってきたに違いない。無関係な私の前だから、ついホッとして泣いたのだろう。

それにしても、彼女のように、障害や病気を抱えた家族のケアに関わっている若者や子どもたちを、どのように支援すればよいのだろうか？

イギリスで生まれた「ヤングケアラー」という言葉を「日本ケアラー連盟」は「家族にケアを要する人がいる場合に、大人が担うようなケア責任を引き受け、家事や家族の世話、介護、感情面のサポートなどを行っている、一八歳未満の子ども」と定義している。

本書には、ヤングケアラーの具体例が描かれている。共働きの両親を助け、認知症の祖母の見守りや入浴介助などの世話があるため小学校に行けなくなった子ども。ひとり親家庭で母親も身体が弱く、認知症で暴れる祖父をなだめる毎日で就職できなくなった大学生。小学校から高校を卒業するまで、毎日「死にたい」と言い続ける精神疾患の母親を感情的に支えてきた少女……。

本書で最も驚かされたのは、著者・濱島淑惠氏が二〇一六年に大阪府立高校一〇校で実施した調査（回答数五六七一）によれば、「ケアを要する家族がいる」との回答が一二・七％を占め、さらにその約半数は「自分がケアしている」と答えたことである。つまり、高校生の約二〇人に一人がヤングケアラーであり、中には毎日「八時間以上」を費やす子どももいるというのである！

濱島氏が有志と立ち上げた「ふうせんの会」で具体的に実施している対策は、（一）孤立解消、（二）学習、（三）家事・食事、（四）レスパイト（小休止）、（五）伴走者としての支援である。学校で「遅刻や欠席を機械的に処理しない」「個人の相談を聞く」「柔軟に対応する」ことが切実に求められているという指摘にも耳を傾けたい。

本書のハイライト

単にケアをしている子どもが可哀想だから救う、という限定的な話ではない。学習困難、いじめ、不登校、退学、ひきこもり、就職困難、貧困、介護殺人、虐待などさまざまな問題の背景に家族のケアの問題が絡んでいることがある。ヤングケアラーという概念を用いることは、早い段階でアプローチすることを可能にし、これらの問題防止にも貢献しうる。「家族のケア」は普遍的なテーマであることを踏まえ、今後もさまざまな領域で取り組み続けてほしい。(二三〇頁)

濱島淑惠(はましまよしえ)一九七〇年生まれ。日本女子大学大学院人間社会研究科修了。大阪歯科大学保健学部教授。専門は社会福祉学・社会学。著書に『家族介護者の生活保障』(旬報社)がある。

そもそも「在宅医療」とは何か？

『在宅医療の真実』（光文社新書）

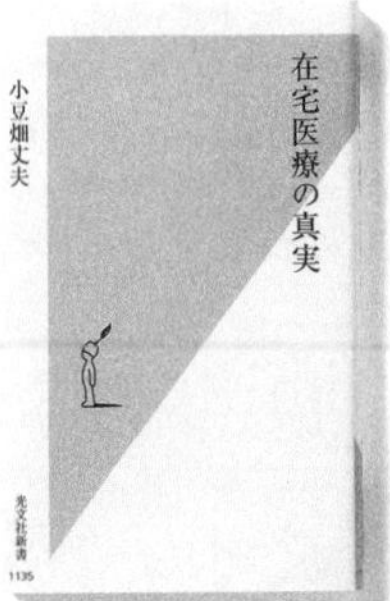

「よりよく生きる」手段としての在宅医療

「在宅医療」と聞くと私の脳裏に浮かび上がるのが、竹田主子《きみこ》氏の笑顔である。竹田氏は、信州大学医学部卒業後、東京大学医学部附属病院・東京都老人医療センター・横浜総合病院などに勤務し、テキサス州ヒューストンのベイラー医科大学で三年間臨床研修医を務めた経験もある有能な内科医である。

帰国後、医師の仕事を続けながら二人の子どもを育てていた二〇一二年、四二歳の竹田氏は、突然「筋萎縮性側索硬化症（ＡＬＳ）」を発症した。ＡＬＳは、身体中の運動神経を崩壊させ、やがて全身を動かなくさせる神経難病である。約一〇万人に一人の割合で発症し、知能や記憶と視聴覚は正常に機能する。天才物理学者スティーブン・ホーキングのように思索や研究を続けることはできる。

竹田氏は、まず歩行が困難になり、次第に手が動かなくなってカルテを書けなくなり、言語も不明瞭になっていった。二年後には寝たきりになり、呼吸もできなくなったため、気管切開して人工呼吸器を付けた。「大切な家族に迷惑をかけるくらいなら消えてしまいたい」と願うようになり、もし日本で「積極的安楽死」が認められていたら、サインしていたかもしれないという。

それから「死にたい」と四年間苦しみ続けた竹田氏を救ったのが、「在宅医療」だった。二〇一六年、竹田氏は「重度訪問介護者」として認定され、「二四時間介護サービス」を受けられるようになったのである。

このサービスによって、平日の夕方以降と土日に介護をしていた家族の負担がなくなり、竹田氏の家族に対する「心的ストレス」は大幅に軽減された。人生に前向きになった竹田氏は、「視線入力装置」を導入して、眼球運動で文字入力できるパソコンを使い、現在では「医療コンサルタント」として大活躍している。

さて、本書の著者・小豆畑《あずはた》丈夫氏は竹田氏の「自宅で生活できること」が「生きる意味」に直結していることを知って「頭をガツンと打たれるくらい強い衝撃」を受けたという。

「生きるとは?」という哲学的な問いの答えが「普通の生活」だったのである!

本書で最も驚かされたのは、現代の医療の世界に独特の「階級意識」が存在することである。かつて救命救急センターに勤務していた小豆畑氏は、容態が急変してから運ばれてくる在宅医療の患者を診て、入院が「いつもワンテンポ遅い」と批判的だった。ところが、彼自身が在宅医療に関わるようになると、病院の「救急医」から高圧的な態度で対応される「在宅医」の困難な立場を実感できたという。

本書には、「特別養護老人ホーム」「介護老人保健施設」「介護医療院」の選択基準をはじめ、「重度訪問看護」の仕組み、在宅医療を受ける際の具体的な選択可能性について、多種多様な事例が詳細に解説されている。とくに最終章の「在宅医療と救急医療の連携はいかに可能か」という指摘は重要である。

本書のハイライト

今、在宅医療というスタイルが全国的に浸透し始めているのは、簡単にいえば医療財政の厳しい国が、やむにやまれぬ事情から最後の手段として在宅医療を推進しているためです。その結果、昔であればしばらく入院していたような患者さんも、長く病院にいることができなくなり、退院して在宅療養に切り替えざるを得なくなっています。在宅医療が推進される理由にはもう一つ、「死に場所が不足する」という問題もあります。［……］長生きする人が増え、全人口に対する高齢者の割合が増えると、「長寿社会」「超高齢社会」などといわれますが、これからの日本はそれだけでなく、亡くなる人がどんどん増える「多死社会」を迎えようともしているのです。（三七‐三九頁）

小豆畑丈夫（あずはたたけお）一九六九年生まれ。日本大学大学院医学研究科修了。医療法人社団青燈会小豆畑病院院長。日本大学医学部教授などを務め、日本在宅救急医学会発起人。専門は救急医療・在宅医療。

どこまで「アンドロイド」が進化するのか？

『ロボットと人間』（岩波新書）

ロボット研究から見えてくる人間の本質

「エリカ（ＥＲＩＣＡ）」という「アンドロイド（人間酷似型ロボット）」が存在する。顔は、左右対称で、鼻と口と顎が一直線上に並ぶ「ビーナス・ラインの法則」をはじめ、多くの美人顔に共通するといわれる特徴を満たしている。

設計の段階では「日本人とヨーロッパ人のハーフ」を想定したそうだ。鼻の高さや彫りの深さなどを調整し、全体的にバランスの取れた顔をコンピュータ・グラフィックスで合成して、シリコン樹脂で作製したという。実在の人物をモデルにすると「肖像権」が発生するが、エリカには、その心配はない。

エリカの声は「合成音声」であるにもかかわらず、英語にしても日本語にしても、ほとんど人間の発声と区別できないレベルに聞こえる。そのために、エリカのイメージに合った声優の声を二〇時間以上も収録し、膨大な数の単語を「音素」に分解して再合成して、完成度の高い発声に到達したという。

エリカは、身長一六六センチである。「空気圧アクチュエーター」によって、能動関節一九か所及び受動関節三〇か所や、頭部・腕・顔面の唇などの滑らかな動きを実現する。左右の眼球に高性能カメラ、耳内にマイクロフォンが埋め込まれ、「二次元レーザー距離センサー」で相手の位置を計測し、相手の音声を「大語彙連続音声認識エンジン」で識別し、適切な返答を検索して対話を続ける。

要するに、エリカは、人間と「違和感のない自然な対話」を行うために開発された最先端の「自律対話型アンドロイド」なのである。つまり、遠隔操作などの人為的介入を一切経ずに、完全に「自律的」に人間と対話ができる。しかも、単に会話を続けるという「言語的側面」ばかりでなく、視線、唇の動き、表情や動作などの「非言語的側面」の機能も満たしているわけである。

本書の著者・石黒浩氏は、二〇〇四年に「遠隔操作型アンドロイド」を開発し、二〇〇五年の愛知万国博覧会に展示して世界から注目を浴びた。二〇〇七年のCNNニュースは「未来の世界を変える天才」の八人の中の一人として、石黒氏を取り上げている。その石黒氏が二〇一四年から開発してきたのがエリカのような自律対話型アンドロイドである。

現在、エリカは「国際電気通信基礎技術研究所（ATR）」の一階ロビーに座っている。誰かが近付くと「よかったら、お話ししていきませんか?」と声を掛け、自分の目の前のソファーに座らせる。相手の状態を観察して、初対面の人同士が話す一五〇以上の話題から適切なものを選び対話を始める。さらに、(一)自分の気分、(二)相手への好感度、(三)自己開示、(四)わがまま度合い、(五)相手との関係性の「内部パラメータ」によって、対話にバラエティを生み出す仕組みになっている。

本書で最も驚かされたのは、石黒氏のアンドロイドに対する研究意識の原点が人間にあるという告白である。「ロボット研究から学ぶ人間の本質」に始まり「自律性」・「心」・「進化」などの議論が続く本書の主題は、実は「ロボットとは何か」ではなく「人間とは何か」なのである!

本書のハイライト

肉体が人間の要件にないなら、人間は未来においてさらに多様性を拡げる可能性がある。人間の肉体という制約に縛られずに、自由に身体や感覚器や脳の機能を拡張することができる。［……］どのような人間に進化したいのか、人間一人ひとりが思い描く未来のすべてが可能性としてある。多様性を生み出す科学技術を発展させながら、それぞれがなりたい未来の人間を思い描きながら、人間の可能性を探究し、人間を理解しようとしている。いまのところ、これが人間として生きることの意味だと思う。（二七八頁）

石黒浩（いしぐろひろし）一九六三年生まれ。大阪大学大学院基礎工学研究科修了。同大学大学院栄誉教授。専門はロボット工学・知能情報学。著書に『ロボットとは何か』（講談社現代新書）や『どうすれば「人」を創れるか』（新潮文庫）などがある。

「二〇世紀の戦争」はどのように終結してきたのか?

『戦争はいかに終結したか』(中公新書)

チキンゲームと戦争終結論

暴走族の度胸試しに「チキンゲーム」がある。まず、中央に白線の引かれた真っ直ぐな道路を選ぶ。二〇〇メートルほど離れて、二台の車が向かい合わせに停まっている。中央にいる審判役が旗を振るのを合図に、二台の車はアクセルを全開にして、猛スピードで互いに接近する。どちらの車も、必ず白線を跨《また》いでいなければならないルールである。しかし、数秒で正面衝突の危険が迫ってくるから、どちらかが白線から外れて相手を避けなければならない。そして、先に白線を外れた車の方が「チキン(弱虫)」と呼ばれるわけである。

チキンゲームに勝つためにはどうすればよいのだろうか?

もちろん、最初からこのようなゲームに参加しなければよいだろう。しかし、実は、チキンゲームは、人間社会では非常に広い範囲で見られる利害関係に関するモデルであり、誰もが嫌でも参加せざるをえない場合がある。たとえば、核兵器を所有する二つの国家が「瀬戸際政策」を取るケースである。「キューバ危機」のように、アメリカとソ連が国家間の緊張を高めて、相手国に譲歩させようとした戦術だが、もし相手国が譲歩せずに、さらに緊張をエスカレートさせたら、どうなっていたか？

天才数学者フォン・ノイマンの創始した「ゲーム理論」は、基本的に理性的なプレーヤーが「理性的な解」を求める仕組みになっている。ところが、非常に奇妙なことに、チキンゲームでは「理性的でない解」の方が優位に立つと考えられる。つまり、チキンゲームには、ゲーム理論が通用しないのである！

今からチキンゲームが始まるとしよう。車に乗ってアクセルを踏み込もうとした瞬間、正面の相手がハンドルを引き抜いて窓から投げ捨てるのが見えたとする。つまり、相手は「捨て身」の戦術で、直線を走るしかない方法を選んだのである。相手が絶対に避けない以上、こちらが避けなければ両者とも死んでしまう。つまり、チキンゲームに勝つのは「最高にイカれて狂ったヤツ」だということになってしまうのである！

さて、本書の著者・千々和泰明氏は、二〇世紀の戦争終結を「紛争原因の根本的解決」(第一次世界大戦・第二次世界大戦・アフガニスタン戦争・イラク戦争)と「妥協的平和」(朝鮮戦争・ベトナム戦争・湾岸戦争)とのジレンマから詳細にわたって分析している。

その際、千々和氏が分析の基盤とする概念が「現在の犠牲」と「将来の危機」である。

第二次世界大戦では、連合国側は「現在の犠牲」よりもドイツのナチズムや日本の軍国主義に対する「将来の危機」を優先し、あくまで「無条件降伏」を勝ち取るまで戦い続けた。

一方、朝鮮戦争やベトナム戦争におけるアメリカは、事態が当時のソ連や中国との戦争にエスカレートする「現在の犠牲」の拡大を恐れて妥協し、「将来の危機」を軽視せざるをえなかったという。

本書で最も驚かされたのは、二〇世紀の戦争指導者が「現在の犠牲」と「将来の危機」の間で揺れ動く異様な姿である。そこに「理性的な解」は存在するのだろうか?

一九五〇年に朝鮮戦争が始まった当時、ノイマンは「将来の危機」を最大限に見積もって、「ソ連を先制核攻撃すべきだ」と、トルーマン大統領に進言した。彼の計算は何を意味するのだろうか?

本書のハイライト

実は平和の回復にとって単なる戦争終結それ自体は重要ではない。戦争終結は早期になされればいいというわけでもない。平和の回復にとって重要なのは、それがどのような条件によってもたらされた戦争終結であり、それによって交戦勢力同士がお互いに何が得られ、何が失われるのかということである。ここに戦争終結のジレンマを問う意味がある。（二七五頁）

千々和泰明（ちぢわやすあき）一九七八年生まれ。大阪大学大学院国際公共政策研究科修了。防衛省防衛研究所主任研究官。専門は日米同盟史・防衛政策史。著書に『大使たちの戦後日米関係』（ミネルヴァ書房）や『変わりゆく内閣安全保障機構』（原書房）などがある。

なぜ大人の「いじめ」が合理的なのか？

『大人のいじめ』（講談社現代新書）

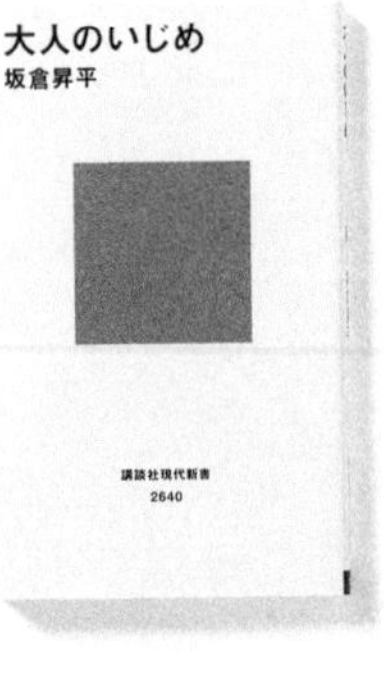

労働相談の第一位は「いじめ・嫌がらせ」

トヨタ自動車といえば、販売台数で世界首位を争う日本の代表的企業である。その会社に勤務する二八歳の男性社員が、二〇一七年一〇月三〇日、社員寮の自室で自殺した。彼は、地方の大学を卒業後、東京大学大学院修士課程を修了して、二〇一五年四月同社に入社した。一年間の研修期間を経て、二〇一六年三月から車両設計の担当部門に配属されたところ、上司による「いじめ」が始まった。

この上司は、日常的に「バカ、アホ、なめてんのか、やる気ないのか」などと暴言を吐き、彼のプレゼンテーションに対しては「こんな説明できないなら、死んだ方がいい」と叱責した。また、彼の学歴に対しては「学歴ロンダリングだから、こんなこともわからないんや」と他の社員の前で嘲笑した。

いじめを受けた社員は、プレッシャーがかかると手足が震え、ミスを連発する「適応障害」を発症し、二〇一六年七月から三か月間休職した。復職後は配置転換となり、別の上司のグループに入ることができた。ところが、二〇一七年五月、フロアの異動が行われ、なぜか彼の斜め向かいの席に元上司が移ってきた。

彼は「目線が気になるから席を移りたい」と上層部に頼んだが聞き入れられなかった。自死の直前には「もう精神あかんわ」「会社ってゴミや、死んだ方がマシや」「自殺するかもしれない」などと周囲に漏らしていたという。

二〇一九年九月一一日、豊田労働基準監督署は、この社員の自殺は「上司のパワーハラスメントで発症した適応障害が原因」として「労災認定」した。二〇二一年四月、トヨタ自動車の豊田章男社長が遺族を訪問して謝罪し、和解金を支払うと同時に再発防止策を遺族側に示して、和解が成立した。

それでも遺族は、「労災認定を受け、会社から補償を受けても、息子が帰ってくる訳ではありません。大切な息子がこのような事になり、いまだに胸が苦しくなります。息子の事を考えると会いたい気持ちがこみ上げてきます」と述べている。

さて、厚生労働省は、個別労使紛争の労働相談を内容によって分類する。二〇二〇年度は、一位が「いじめ・嫌がらせ」（七九一九〇件）、二位が「自己都合退職」（三九四九八件）、三位が「解雇」（三七八二六件）、以下「労働条件の引き下げ」「退職勧奨」「雇い止め」「出向・配置転換」と続く。これに二〇二〇年六月施行の「パワハラ防止法」により別枠となった「大企業の職場におけるパワーハラスメント」（一八三六三件）を加えると、いわゆる「いじめ」相談は約一〇万件にもなる。

本書で最も驚かされたのは、実は多くの職場では「いじめ」を放置する方が「合理的」だという著者・坂倉昇平氏の指摘である。会社では、皆が「いじめ」を知りながら、傍観者として加害者側に加わることによって「ストレス発散」する。次第に感覚が麻痺して暴力に対してさえ「思考停止」になる。事を荒立てて解決するには「コスト」がかかりすぎるので、誰も問題を直視しようとしない。

それでは、被害者はどうすればよいのか？　坂倉氏の実践的アドバイスは、（一）証拠を収集して、（二）会社を一旦休み、（三）社外の専門家に相談することだという。

それにしても「いじめ」の加害者や同調者は、被害者の立場を想像することさえできないのだろうか？　その根底にある「幼児性」を認識させる方法が求められている。

本書のハイライト

誰でも知っている大企業で働く相談者から、ハラスメントを本社に通報したのに無視された、対応が杜撰なまま終了してしまったなどの相談はとても多い。「会社を信じていたのに、裏切られた」という声を、筆者は何度聞いたかわからない。会社はもともと利益の追求を目的とした組織であり、善意では動かない。適切な対応を行わないことは会社にとってリスクになると判断させない限り、誠実な対応は期待できない。（二四二 - 二四三頁）

坂倉昇平（さかくらしょうへい）一九八三年生まれ。京都大学大学院文学研究科修了。NPO法人「POSSE」主宰者。ハラスメント対策専門家。著書に『18歳からの民主主義』（共著、岩波新書）や『ブラック企業vsモンスター消費者』（共著、ポプラ新書）などがある。

なぜ「日本の天才」は海外に流出してしまうのか？

『早すぎた男　南部陽一郎物語』（講談社ブルーバックス）

今も「予言者」と呼ばれる天才物理学者

私がウエスタンミシガン大学に留学している間に最もお世話になったのは、物理学者の曽我道敏先生と奥様である。週末になると先生のお宅に押しかけては、多種多彩な専攻の学生たちとビールを飲みながら、あらゆる話題について議論した。その頃の体験が、どれほど今の私の糧《かて》になっているか、筆舌に尽くし難い。

曽我先生は、日本で二人目となるノーベル物理学賞受賞者・朝永《ともなが》振一郎のもとで一九五八年に博士号を取得した。一九六一年に渡米し、一九六八年より一九九六年に退職されるまで、ウエスタンミシガン大学教授として知的文化交流を介した日米関係の修復に深く尽力され、二〇一〇年に外務大臣褒賞を受賞している。

私が「留学生としては無謀」と言われながら、数学と哲学を同時専攻して「学長奨学生(presidential scholar)」に選ばれ、大学院進学を考え始めたとき、曽我先生から「物理学をやるなら、シカゴ大学の南部さんに推薦状を書いてあげるよ」と言われた。当時、私は「自発的対称性」の数学的表現に興味を持っていた。結果的には、ミシガン大学大学院に進学して論理学を専攻したが、もしシカゴに行っていたらと、今でも空想することがある……。

曽我先生から、無謀な戦争に突入した日本に失望した御母堂が「この男が日本をダメにした」と東條英機の新聞写真に針を刺していたという壮絶な話を伺ったことがある。戦後、曽我先生をはじめとする多くの有能な日本人が国籍を変えた。

二〇〇八年にノーベル物理学賞を受賞した南部陽一郎も、一九七〇年に米国籍を取得している。その決断を父親に伝えた際、「学問に国籍はない」と言われたという。二〇二一年にノーベル物理学賞を受賞した真鍋淑郎《しゅくろう》は、「アメリカではやりたいことができる」と述べている。指導者層が無能で、科学研究や教育文化を軽視するような国からは、優秀な天才が流出してしまうわけだ。

さて、本書のタイトル『早すぎた男』とは、南部が素粒子物理学の世界で「予言者」と呼ばれていることを意味する。実際に、彼が一九六一年に理論化した「自発的対称性の破れ」から、「電弱統一理論」をはじめとするノーベル賞級の研究成果が続々と生まれてきた。一九六四年に南部理論に基づいて予測された「ヒッグス粒子」は、二〇一一年に発見された。本書の著者・中嶋彰氏は、南部の「量子色力学」や「クォークモデル」に関わる論争など、彼の生涯を追いながら、同時に素粒子物理学の歴史的進展を実にわかりやすく解説している。

本書で最も驚かされたのは、二八歳の若さで大阪市立大学助教授、翌年教授に昇格した南部が、プリンストン高等研究所での任期中に研究を仕上げられず、それでもアメリカに残って研究を続けるために、三三歳でシカゴ大学のポスドク研究員になったことだ。彼は、恥も外聞もなく、以前の教え子と同レベルまで立場を落として研究を続けたのである。まさに天才の選択といえるだろう。

本書のハイライト

陸軍中尉をしていた戦争末期、彼は恋をして結婚した。二〇歳代の若さで大阪市立大学の教授となった後、胸を膨らませて渡航した米国の名門プリンストン研究所では一転して、人生最悪の挫折を味わった。名門シカゴ大学でノーベル賞の対象テーマとなった自発的対称性の破れの理論の構築に成功したものの、直後には栄誉を横からさらわれかねない失敗も体験した。そのあとには、クォークをめぐって強力すぎるライバル、マレー・ゲルマンとわたりあった。つらい別れにも見舞われた。早すぎる愛息の死だ。恋愛、挫折、失意、成功、つらい別れ、名誉。こうみてくると南部は意外なほど、起伏に富み、ドラマチックな人生を歩んでいたことがわかる。（三〇八 - 三〇九頁）

中嶋彰（なかじまあきら）一九五四年生まれ。東京大学工学部卒業。サイエンスライター。日本経済新聞社編集局科学技術部次長・科学技術担当編集委員などを務めた。著書に『現代素粒子物語』（講談社ブルーバックス）や『「青色」に挑んだ男たち』（日本経済新聞社）などがある。

桂離宮の「美」を見抜く力とは何か?

『和辻哲郎　建築と風土』(ちくま新書)

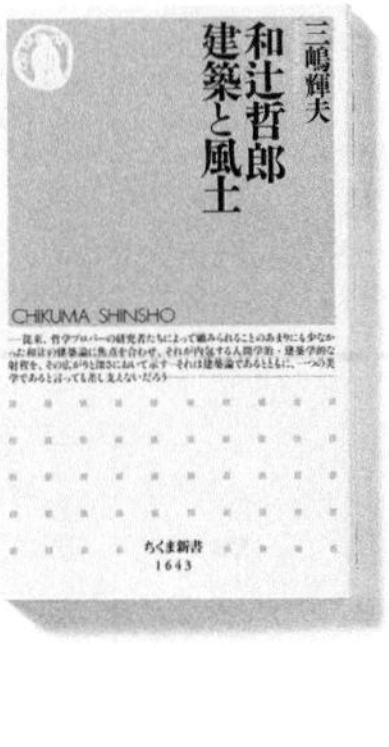

和辻哲郎と森蘊の論争

「宮内庁」のホームページは、思いのほか楽しい構成になっている。「参観案内」から「皇居・京都御所・京都仙洞《せんとう》御所・桂離宮・修学院離宮」のページに飛ぶと「施設案内」が出てくる。「桂離宮」に掲載されている一〇分のビデオを見ると、まるで実際の参観コースを歩いているような感覚を味わえる。

桂離宮の基礎を築いたのは、後陽成《ごようぜい》天皇の弟に当たる智仁《としひと》親王である。親王は天正《てんしょう》一四年(一五八六年)に七歳で豊臣秀吉の猶子《ゆうし》となり、将来は関白となるはずだった。ところが、秀吉に実子が生まれたため、秀吉の奏請《そうせい》で八条宮《はちじょうのみや》家を創設した。親王は、二〇代の若さで当時最高の知識人である細川幽斎《ほそかわゆうさい》から『古今集』を伝授され、和歌や文芸に抜群の才能を示した。その親王が桂川西岸の領地に観月や茶会や酒宴を催すための優雅な別邸を築いたのが始まりである。

別邸の建築と造営は、八条宮家第二代の智忠《としただ》親王に引き継がれ、第三代の穏仁《やすひと》親王が当主として寛文《かんぶん》三年（一六六三年）に後《ご》水尾《みずのお》院の御幸を迎えた際、ほぼ現在の「回遊式庭園」の姿に完成したらしい。八条宮家の断絶後、明治一六年（一八八三年）からは宮内省所管となり、「桂離宮」と称されるようになった。

桂離宮は江戸時代の同時期に完成した「日光東照宮」と比較されることが多い。一九三三年に日本を訪れたドイツの建築家ブルーノ・タウトは、東照宮の「過度の装飾と浮華の美」を「建築の堕落」と強く批判し、逆に、可能な限りの装飾を排し、純粋かつ簡素な構造の桂離宮こそが「最高の美」だと絶賛した。

ところで、桂離宮の竣工時期や設計者や造営者は、どれも不明である。主要建造物の「古書院」「中書院」「新御殿」に加えて四棟の茶屋と持仏堂があるが、具体的な造営時期さえ明らかではない。本書の著者・三嶋輝夫氏は、それらの謎を巡る多種多様な論争を縦横に分析されているが、あたかも推理小説のようで興味深い。

たとえば、建築家の森《もり》蘊《おさむ》は「寛永以来の煤や蜘蛛の巣にまみれた屋根裏や縁の下にもぐりこみ、はいずりまわり、又測量器をかかえ、箱尺やテープを引きずりまわしながら、長年月かかって実測した結果」、まず中書院が造営され、付随して古書院が移築されたと主張した。

しかし、森から「建築家でない博士」と揶揄された哲学者の和辻哲郎は、建物と庭園の景観から智仁親王の意図した原形を見極め、逆に「古書院独立先行説」を主張した。そして昭和と平成の大修理の際、和辻の眼力が正しかったことが証明されたのである！

本書で最も驚かされたのは、最初の四章「間柄と建築＝『風土』」「天平の甍＝『古寺巡礼』」「建築と風土＝『イタリア古寺巡礼』」「アルプスの北＝『故国の妻へ』」が九八ページであるのに対して、第五章の「面と線の美学＝『桂離宮』」だけで一三三ページあるという実にアンバランスな構成である。

以前、青山学院大学に論理学の兼任講師として伺っていた際、倫理学者としての三嶋氏には何度もお会いしたことがあるが、まさか建築設計学科も卒業されているとは知らなかった。和辻が情熱を傾けた「桂離宮」の「面と線の美学」に鬼気迫る本書は、渾身の力を込めた三嶋氏にしか書けない快著といえる。

本書のハイライト

和辻が建物を前にして再三その〈美しさ〉に感嘆し、曲線と直線、凸と凹といった線と面の呼応と対照によってその美の由って来る所を解明しようと努めていることからすれば、それは建築論であるとともに、一つの美学であると言っても差し支えないであろう。（二四八頁）

三嶋輝夫（みしまてるお）一九四九年生まれ。東京大学大学院人文科学研究科修了。早稲田大学芸術学校建築設計学科卒業。青山学院大学文学部教授などを務めた。専門は倫理学・ギリシア哲学。著書に『汝自身を知れ』（ＮＨＫ出版）や『ソクラテスと若者たち』（春秋社）などがある。

「方言」の魅力とは何か？

『それいけ！　方言探偵団』（平凡社新書）

日本語を豊潤にする方言

国立国語研究所は、二〇一〇年から二〇一五年にかけて、日本全国各地に在住する方言研究者一〇〇名の協力によって「方言の形成過程解明のための全国方言分布調査」を実施した。この調査は全国五五四地点において、原則として七〇歳以上で長期にわたる移動がない「土地の生え抜きの高年層の男性話者」に直接面接する方法で実施された。その調査結果は、学術・教育においては自由に利用可能である。ぜひ国立国語研究所のサイトを有効活用したいものである。

ここで「全国方言分布調査」の膨大なデータを覗いてみよう。たとえば、家庭内で「ありがとう」と言う状況で、実際にはどのように発話されているか？

ドーモ（北海道礼文町）、ドーモネー（北海道登別市）、ドーモアリガド（青森県青森市）、ハイドーモ（岩手県遠野市）、アリガドサン（秋田県五城目町）、ナントモナントモ（秋田県本荘市）、オショーシナ（山形県米沢市）、アリガドナエ（福島県福島市）、ハエドーモ（福島県郡山市）、ワリーネ（茨城県土浦市）、ウーン（栃木県氏家町）、ドーモドーモ（千葉県銚子市）、オカゲサマ（東京都八丈町）、モーシワケネッケノー（新潟県松之山町）、ヨーシタイ（石川県白峰村）、オショッサマ（長野県茅野市）、オーキンナー（愛知県南知多町）、オーキニ（京都府京都市）、スンマセン（兵庫県朝来町）、オーキニヨ（和歌山県串本町）、ダンダン（島根県宍道町）、コレワコレワ（長崎県諫早市）、オーキン（宮崎県串間市）、アイガトナー（鹿児島県根占町）……。

「ありがとう」のように基礎的な概念に対する特徴的な発話だけを挙げてみてもキリがない。さらに他の言葉の方言を眺めると、もはや外国語としか思えない。つまり多くの日本人は、方言と標準語のバイリンガルなのである！

さて、本書の著者・篠崎晃一氏は、延べ一〇〇〇万人の回答データに基づく「方言チャート」を作成している。このウェブサービスでは、発話についての選択問題に答えていくと、回答者が三〜四歳から一三〜一四歳に生活していた「出身地」を鑑定できるという。

本書は、篠崎氏が『読売新聞』夕刊（金曜日）に二〇一三年四月から連載中のコラム「方言探偵団」の中から、新書の一ページに収まる読み切りの小話約二〇〇編をまとめたものであり、限りなく豊潤な方言の醍醐味を楽しく味わうことができる。

「ちんちん、くろなった」（だんだん、暗くなってきた）と言う鹿児島県出身者、「いきなり、しゃけぇ」（とても、冷たい）と宣伝する仙台市の自動販売機、「おんまく」（思いっきり）と名付けられた愛媛県今治市の夏祭り……。湯船につかった新潟県人の発話「あー、じょんのびじょんのび」（何とも言えぬ解放感に浸った感覚）のように、標準語に翻訳不可能な独自の方言もある。

本書で最も驚かされたのは、「先生、だいてくれるんですか」と、レストランで甘えた声でおねだりしたという女子大生の話である。実は「だいてくれる」とは「（お金を）出してくれる」が変化した富山県の方言で、「おごってくれる」の意味だという。方言が思わぬ誤解を生むこともあるわけである！

本書のハイライト

かつては方言撲滅運動が展開されるなど方言を差別する風潮が広まり、地方出身者の中に方言コンプレックスを生み出す契機にもなったほどである。そんな方言の価値が低い不遇の時期を経て、近年では方言が小学校の国語科の単元に取り上げられたり、地域PRの有効な手段として活用されたりするなど、方言の価値は飛躍的に高まりつつある。（一七六頁）

篠崎晃一（しのざきこういち）一九五七年生まれ。東京都立大学大学院人文科学研究科修了。東京女子大学現代教養学部教授。専門は方言学・社会言語学。著書に『ひと目でわかる方言大辞典』（あかね書房）や『出身地（イナカ）がわかる方言』（幻冬舎文庫）などがある。

なぜ日本は「ロシア」に勝てたのか？

『明治の説得王・末松謙澄』
（インターナショナル新書）

「黄禍論」を論破した「説得王」

明治二八年（一八九五年）四月一七日、「日清講和条約」が下関で締結された。日本の全権は総理大臣・伊藤博文と外務大臣・陸奥宗光である。日清戦争に敗れた清は、遼東《りょうとう》半島・台湾・澎湖《ほうこ》列島を日本に割譲して、朝鮮の宗主権を破棄し賠償金を支払うことになった。ところが、批准交換までにロシア・ドイツ・フランスの「三国干渉」を受けて、日本は遼東半島の返還を余儀なくされた。

翌年の一八九六年五月、ロシア帝国の皇帝に即位したニコライ二世は、黄色人種を敵視する「黄禍論《こうか》」を信奉し、日本人を侮蔑して「黄色い猿」と呼んだ。彼は、皇太子時代に来日した際、大津で反ロシア主義の日本人警官に頭を斬りつけられ、生涯にわたり頭痛に苦しめられた。彼は対日強硬派のエヴゲーニイ・アレクセーエフ提督を極東総督に任命し、「南下政策」を推進させた。

清から遼東半島を租借したロシアは、最南端の旅順に堅固な「旅順要塞」を築き、朝鮮半島の「大韓帝国」に親ロシア政権を樹立させた。ロシアが日本を植民地化するのは、時間の問題と思われた。明治三六年（一九〇三年）一〇月二日付『東京朝日新聞』には、アレクセーエフが「日本の兵力などまったく考慮する必要がない」と述べた記事が掲載され、日本の軍部を激怒させた。

当時のロシア帝国の戦力は、日本とは比較にならないほど圧倒的に優位だった。戦略的にも、ロシアの艦隊が日本海を制圧すれば、日本と朝鮮半島を簡単に分断できる。補給路さえ断てば、朝鮮と中国に駐屯する数十万人の日本兵は降伏するしかない。あらゆる国際世論が日本に勝ち目はないと予測した。

この日本の窮地を救ったのが、伊藤博文の娘婿に当たる末松《すえまつ》謙澄《けんちょう》である。彼は、日本が生き残るためには「日英同盟」に救いを求めるしかないと考えた。ケンブリッジ大学を卒業し、英語のディベート力に秀でていた末松は、一九〇四年五月、ロンドンの社交クラブで

「日英の極東問題観」を講演し、日本の立場を政財界に説く活発なロビー活動を開始した。

　また、七月に「日本とロシア」、八月に「日露戦争の開始」のような論文を次々とイギリスの基幹雑誌に投稿するなど、日露戦争中、彼はヨーロッパの新聞・雑誌に二〇以上の記事を掲載して、日本の立場を述べた。

　末松は、「黄禍論」を「人種差別に基づく幻想」と論破して、イギリスの世論をロシア批判に傾けた。その結果、イギリスがスエズ運河の通航を拒否したため、ロシアのバルチック艦隊は遠回りせざるをえなくなり、日本海到達までに七か月を浪費した。それを用意周到に待ち構えた連合艦隊が、日本海海戦で完膚なきまでに叩きのめしたのである。

　本書で最も驚かされたのは、末松が「大日本帝国憲法」を起草し、私財を投じて全一二巻に及ぶ明治維新史研究『防《ぼう》長《ちょう》回《かい》天《てん》史《し》』を編纂したばかりでなく、二八歳の時点で『源氏物語』を初めて英訳してイギリスで出版していることである。本書の著者・山口謠司氏が彼の人生から読み解いているように、末松が外国人を「説得」できた背景には、真に奥深い「教養」があったわけである！

本書のハイライト

謙澄の生涯を俯瞰して思うのは、一点、「国に対する思い」である。戦後使われる「ナショナリズム」や「愛国心」は、「軍国主義」あるいは「国粋主義」また「愛郷心」などとして理解されがちである。しかし、謙澄はもちろん、明治維新を経験した人々にとっての「国に対する思い」は、いわゆる戦後世代の我々が考える「愛国心」とはまったく異なるものだった。では、それはなんだったのか――と問われると、はたして、彼等の生き方、彼等が残した言葉からそれぞれが感じるしかない。もし具体的に言えと言われるなら、「すべてと繋がっている」という意識ではなかったかと言いたい。（一八二頁）

山口謠司（やまぐちようじ）一九六三年生まれ。大東文化大学大学院文学研究科修了。同大学中国文学科教授。専門は中国文献学・書誌学。著書に『妻はパリジェンヌ』（文藝春秋）や『日本語を作った男』（集英社インターナショナル）などがある。

宇宙人も地球人と同じ「数学」を理解しているか？

『宇宙は数式でできている』（朝日新書）

数学の普遍性に対する疑問

ある日、二五光年離れたベガ星系から地球に電波信号が届く。その信号は二進法で「2・3・5・7・11・13・17・19・23…１０１」と素数を順番に並べ、再び最初に戻って繰り返す。これが、人類が最初に宇宙の知的生命体から通信を受け取ると想定された場面の感動的な描写である。その続きはどうなるか？

ぜひ天文学者であり作家でもあったカール・セーガンのSF小説『コンタクト』か、あるいは、それを原作とする同名の映画をご覧いただきたい。

さて、「素数」は「正の約数が一とその数自身の二個だけの自然数」と定義される。宇宙人は「素数」を「二進法」のビーコン信号で送信する設定だから、セーガンは、宇宙人も地球人と同じ「数学」を理解していることを前提に小説を書いたわけである。現実に、セーガンが推進した「地球外知的生命体探査（ＳＥＴＩ）」では、今も「数学的規則性」の有無を最大の論拠として電波を探査している。

その「数学」とは何か？ なぜ「数学」で宇宙を詳細に記述でき、未来を高精度に予測できるのか？ 「数学」は普遍か？ 「数学」は宇宙か？ 「数学」は万能か？

これらの問題は「数学の哲学（数学基礎論）」と呼ばれる分野で、とくに二〇世紀以降に研究されてきたが、実は、今も難解な論争が続いている（その詳細な意味については、拙著『20世紀論争史』をご参照いただきたい）。

この論争を非常に大まかに単純化すると、数学者は数学的真理を「発見する」という立場（数学的実在論）と「発明する」という立場（数学的経験論）に分けられる。

本書は「数学的実在論」をさらに推し進めて「数学的な論理体系と実在する宇宙は同じものであるという過激な可能性」を主張する。かつては一般相対論の数学的な解にすぎなかった「膨張宇宙」や「ブラックホール」や「重力波」が実際に観測された。地球外知的生命体も「必ずや微分積分などの数学や一般相対論に対応する物理学は持っているはず」だというのが、本書の著者・須藤靖氏の主張である。
本書で最も驚かされたのは、須藤氏がこれほど過激な数学的実在論者だったとは……という
ことである。実は、須藤氏が日本を代表する宇宙物理学者であることはよく存じており、
私が副会長を務めるJapan Skeptics（「超自然現象」を批判的・科学的に究明する会）の総
会で講演していただいたこともある。須藤氏は、数学的予測と観測的事実の合致という驚愕
を何度も経験してきたからこそ、「宇宙＝数学」を実感するようになったに違いない。
論理学の天才クルト・ゲーデルも、セーガンや須藤氏と同じように、数や集合などの数学的対象が「人間の定義と構成から独立して存在する」と信じていた。ところが、彼と並ぶ数学の天才フォン・ノイマンは、「人間の経験から切り離したところに数学的真理という絶対的な概念が不動の前提として存在するとは、とても考えられない」と断言している。
ノイマンの「数学的経験論」によれば、数学は人間の脳構造が発明した言語であり、人間はその言語を通して宇宙を認識している。地球外知的生命体が独自の進化を遂げた機能で宇宙を認識している以上、彼らの「数学」は人間の「数学」とは根本的に異質という可能性を指摘するのがノイマンの立場である。
読者は、どのようにお考えだろうか？

本書のハイライト

本書で繰り返し紹介してきた天文学研究史における経験事実は、「・観測されている天体さらには宇宙の振る舞いそのものを記述する数式が存在している」「・その数式を用いて予言された現象は、どれほど可能性が低いと予想されようとも、やがては驚くべき精度で実際にこの宇宙で起こっていることが確認されてきた」の2点に要約されます。そして、この驚くべき事実を説明するもっとも単純な解釈は、数学的な論理体系と実在する宇宙は同じものであるという過激な可能性です。（二二五頁）

須藤靖（すとうやすし）一九五八年生まれ。東京大学大学院理学系研究科修了。同大学大学院理学系研究科教授。専門は宇宙物理学・宇宙論。著書に『宇宙人の見る地球』（毎日新聞社）や『不自然な宇宙』（講談社ブルーバックス）などがある。

なぜ「哲学ディベート」が必要なのか？

『実践・哲学ディベート』（NHK出版新書）

「人生の選択」の哲学的背景

恐縮だが、ここで再び拙著を紹介させていただきたい。というのは、『実践・哲学ディベート』をできる限り多くの読者に楽しんでほしいからである。

本書が焦点を当てているのは、実際に誰もが遭遇する可能性のある多彩な「人生の選択」である。舞台は大学の研究室で、教授と五人の学生がセミナーで話している光景を思い浮かべていただきたい。読者は、発言者のどの論拠に賛成あるいは反対するだろうか？　どの論点に最も価値を見出すだろうか？　その議論の先はどうなるだろうか？　これまで思いもしなかった新たな発想を発見するためにも、ぜひ視野を広げて、一緒に考えてほしい。

さて、「ディベート（debate）」とは「（相手を）打ち負かす（beat）」と同じ語から派生した単語で、古くは「戦争」や「競争」を指示した言葉である。それが転じて「討論」や「議論」を意味するようになったわけだが、今でもディベートといえば、勝ち負けを競う弁論の「競技ディベート」を指すことが多い。

　正式な競技ディベートでは、たとえば「死刑制度を存置すべきか否か」や「売買春を合法化してよいのか否か」のように、中間の選択肢が存在せず、明確に「肯定側」と「否定側」に分かれる「論題」が選ばれる。さらに、競技の参加者は「くじ引き」で肯定側になるか否定側になるかが決められる。競技ディベートでは、肯定か否定かの結論そのものが重要なのではなく、いかに怜悧《れいり》に推論を組み立てて審判を説得できるかが問われるからである。

　古代ギリシャ時代の哲学者アリストテレスは、「いかなる状況においても説得の方法を見つけ出す能力」こそが「弁論術」だと定義した。競技ディベートが、その種の「説得の方法」を磨くための非常によい訓練になることは、明らかである。ただし、残念なことに、多くの現実的問題の背景には、さまざまな非常に興味深い哲学的問題が潜んでいるにもかかわらず、競技ディベートでは、そこまで深く踏み込んで議論することが少ない。

　たとえば「尊厳死を容認すべきか否か」のような論題を競技ディベートで扱う場合、あくまで現代の医学的あるいは法的な立論から審判を説得しようとする立論が多く、その背景にある生命倫理観や死生観といった人生哲学を考察するケースは、ほとんどない。なぜなら、一般に哲学的見解は、「理想論」あるいは「抽象論」すぎると相手から批判される難点があるからである。議論の展開によっては、「非現実的・机上の空論」だと一言で反論されてしまう可能性もあるため、競技ディベートでは敬遠せざるをえないことが多くなる。

そこで、私が創始し、ずっと推奨しているのが、議論に勝つことや、相手を論破し説得することが目的ではなく、純粋に多種多様な哲学的見解を浮かび上がらせて、自分が何に価値を置いているのかを見極める「哲学ディベート」という議論の方法である。

たとえば、「出生前診断を受けるべきか否か？」という問題は、実際に妊娠したカップルが判断を迫られる「人生の選択」の一つである。ところが、その現実の問題を追究していくと、実は、その背景に「人は、最終的には必ず不幸になるので生まれてこないほうがよい」という「反出生主義」と呼ばれる哲学的見解が潜んでいることがわかるだろう。

本書は、第一章「出生前診断と反出生主義」、第二章「英語教育と英語公用語論」、第三章「美容整形とルッキズム」、第四章「自動運転とＡＩ倫理」、第五章「異種移植とロボット化」について、各章を現実的問題と哲学的問題の二つのセクションに分けた「実践・哲学ディベート」によって構成されている。章末には「一緒に考えてみよう」という課題もある。

ぜひ「哲学ディベート」に参加してほしい！

本書のハイライト

哲学ディベートの目的は、現実問題の背後にある哲学的見解を見出し、お互いの意見や立場の相違を明らかにしていく過程で、かつて考えたこともなかった発想や、これまで気付かなかったものの見方を発見すること、さらにそこからまったく新しいアイディアを生み出すことにある。（六頁）

なぜ亡国の「日独伊三国同盟」が結ばれてしまったのか?

『日独伊三国同盟』(角川新書)

独裁国家と同盟を結ぶ愚行

比較文化論の講義中、第一次世界大戦の「戦勝記念パレード」の映像を見ていた受講生が「あっ、日章旗だ!」と叫んだ。再生してみると、たしかに無数の多国籍旗の中に日章旗がいくつか映っている。アジアから参戦した日本は、インド洋や地中海で連合国側の船団を防衛し、非常に高く評価された。一九一九年七月一九日時点では、日章旗がロンドン市内に、はためいていたのである!

一九二〇年に「国際連盟」が発足した際、日本はイギリス・フランス・イタリアと並ぶ「常任理事国」に選出された。一九二八年、日本は戦争が「違法」であることを認め、「戦争放棄」を誓う「パリ不戦条約」（六四か国参加）にも調印している。もし当時の日本の指導層が軍部の独走を許さず、連合国との国際協調路線を歩んでいたら、今頃、日本は世界の超大国に成熟できていたかもしれない。

ところが、一九三一年に軍部が暴走して「満州事変」を起こし、日本は世界で最初に「パリ不戦条約」を破った汚名国となってしまう。当時の日本が中国と東南アジアに侵出し、アメリカとの開戦にまで踏み切った戦略の背景には、破竹の勢いで一九四〇年にフランスを手中に収めたドイツが、イギリスも占領し、いずれはヨーロッパ全域を制覇するに違いないという思い込みがあった。

つまり、日本の軍事戦略的な基盤は、一九四〇年に調印した「日独伊三国同盟」にあったのである。ところが、同盟国のイタリアは一九四三年九月に早々と降伏し、ドイツも一九四四年六月の連合軍によるノルマンディ上陸以降は敗色が濃厚になっている。それにもかかわらず、日本の「大本営」は優柔不断な見通しのまま降伏までに一年以上を費やし、無謀な特攻やバンザイ攻撃を繰り返した上、一二〇万人以上の日本人兵士を戦場に置き去りにして餓死させた。

歴史を振り返ると明白なのは、「独裁者」は巨大な権力を掌握すればするほど「不安と恐怖」に基づく「認知バイアス」に強く左右されるようになり、有為な人物を粛清し、無能なイエスマンばかりを周囲に残し、最終的に、とても理性的とは思えないバカげた行動を取って無数の犠牲者を生み出すことだ。要するに、ヒトラーとムッソリーニに支配される独裁国家と締結した「日独伊三国同盟」こそが、日本を破滅に向かわせた根本の愚行だったわけである。

さて、本書の著者・大木毅氏は、「根拠なき確信」と「無責任」の果てに「日独伊三国同盟」が締結されるまでの経緯を綿密に分析しているが、その中でも、とくに注目すべきなのが、幼少期からドイツを崇拝する父親に育てられ、「ナチス以上の国家社会主義者」と呼ばれた当時の駐独武官・大島浩大佐の行動である。

本書で最も驚かされたのは、一九三七年四月、日本の参謀本部の訓令に基づく「軍事協定案」をドイツに引き渡す際、大島が「ドイツないし日本の利益に根本的にかかわる国際政治情勢の変化が生じた場合、ただちに両軍の協議会が開催される」という一文を勝手に付け加えたことである。この一文によって、対ソ連だけのはずだった軍事同盟が無制限に拡大解釈されるようになり、日本とナチス・ドイツは運命共同体になってしまったのである。

この種の自己を過大評価する指導層の「独断専行」の数々が、結果的に日本を破滅に追い込んでいった事実を忘れてはならない！

本書のハイライト

外国を崇拝し、その国の人間になってしまったかのような言動をなすもの。国家が崩壊することなどないとたかをくくり、おのが権力の維持だけをはかるもの。自らの構想の雄大さを誇るばかりで、足下を見ず、他者をまきこんで破滅していくもの。彼らのようなひとびとは、戦前の日本のみならず、読者諸氏のまわりにもいるのではないだろうか。（九頁）

大木毅（おおきたけし）一九六一年生まれ。立教大学大学院文学研究科修了。現代史家。防衛省防衛研究所講師・陸上自衛隊幹部学校講師などを務めた。専門は現代史・ドイツ史。著書に『独ソ戦』（岩波新書）や『「砂漠の狐」ロンメル』（角川新書）などがある。

ＧＨＱは日本人を「洗脳」したのか？

『ＧＨＱは日本人の戦争観を変えたか』（光文社新書）

「ウォー・ギルト・プログラム」

一九四五年九月二日、ポツダム宣言を受諾した日本は、戦艦ミズーリ艦上で「降伏文書」に調印した。「連合国軍最高司令官総司令部（ＧＨＱ）」は、日本政府に対して、翌日の九月三日午前一〇時に「三布告」を公表すると通告した。

この「三布告」とは、「第一号：立法・行政・司法の三権をＧＨＱの管理下に置き、日本の公用語を英語とする」「第二号：ＧＨＱの布告に違反する者は軍事裁判にかける」「第三号：日本円を廃し軍票（Ｂ円）を日本の法定通貨とする」という内容で、連合国軍最高司令官ダグラス・マッカーサー元帥の名において、「日本國民ニ告グ」と布告する形式になっていた。ＧＨＱは、この布告を発表と同時に日本国民に知らしめるため、ポスター約一〇万枚を用意していた。

沖縄で軍政を敷いていたＧＨＱは、沖縄と同じようなスタイルで日本全国を「直接統治」しようとしていたわけである。この布告の内容に驚愕した日本政府は、「連合国軍による直接統治は、日本政府への信頼を失わせ、国民に大混乱を生じさせる」と撤回を申し入れた。マッカーサーは、布告を公表するはずだった九月三日午前に外務大臣・重《しげ》光《みつ》葵《まもる》と会談し、結果的に「三布告」すべてを撤回したのである！

その後、一九五一年九月八日にサンフランシスコ講和条約が締結されるまでの約六年間、日本はＧＨＱに「間接統治」された。その間、ＧＨＱの「民間情報教育局（ＣＩＥ）」が実施したのが「ウォー・ギルト・プログラム（ＷＧＰ）」である。

これは文芸評論家・江藤淳によれば「日本人に戦争の罪悪感を植え付けるための政策」だった。この見解がエスカレートすると行き着くのが、ＷＧＰは日本人に「自虐史観」を植え付け「二度と立ち上がれないように洗脳した」という主張である。

さて、本書の著者・賀茂道子氏は、膨大な一次資料を分析し、ＷＧＰの「洗脳」説に「学術的な根拠がない」ことを立証する。戦争中「大本営発表」以外の情報を遮断されていた日本人は、そもそも戦争に罪悪感さえ抱いていなかった。マッカーサーは当時の日本人を「一二歳の子ども」に喩えたが、「軍国主義者を支持し容認する社会を作ったことは国民の責任である」という点は、基礎から教育する必要があったわけである。

　本書で最も驚かされたのは、占領統治下の日本人が必ずしもＧＨＱに従順ではなく、「三布告」を撤回させたように、思いのほか「したたか」だったことだ。ＧＨＱにアメリカ側の視点で描いた「太平洋戦争史」を掲載するように命じられた新聞各社は、それでも「独自の判断」で記事を編集している。『読売新聞』は、日本の中国侵略を強調した部分の三割を勝手に削除して掲載した。「言論の自由」を優先すると宣言するＧＨＱは、怒るわけにもいかず、新聞社の自主性を尊重せざるをえなかった。

　ＷＧＰに関わったスタッフの多くは、日本を「理想の民主主義国家」とする意欲に燃えていたという。彼らは、なぜ日本軍が人命を虫けらのように扱ったのか、なぜそこに罪悪感がないのか、なぜ日本の女性は虐げられているのか、といった日本人の根幹に関わる問題を議論した。ＷＧＰをプロパガンダだと安易に断定するのではなく、現代日本の出発点として再考する必要があるだろう。

本書のハイライト

「当時の日本の状況を考えれば太平洋戦争に突入したのは仕方がなかった」「未知のウイルスであるコロナウイルスに対して万全な対策を取れなかったのは仕方がなかった」。過去を振り返る時、こうした「仕方がなかった、やむを得なかった」との結論に至ることは多い。しかし、「仕方がなかった」とすることで、そこで思考がストップしてしまう。この言葉は自己肯定のための免罪符にすぎないのではないか。（二四六頁）

賀茂道子（かもみちこ）生年非公開。名古屋大学大学院環境学研究科修了。同大学大学院環境学研究科特任准教授。専門は日本政治外交史・占領史研究。著書に『ウォー・ギルト・プログラム』（法政大学出版局）がある。

「人権」は「国家」に優先されるのか?

『人権と国家』(岩波新書)

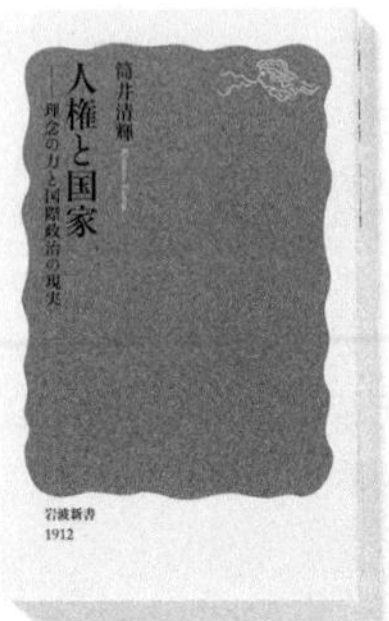

「国際人権」の重要性

第二次世界大戦中、世界各国で特定の人種の大量虐殺や迫害、特定の社会的・思想的立場の人々に対する侵害や抑圧が横行した。それらの「非人間的行為」に対する根本的な反省から、「人権」は「国家」を超えた国際社会全体の課題であり、「人権」こそが世界平和の基盤でなければならないと考えられるようになってきた。

一九四八年一二月一〇日、パリで開催された国際連合の第三回総会において、「すべての人とすべての国が達成すべき共通の基準」として「世界人権宣言」が採択された。この宣言は、人類が史上初めて「人権」の保障を国際的に定めた画期的な内容で、「基本的人権」を尊重する三〇の原則を規定している。

「第一条：すべての人間は、生れながらにして自由であり、かつ、尊厳と権利において平等である。人間は、理性と良心とを授けられており、互いに同胞の精神をもって行動しなければならない」「第二条：すべて人は、人種、皮膚の色、性、言語、宗教、政治上その他の意見、国民的若《も》しくは社会的出身、財産、門地その他の地位又はこれに類するいかなる事由による差別も受けない」「第三条：すべて人は、生命、自由及び身体の安全に対する権利を有する」「第四条：何人も奴隷にされ、又は苦役に服することはない。奴隷制度及び奴隷売買は、いかなる形においても禁止する」「第五条：何人も、拷問又は残虐な、非人道的若しくは屈辱的な取扱若しくは刑罰を受けない」と、すばらしく理想的な原則が続く。

「世界人権宣言」を起草した国連人権委員会の委員長エレノア・ルーズベルトのよく知られた言葉がある。「人権はどこから始まるのでしょうか。それは、とても小さなところ。家や近所のように、小さすぎて世界地図に載っていないところ。そこは個人の世界です。家、近所、学校、大学、工場、農場、会社……。これらの場所でこそ、すべての大人と子どもたちに差別のない平等な正義、平等な機会、平等な尊厳が求められるのです。これらの場所で人権が意味を成さなければ、他のどんな場所でも人権は意味を成しません。家の近所で市民が人権を得られなければ、世界の市民の人権など見果てぬ夢です」

さて、本書の著者・筒井清輝氏によれば、「世界人権宣言」が表明した人権をすべての人間に適用すべきだという「普遍性原理」に加えて、他国で人権侵害が生じた場合にも無視してはならないという「内政干渉肯定の原理」の二つの原理を満たすのが「国際人権」である。

とはいえ、「国際人権」とは理想論にすぎないのではないか？

ロシアは反体制派を暴力的に排除し、中国はウイグル族やチベット族を弾圧しているが、現実問題として、国連で「拒否権」を持つこれらの大国の暴挙は阻止できないではないか！

本書で最も驚かされたのは、「人権の理念と政治の現実が一進一退の攻防を繰り広げてきた」と人権の歴史を振り返り、「国家主義」の台頭する現代社会で「国際人権」に大きな「逆風」が吹いていることを認めた上で、筒井氏が「必要以上に悲観的になる必要はない」と状況を楽観視している点である。なぜなら、「国際人権」は過去に何度も危機に晒されてきたが、最後には必ず蘇ってきたから……。

もちろん、そこまで人類の未来を楽観視できればよいのだが。

本書のハイライト

国際人権の理念に様々な矛盾が内在することは本書でも指摘した通りである。市民的・政治的権利と経済的・社会的権利のバランス、文化相対主義と普遍的人権理念の葛藤、表現の自由とヘイト・スピーチの境界、中絶や安楽死の問題に絡んでくる人の命の始点と終点の問題など、一筋縄ではいかない哲学的・倫理学的議論が続いている。（二一九頁）

筒井清輝（つついきよてる）一九七一年生まれ。スタンフォード大学大学院社会学研究科修了。同大学社会学部授。専門は政治社会学・国際人権論。数多くの専門論文を発表している。

「歴史修正主義」を法規制すべきか？

『歴史修正主義』（中公新書）

「歴史の司法化」の合理性と危険性

デイヴィッド・アーヴィングは、一九三八年にイギリスのサセックスで生まれた。幼少期をドイツ軍によるイギリス空襲の苦難の中で過ごし、ロンドン大学に進学したが、経済的理由により中退した。その後、ドイツで働きながら第二次世界大戦中の史実を調査し、一九六三年に『ドレスデンの破壊』を発表した。

この本は、一九四五年二月にイギリスとアメリカ空軍がドレスデンに行った大規模爆撃を描いたもので、「死者数は約二〇万人」と記載してある。連合軍サイドから描いた歴史書は数多いが、ドイツ市民から被害を見つめた書籍は珍しく、ヨーロッパ各地でベストセラーになった。ただし、アーヴィングの「話を盛る性癖」は処女作から旺盛だったらしい。というのは、そもそもドレスデン空爆の死者数は、詳細な調査が終わった現在では「約二万五千人」と見積もられているからである。

アーヴィングは一九七七年に発表した『ヒトラーの戦争』で「アドルフ・ヒトラーはユダヤ人虐殺を命令していない」と主張して物議を醸した。その最大の根拠は、ヒトラーがユダヤ人虐殺を指令した「命令書」が見つかっていないからだという。彼は、もしヒトラーの「命令書」が見つかったら一〇〇〇ドルの報奨金を出すと述べて周囲を煽った。さらに彼は、アウシュビッツが一一〇万人のユダヤ人を殺した「絶滅収容所」だというのは「おとぎ話」であり、実際に亡くなったのは四万人にすぎない「労働収容所」だったと主張した。

エモリー大学教授の歴史学者デボラ・リップシュタットは、一九九三年に発表した『ホロコーストの真実』でアーヴィングのことを「ホロコースト否定論の最も危険な代弁者」と批判した。この記載に対して、アーヴィングは彼女と出版社を名誉棄損で訴えた。

この裁判は二〇〇〇年一月から四月まで続き、アーヴィングは多くの証人から綿密な証拠を突き付けられて「自分の政治的信念に合致するように意図的に歴史的証拠を改竄した」ことが立証された。完全に敗訴した彼は二〇〇万ポンド（約三億三千万円）の訴訟費用支払いを命じられ、破産した。この裁判は、二〇一六年に『肯定と否定』として映画化されている。

さて、本書の著者・武井彩佳氏は、アーヴィング裁判をはじめとする「ホロコースト否定論」や「歴史修正主義」に対するヨーロッパ各国の厳しい「法規制」の状況を詳細に分析している。

裁判後のアーヴィングは、イギリスを出国しヨーロッパ諸国を転々としたが、どこでも国外退去処分を受け、二〇〇五年には「ナチ党禁止法」によってオーストリアで逮捕され、三年の実刑判決を受けて、結果的に一年間収監された。

本書で最も驚かされたのは、リップシュタットのような歴史学者でさえ、「歴史修正主義」の「法規制」には反対しているという事実である。いわゆる「歴史の司法化」は、悪質な「歴史修正主義」を排除するのに役立つ一方で、国家が歴史を「国民統合」や「国益の最大化」のために利用する可能性も生み出してしまう。

どのように「歴史」と対峙すればよいのか、改めて考えさせられる。

本書のハイライト

歴史修正主義は、過去に関するものであるように見えて、実はきわめて現在的な意図を持つ。現在における歴史の「効用」が問題なのであり、いまを生きる人間にもたらされる利益がなければ意味がない。したがって歴史修正主義は本質的に未来志向である。歴史が修正されることで、将来的に取り得る選択肢も正当化されるからだ。こうして過去は現在と未来に奉仕させられる。このため歴史修正主義は、歴史の政治利用の問題と常に結び付いている。（一六頁）

武井彩佳（たけいあやか）一九七一年生まれ。早稲田大学大学院文学研究科修了。学習院女子大学国際文化交流学部教授。専門はドイツ現代史・ユダヤ研究。著書に『戦後ドイツのユダヤ人』（白水社）や『〈和解〉のリアルポリティクス』（みすず書房）などがある。

「平安時代の庶民」はどのように暮らしていたのか？

『平安京の下級官人』

（講談社現代新書）

平安人と現代人の本質

一九四五年五月一〇日、原子爆弾の「標的委員会」がロスアラモス国立研究所で開かれた。この会議に科学者を代表して原爆の爆発高度を選定するという重要な立場で出席したのが、天才数学者ジョン・フォン・ノイマンである。空軍は目標として「皇居、横浜、新潟、京都、広島、小倉」を提案した。ノイマンは、戦後の占領統治を見通して皇居への投下に反対する一方、「一億総玉砕」を叫んでいた日本人の戦意を完全に喪失させることを最優先の目標として、「歴史的文化的価値が高いからこそ京都へ投下すべきだ」と主張した。

これに対して、標的委員長を務めたヘンリー・スチムソン陸軍長官が、「それでは戦後、ローマやアテネを破壊したのと同じ非難を世界中から浴びることになる」と強硬に反対し、京都は却下された。彼が新婚旅行で京都を訪れていたことも、反対の大きな要因だったといわれている（原爆投下から日本の降伏に至る詳細な経緯は、拙著『フォン・ノイマンの哲学』をご参照いただきたい）。

このエピソードで注目してほしいのは、スチムソンが京都を「ローマやアテネ」と同格に認識していたという事実である。彼は、ナチス・ドイツがパリを占領した直後にアメリカの参戦を促し、日米開戦直後には軍統制による日系人の強制収容という強硬な反日政策を実施した人物である。その彼が、京都の「歴史的文化的価値」だけは、別格として認めていたというわけである。

桓武《かんむ》天皇が七九四年（延暦一三年）に奈良の平城京から遷都して以来、平安京すなわち京都は一八六九年（明治二年）まで一〇〇〇年以上にわたり日本の首都だった。平安京は、隋・唐の長安を手本とした平城京を踏襲し、北の「大内理」から南に向かう朱雀大路を中心に都市全体が東西に左右対称の四角形になっている。街路は「碁盤の目」のように直交し、市外を走る鴨川と桂川から新鮮な食材を運び込んで「東市」と「西市」が開かれた。実に合理的に構築された人工都市である。その平安京の人々は、どのように暮らしていたのだろうか？

平安京遷都から鎌倉幕府が成立する一一八五年（文治元年）までの三九〇年に及ぶ「平安時代」は、世界史上でも稀な「平安」な時代といわれる。この時代には、外国勢力の侵略を想定する必要がほぼなく、王朝国家体制・摂関政治の成立により、庶民は過酷な兵役や租税に苦しめられなかったからである。

平安時代を扱う書籍には天皇や貴族を中心に書かれたものが多いが、本書は「下衆《げす》」と呼ばれた下級官人や、さらにその下の「下人」や「雑人《ぞうにん》」の生活に焦点を当てている。

本書で最も驚かされたのは、本書の著者・倉本一宏氏が、九世紀の『宇多天皇御記』から一一世紀の『春期』まで「古記録」すべてを読み込んで、庶民のエピソードを抜き出したという努力である。とくに興味深いのは、疫病・火災・風雨・洪水・地震・怪異の「恐怖」に立ち向かう平安人の姿勢である。突然降りかかってくる天変地異に右往左往する「平安人」の姿は、「現代人」と本質的に何ら変わりがない！

本書のハイライト

平安時代の人間は、我々現代人よりも劣った連中であり、現代人は彼らよりも進歩した人類であるというのは、きわめて思い上がった考えである。あの時代には科学技術が発展していなかっただけで、彼らはその中においては、きわめて冷静で論理的に生きていたのである。むしろ、これだけ科学技術が発展した社会に暮らしている現代人が、「占いランキング」や結婚式・葬式の日取りを気にしたりしている方が、よほど愚かなことと感じざるを得ない。そもそも、歴史が果てもなく「発展」し、人類がとめどなく進歩しているという発想自体が、笑止千万なのである。（二五七 - 二五八頁）

倉本一宏（くらもとかずひろ）一九五八年生まれ。東京大学大学院人文科学研究科修了。国際日本文化研究センター教授。専門は日本古代政治史・古記録学。著書に『蘇我氏』（中公新書）や『戦争の日本古代史』（講談社現代新書）などがある。

なぜ地球を研究すると「生命の起源」がわかるのか？

『地球の中身』（講談社ブルーバックス）

地球と生命の関係

地球の内部構造は「ゆで卵」に例えられる。卵の表面の薄い殻は「地殻」（厚さ六～三〇キロ）、白身は「マントル」（地表から二八九〇キロ）、黄身は「コア」（中心から三四八〇キロ）のイメージである。これまでに人類が掘削した最も深い穴は地表から一二キロで、地球の中心からわずか〇・二％にすぎない。あらゆる生命は、非常に薄い地表に貼り付いて存在しているわけで、改めて地球の巨大さに圧倒させられる。

地殻は、一四枚ほどの大規模「プレート」と呼ばれる岩盤で形成され、その直下で岩石やマグマが対流する「マントル」に移動させられている。大規模プレートは、数多くの小規模プレートに分かれ、互いに押し合っている。そのため、二枚のプレートが押し合った結果、片方のプレートがめくり上がり、その下のマントルが露出するケースがある。北海道の日高山脈が有名だが、このような場所では地表にいながらにして、地下深くのマントルの岩石「カンラン石」を得られる。

いわゆる「天然ダイヤモンド」は、地下一五〇キロの高圧下で形成された高密度の炭素の結晶が、マグマで地表に運ばれたものである。鉛筆の芯に使われる「黒鉛」も同じ炭素の同素体だが、こちらは炭素原子が層状の配列になっているので、紙の繊維で安易に剥がれる。しかし、黒鉛に五万〜一〇万気圧をかけると、層状だった炭素原子の配列が規則正しい立体へと「相転移」を起こし、ダイヤモンドに変化する。実際に「人工ダイヤモンド」は、この手法で作られている。

さて、「地球の中心に相当する超高圧・超高温の実験ができるのは、世界中でわれわれのグループだけです」と本書に記載されているように、本書の著者・廣瀬敬氏は二〇一〇年に実験室で三六四万気圧を超える超高圧実験に成功したことで知られる。この成果で、地球深部のどんな物質も実験室で合成できるようになった。

本書は、第一部で「地球は何でできているのか」「どんな活動をしているのか」、第二部で

「『生命の地球』はどうやってできたか」「どのように進化してきたのか」をわかりやすく解説している。実は、地球の内部を研究することによって、太陽系の他の惑星がどのように形成されたのかが見えてくるのである。

恒星周囲で惑星が形成される標準理論は、一九七〇年代から八〇年代にかけて京都大学の林《はやし》忠《ちゅう》四《し》郎《ろう》教授のグループが確立した「京都モデル」である。それによると、太陽系が形成された初期段階では、原始惑星同士が衝突と合体を繰り返す「ジャイアント・インパクト」が生じた。その最後の衝突で粉々になった破片が軌道上で結合したのが「月」である。原始地球の表面温度は一万度に達し、地表は「マグマ・オーシャン」と呼ばれるマグマの海に覆われた。

本書で最も驚かされたのは、マグマ・オーシャンこそが生命を生み出したという可能性の指摘である。マグマ・オーシャンが固まると、生命に必要不可欠なカリウム（K）・レアアース（REE：Rare-Earth Elements）・リン（P）の凝縮した「クリープ（KREEP）岩」が形成される。つまり、地球型生命は、クリープ岩が形成され、やがて侵食によって消滅するまでの「期間限定」でなければ誕生しなかったかもしれないのである！

本書のハイライト

地球型生物とは異なる種類のアミノ酸を利用する生物がいるかもしれません。わたしたち地球型生物は、自然界に約五〇〇種類存在するアミノ酸のうち、20種類だけを使っています。別の20種類のアミノ酸を使う生物がいてもいいし、使うアミノ酸の種類が少ない生物や多い生物がいてもいいはずです。そうした生物が火星（やほかの惑星）にいるかもしれません。（三〇六頁）

廣瀬敬（ひろせけい）一九六八年生まれ。東京大学大学院理学系研究科修了。東京工業大学地球生命研究所所長・東京大学大学院理学系研究科教授。専門は高圧地球科学・地球深部物質学。著書に『できたての地球』（岩波科学ライブラリー）や『地球を掘りすすむと何があるか』（ＫＡＷＡＤＥ夢新書）などがある。

なぜ報道が「深刻な危機」に陥っているのか？

『何が記者を殺すのか』（集英社新書）

「記者として殺される」！

二〇二二年五月三日、「国境なき記者団（ＲＳＦ：Reporters Without Borders)」が「報道の自由度」に関する国際ランキングを発表した。「政治・法律・経済・社会文化・安全性」の五つの指標から、各国でいかに自由に報道がなされているかを一〇〇点満点で評価する。一位ノルウェー（九二・六五）、二位デンマーク（九〇・二七）、三位スウェーデン（八八・八四）と最上位を北欧諸国が占めている。

ドイツ（八二・〇四）一六位、イギリス（七八・七一）二四位、フランス（七八・五三）二六位とヨーロッパ諸国が続く。アメリカ合衆国（七二・七四）四二位、韓国（七二・一一）四三位、多民族の内紛の絶えないボスニア・ヘルツェゴビナ（六五・六四）が六七位である。日本（六四・三七）は七一位、僅差でキルギスタン（六四・二五）の七二位が続く。ちなみに、キルギスタンは、今も「誘拐婚」の風習があるイスラム教徒の国である。

戦争中のウクライナ（五五・七六）一〇六位とロシア（三八・八二）一五五位、中国（二五・一七）一七五位、最下位が北朝鮮（一三・九二）の一八〇位になっている。残念ながら、七一位の日本の「報道の自由度」はG7で最低であり、イスラム諸国や独裁諸国の評価と肩を並べている。その主要な原因として、政治的な圧力と大企業の影響による報道機関の「自己検閲」が挙げられている。要するに、ジャーナリズムが日本政府や企業に「忖度」して、自主的に報道を控えているために、順位が大きく下がっているわけである。

さて、本書の著者・斉加尚代氏は、彼女が制作した四つのドキュメンタリー番組、すなわち二〇一五年の『なぜペンをとるのか：沖縄の新聞記者たち』、二〇一七年の『沖縄 さまよう木霊：基地反対運動の素顔』と『教育と愛国：教科書でいま何が起きているのか』、二〇一八年の『バッシング：その発信源の背後に何が』の舞台裏を解説している。これら四つの作品は「新聞」・「放送」・「出版」・「メディア」の深層に踏み込むものであり、どれも当事者への直撃インタビューを中心に構成されている。

ドキュメンタリー番組が最大の効果を発揮するのは「インタビュー」だと常々私は考えている。鋭いインタビューを受ける当事者は、言語メッセージに加えて、口調、目や手指の動き、上半身の揺れ、全身の挙動のような非言語メッセージを視聴者に伝える。そこで視聴者は「嘘」を見抜き、その人の「誠実さ」を測ることができる。

二〇一七年三月二三日、森友学園の籠池泰典氏が「安倍昭恵氏から『安倍晋三からです』と封筒に入った一〇〇万円を受け取った」と国会で証言した。野党は昭恵氏の証人喚問を要求したが拒否された。そこで何よりも情けなかったのが、日本のジャーナリストが誰一人として彼女に突撃取材しなかったことだ。昭恵氏が酔っ払って歌手とキスした暴露記事は出ても、彼女に直接、籠池証言をインタビューした記事はない。取材すると「殺される」から怖いのだろうか？

本書で最も驚かされたのは、ネットで政府の政策に賛同し、批判勢力をバッシングする匿名アカウントの発信元が民間企業で、その企業に自民党関連会社から資金が流れていたことが明らかにされたという事実である。現在の日本のジャーナリストには、「勇気」が求められている！

本書のハイライト

三〇年前、リベラルな論調を掲げていた記者やディレクターたちは、横柄に感じるほど自信に満ちて大きな顔をしていました。ですが、どうも最近はさまざまな「圧力」に晒されて、支持率の高い政治家らを追及する取材がやりにくくなっているらしいのです。命は取られなくとも「記者として殺される」、そんな物騒な言葉も耳にしました。その現場はデマやヘイトとも隣り合わせです。これらをもたらす要因は何なのか。戦後七五年以上が経過し、人びとが希求した「民主主義」という仕組みにいくつも穴が開けられ、その壁が少しずつ崩れかけているのではないでしょうか。（七‐八頁）

斉加尚代（さいかひさよ）一九六五年生まれ。早稲田大学文学部卒業。毎日放送ドキュメンタリー担当ディレクター・報道記者。映画に『教育と愛国：教科書でいま何が起きているのか』、著書に『教育と愛国』（岩波書店）がある。

どうすれば「ペアレントクラシー」を打破できるか？

『ペアレントクラシー』（朝日新書）

「親ガチャ」社会の教育現場

一九九六年一〇月二〇日、「中選挙区制」に代わって「小選挙区比例代表並立制」による衆議院選挙が初めて実施された。それ以降の総理大臣は、橋本龍太郎→小渕恵三→森喜朗→小泉純一郎→安倍晋三→福田康夫→麻生太郎→鳩山由紀夫→菅直人→野田佳彦→安倍晋三→菅義偉→岸田文雄と引き継がれてきた。

この一二人の中で二世や三世でない政治家は菅直人・野田佳彦・菅義偉の三人だけである。つまり、「小選挙区比例代表並立制」が始まって以来の二六年間、日本の総理大臣のうち九人、つまり七五％は「世襲」政治家だったというわけである！

二〇一八年の第二次安倍内閣では「世襲」の閣僚が六割を超えて大きな話題になった。現在も国会議員の三割が「世襲」であり、地方議員でもその割合は増え続けている。まるで大名時代のように、殿様が引退すれば子が地盤を引き継ぎ、その親子を支える家臣の利権も、家臣の子に引き継がれる。小選挙区では一人しか当選しないため、地盤を引き継ぐ候補者が圧倒的に有利である。

そもそも立候補するためには、世界一高い供託金（小選挙区三〇〇万円・比例区六〇〇万円）を準備しなければならない。たとえ真摯に世の中を改善したいと願う高邁な人材がいても、立候補そのものが困難なのが日本の現状である。逆に、有力議員の子だというだけで、信じ難いほど無能で無教養、あるいは倫理観の完全に欠如した人物が、堂々と議員や大臣になってしまっている。

さて、現在の日本では、政治家に限らず、芸能人や音楽家やスポーツ選手をはじめ、あらゆる分野で「二世化」が進行している。彼らは生まれながらにして、一世の知識と技能、モチベーションの高さと経済的豊かさ、人間関係とネットワークを引き継ぎ「サラブレッド化」される。その結果、とくに教育の世界で多様な「格差」が広がっているというのが、本書の著者・志水宏吉氏の重要な指摘である。

「アリストクラシー（貴族支配）」から「メリトクラシー（業績支配）」を経て、「ペアレントクラシー（親支配）」時代に突入したというわけである。

教育現場では、「一人一人が等しく大事にされている」ことを示す「公正（equity）」と「一人一人の力を向上させることができている」ことを示す「卓越性（excellence）」の二つの概念が競合している。子どもの学力を考える際、「公正」から「格差是正」、「卓越性」から「水準向上」が具体的に望まれる。

本書で最も驚かされたのは、教育において第一に重要なのは「公正」であり、その後に「卓越性」が追求されるべきであり、「公正無視の卓越性は危険きわまりない」と志水氏が現状を批判している点である。

子どもたちの「卓越性」は、単に学力に限らず、スポーツや音楽や芸術、外国語やコミュニケーション能力、手先が器用とか発想がおもしろいなど、多元的に測られなければならない。たしかに、もし個性を尊重する「公正」が満たされて、多元的な「卓越性」も伸ばせたら、「ペアレントクラシー」を打破できるかもしれない！

本書のハイライト

ペアレントクラシーのなかで、恵まれた社会層のなかには、子どものために必要な教育を自由に選択・購入しようとする人々がいる。彼らにとっては、その中身が公教育（学校）であるか、私教育（塾や習い事）であるかは、いわば二の次である。子供のためになるなら、どちらでもいいのだ。その結果として、公教育の内実が掘り崩されていくという現状が生じつつある。言葉を変えるなら、卓越性追求のために、公教育が大切にしてきた公正の原理がないがしろにされ、その中身が侵食されはじめているのである。（二三七‐二三八頁）

志水宏吉（しみずこうきち）一九五九年生まれ。東京大学大学院教育学研究科修了。大阪大学大学院人間科学研究科教授。専門は学校臨床学・教育社会学。著書に『学力を育てる』（岩波新書）や『公立学校の底力』（ちくま新書）などがある。

江戸時代の「お白洲」とは何だったのか？

『お白洲から見る江戸時代』
（ＮＨＫ出版新書）

「身分」を可視化する不思議な空間

江戸時代中期、江戸城の南側のお濠《ほり》には数多くの鴨が浮かび、「鴨ヶ淵」と呼ばれていた。ある商店の丁稚《でっち》の少年が悪戯心を起こしてお濠に小石を投げてみたところ、一羽に命中し、その鴨は死んでしまった。この様子を見ていた役人が慌てて少年を取り押さえ、商店の主人と共に南町奉行所に突き出した。

江戸城周辺の鴨は徳川将軍家の所有物とみなされ、それに危害を加える者は「将軍家に弓を引くも同然厳罰に処す」と定められている。ところが、南町奉行の大岡《おおおか》越前守《えちぜんのかみ》忠相《ただすけ》は、偶然殺してしまった鴨一羽のために少年の首を刎《は》ねるのは、あまりに不憫《ふびん》だと考えた。そこで彼は、次のような芝居を打った。

大岡は、すでに死んでいる鴨の腹の下に手を入れ、「まだ温かい。死んではおらぬようだ。早急に安針町《あんじんちょう》で治療を受けさせよ」と商店の主人に命じた。安針町といえば、鳥などを扱う問屋街である。大岡の意図を汲み取った主人は、安針町で大きさも毛並みも同じような鴨を購入した。そして翌日、「鴨が生き返りました」と申し出た。大岡は、「被害は消失」として少年を無罪放免にした。

これが、「お白州」を舞台としたいわゆる「大岡裁き」である。どこまで史実なのかは別として、伝説上の大岡は庶民の味方であり、法を杓子定規《しゃくしじょうぎ》に適用するのではなく、温情ある判決を下して慕われる。この「大岡裁き」が、庶民のために巨悪を倒す痛快な「遠山金四郎」や「水戸黄門」のように映画化やドラマ化されていったわけである。しかし、実際の江戸時代のお白洲では何が起きていたのだろうか？

現実のお白洲は、奉行の座る「座敷」の下に薄縁畳の「上縁」と板敷の「下縁」があり、地面には「砂利」が敷き詰められていた。百姓や町人は砂利の上、武士や僧侶は上縁か下縁に配置されるが、「お裁き」以前に、その身分に応じた座席位置を決めることが非常に重要な作業だった。その理由を本書の著者・尾脇秀和氏が詳細に分析しているが、要するに「身分」に応じて差別を可視化し、「治者と被治者が公式に対面する特別な場」が「お白洲」なのである。

本書で最も驚かされたのは、「お白洲」において正月一七日の御用始《ごようはじめ》では、前年度に善行や孝行を行った「奇特者」に褒詞《ほうし》や銀包みなどの褒美を下賜する「白洲始」という儀式が行われたということである。当時の「御白洲へ親子召さるる有難さ」という川柳には、孝行者が親同伴で褒賞される喜びが表現されている。つまり、「お白洲」は、人を裁くだけではなく、人を褒めるための「特別な場」でもあったわけである。

そもそも江戸時代の人々の人生観は、各々が自分の「身分」の役割に徹して「分相応」に生きることだった。そこで、治者である「公儀《こうぎ》」は、被治者である「庶民」に「御慈悲」を施して、その身分の中で秀でた者は褒賞し、身分をわきまえない者は罰する。

当時の「訴訟」とは、現在の裁判所における検察官と弁護士の論争などとは本質的に異なり、あくまで「下々の者」が「お上」の「御威光」によって紛争の解決を願い出ることだった。江戸時代の人々が「身分」の上下関係を徹底的に可視化することによって、「理性」というよりも「情」で相互に納得し合った不思議な空間が「お白洲」だったのである！

本書のハイライト

本書で述べた「身分」や「訴訟」は現代語としても存在する。だが近代以降と異なる社会構造を持つ江戸時代においては、その意味は大きく異なっていた。これらの語を現代の言葉や価値観、現代語の辞書、あるいは受け売りのイメージに基づいて解釈すれば、当時の実態とはかけ離れた姿が見えてしまう。こうした語は史料を通じて、当時如何なる意味で使用されていたのか。そこを実証的に分析することが重要なのである。（三二六頁）

尾脇秀和（おわきひでかず）一九八三年生まれ。佛教大学大学院文学研究科修了。神戸大学経済経営研究所研究員。専門は日本近世史・身分格式論。著書に『壱人両名』（ＮＨＫブックス）や『氏名の誕生』（ちくま新書）などがある。

どうすれば「絶滅危惧種」を救えるのか？

『絶滅危惧種はそこにいる』（角川新書）

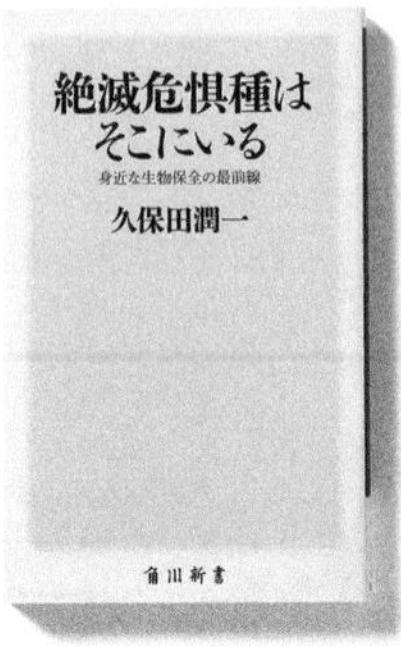

身近にいる「絶滅危惧種」

一九九七年、「身近な自然を守ること」を目標に「NPO birth」が設立された。このNPOが「ミッション」として掲げる「自然と人間のよりよい関係」とは、「より多くの人々と、身近に自然があることの大切さ、喜びを共感し、自然や生態系を守るための知識や技術を学び、ともに行動する」ことである。

「NPO birth」は、拠点とする全国の公園緑地で、次の七つの「公園力」を高めるために活動している。「自然を守り・育てる：失われた自然や生態系を取り戻し、未来のために守り抜く」「教育・遊びを子どもたちに：自然や生きものについて学び、自ら自然を守れる人間に育てる」「健康とレクリエーションを：地域住民の健康的生活や楽しみの場を提供する」「文化・芸術を発信する：さまざまなテーマのイベントを通じ、文化の継承と交流を図る」「コミュニティに絆を：イベントやボランティアの育成・支援を通じて、絆を紡ぐ」「まちへの経済効果：公園緑地の魅力を高め、魅力的なまちづくりに貢献する」「都市の防災をサポート：災害時の避難場所として、また復興活動の拠点に」……。

これら七つの「公園力」を一つ一つ考えてみると、改めて都市における公園の重要性に気付かされる。私も、渋谷にある大学からの帰り道に、広尾の「有栖川宮記念公園」や目黒の「国立科学博物館附属自然教育園」や浜松町の「浜離宮恩賜庭園」を散策することがあるが、東京の中心とは思えない豊かな自然を楽しむことができる。まさに公園は「都会のオアシス」といえる。

さて、本書の著者・久保田潤一氏が北海道から沖縄まで全国六〇か所以上の公園で精力的に取り組んできたのが、池の水を抜いて生態系を取り戻す「かいぼり」と呼ばれる作業である。オオクチバス・ゲンゴロウブナ・アメリカザリガニ・ウシガエルのような繁殖しすぎた生物を駆除して池を浄化し、日光が水中に届くように水質を改善する。水草が復活するとトウキョウサンショウウオ・ゲンゴロウ・ニホンアマガエル・カイツブリといった「絶滅危惧種」が戻ってくる。

本書で最も驚かされたのは、日本各地の池に生息する「錦鯉」をはじめとする「鯉」の大多数が外来種であり、池の生態系に多大な迷惑を及ぼしていることである。そもそも鯉は雑食性で、水草や貝類や水生昆虫を大量に食べてしまう。さらに頭の下側にある大口で池の底泥を巻き上げながら餌を探す習性があるため、沈殿している窒素やリンを水中に広げ、それらを好む植物プランクトンが増殖する。だから、鯉が多い池の水は濁り、水草が絶滅してしまうのである。

日本人は端午の節句に「鯉の滝登り」にちなんだ「こいのぼり」を飾り、「鯉こく」や「鯉のあらい」を食し、鯉を池や川や湖に放流して餌を与え増殖させてきた。それが生態系の未来に何をもたらすのか、考え直してほしい！

本書のハイライト

池の水を抜いてかいぼりしているとき、トウキョウサンショウウオの産卵場所を掘っているとき、草地を広げているとき、僕はたいてい、妄想している。数十年後に僕がこの世を去っても、これらの場所で生き物たちが生き生きと暮らし、命をつないでいる様子を。数十年後の子どもたちが、そこで生き物と触れ合っているシーンを。今、そんな仕事をしているんだ、そう思うと、顔がニヤけてしまう。夢見ているのは、都会の中にも当たり前に質の高い自然があって、そこに鳥や獣が暮らし、子どもたちが虫採りをしている社会。すべての絶滅危惧種の数が増え、普通種になった世界。途方もなさすぎて永久に実現不可能かもしれないが、夢想することはやめられそうにない。（二七五頁）

久保田潤一（くぼたじゅんいち）一九七八年生まれ。茨城大学理学部卒業。特定非営利活動法人「NPO birth」自然環境マネジメント部部長。専門は生物多様性保全・環境保全。数多くの専門論文を発表している。

なぜ「国籍」が必要なのか？

『無国籍と複数国籍』（光文社新書）

「無国籍」と「多重国籍」

「国籍」と聞いて想い起こすのは、天才物理学者アルベルト・アインシュタインの人生である。彼の両親はドイツに移民したユダヤ人であり、息子アインシュタインは「ドイツ国籍」として誕生している。ところが一八九五年、一六歳のアインシュタインは、日本の中高一貫校に相当するギムナジウムの軍国主義的な教育を嫌って退学する。さらにドイツ軍の兵役を逃れるため、彼は一八九六年にドイツ国籍を放棄し、スイスのチューリッヒ工科大学に進学する。

大学時代のアインシュタインは「無国籍」のままだったが、卒業後の一九〇一年に「スイス国籍」を取得できた。その後、彼はスイスの特許局に勤務しながら、相対性理論をはじめとする天才的な論文を立て続けに発表する。彼の才能を見抜いたドイツ科学界の大御所マックス・プランクは、彼をベルリン大学教授として迎え入れた。愛国者プランクは、ドイツからの頭脳流出を恐れたのである。

ところが、ナチスの反ユダヤ政策が始まるとアインシュタインは命の危険に晒されるようになり、一九三二年、アメリカ合衆国に移住した。一九四〇年、アインシュタインは「アメリカ国籍」を取得したが、一九五五年に逝去するまで「スイス国籍」も毎年更新して「二重国籍」を保持し続けた。「世界政府」樹立を熱望していたアインシュタインは、一つの国籍に縛られたくなかったのである。

さて、一九七二年に日本は中華民国（台湾）との国交を断絶し、中華人民共和国（中国）との国交を正常化した。日本政府が認めていた五万人余りの中華民国人のパスポートは無効となり、運転免許証などの身分証の「国籍」欄には「無国籍」と記載されるようになった。横浜中華街で生まれ育った本書の著者・陳天璽氏の身分証も、日本国籍を取得するまでは「無国籍」と記載されたままだった。

日本の「国籍法」第一一条に「日本国民は、自己の志望によって外国の国籍を取得したときは、日本の国籍を失う」とある。ノーベル賞を受賞した真鍋淑郎氏・南部陽一郎氏・中村修二氏はアメリカ人であり、カズオ・イシグロ氏はイギリス人である。にもかかわらず「日本人として大変誇らしい」という首相のコメントを「ダブルスタンダード」だと陳氏は厳しく指摘する。本書には、日本人女性がカナダの大学教授であるフィリピン人男性と結婚して子どもが「三重国籍」を持つケースなど、多種多様な「無国籍」と「多重国籍」の実例が紹介されている。とくに国籍に関する訴訟問題は複雑極まりない。

本書で最も驚かされたのは、国連の採用試験に応募した陳氏がニューヨークの国連本部で実施された面接で「無国籍では採用できないので、日本国籍を取得してから再度応募してください」と言われたということである。世界各地に点在する一〇〇〇万人以上といわれる「無国籍」者を保護し支援している国連でさえ、そこに就職するためには「国籍」が必要だというわけである！

本書のハイライト

国籍について研究をしてから、かれこれ四半世紀が過ぎた。正直いって、はっきりとした答えはまだ見つかっていない。しかし、分かったことは、個人を一つの国籍で規定しようとする現行の制度には無理があるということだ。だが、現代日本に暮らす人々の多くは依然として「国籍唯一の原則」を信じ、国籍でその人を「○○人」と認識、規定しようとする。さまざまな等身大の人々の経験を通し、もはや、それでは説明がつかないこと、また、そうした既成概念によって多くの人が苦悩、迷惑していることを、一人でも多くの人に知ってもらいたいと思い、この本にまとめた。（三〇三 - 三〇四頁）

陳天璽（ちんてんじ）一九七一年生まれ。筑波大学大学院国際政治経済学研究科修了。早稲田大学国際教養学部教授。専門は国際関係論・文化人類学。著書に『無国籍』（新潮文庫）や『忘れられた人々』（明石書店）などがある。

「大絶滅」が現在も進行しているのか？

『大絶滅は、また起きるのか？』
（岩波ジュニア新書）

人類が引き起こす「大絶滅」

約四六億年前に「地球」が形成された。約四〇億年前に最初の「生命」が誕生し、約一二億年前に最初の「多細胞生物」が出現した。現在の地球上に生息する生物種は約一〇億～六〇億と見積もられ、その数値は過去の地球上に現れた全生物種の一％と推定されている。つまり、これまで地球上に約一〇〇〇億～六〇〇〇億の生物種が誕生し、その九九％が絶滅したとみなされているのである。

生物種の絶滅と新たな種の誕生は常に繰り返されているが、古生物学においては、「絶滅率」（単位時間あたりに絶滅する生物種数）が「種分化率」（単位時間あたりに種分化により誕生する生物種数）を遥かに上回るケースを「大絶滅」と呼ぶ。多細胞生物が出現して以来、これまでに五回の「大絶滅」が生じたことが地質調査や気候変動モデルの分析などから明らかにされている。

一回目の約四億四四〇〇万年前（古生代オルドビス紀末）には、地球寒冷化により全生物種の約八五％が絶滅した。二回目の約三億七五〇〇万年前（古生代デボン紀末）には約八〇％、三回目の約二億五二〇〇万年前（古生代ペルム紀末）には約九〇％、四回目の約二億年前（中生代三畳紀末）には約七〇％、五回目の約六五〇〇万年前（中生代白亜紀末）には約六〇％が絶滅している。この五回目の大絶滅は、小惑星の衝突による大規模気候変動が原因で、恐竜やアンモナイトが絶滅した。

さて、約一万五〇〇〇年前（更新世末期）にも、多くの「メガファウナ（巨大哺乳類）」が絶滅している。この時代までは、立ち上がると体長六メートルになる「オオナマケモノ」、二〇センチの長い牙を持つ「サーベルタイガー」、三メートルを超える巨大な角を持つ「ギガンテウスオオツノジカ」などが存在していた。

本書の著者・高橋瑞樹氏によれば、ここで重要なのは、その絶滅の原因に、それまでのような大規模気候変動からの影響ばかりでなく、人類の狩猟活動による生態系への影響が含まれている点である。

アメリカ大陸の地層を調べてみると、人類がマンモス狩りに用いたクローヴィス石器が発見される時代以降の層では、マンモスの出土数が激減していく。フランスのショーヴェ洞窟には、さまざまな動物の壁画が描かれているが、その大部分は現在の地球上に存在しない絶滅種である。

二〇二〇年の段階で、地球上のコンクリートやプラスチックや金属加工品といった「人工物」の総重量が一兆トンを超え、「生物」の総重量を上回ったという。これは、二〇世紀初頭には「生物」の三％に満たなかった「人工物」が、指数関数的に増加した結果である。二〇四〇年の「人工物」は、さらに現在の約二倍になると予測されている。要するに、地球上が「人工物」で埋め尽くされていくわけである。

本書で最も驚かされたのは、現在の地球上で「毎日一五〇種の生物が絶滅している」という国連生物多様性条約事務局の推定である。つまり、実は六度目の大絶滅が現在進行中であり、その原因は「自然」による淘汰ではなく、「人工物」で地球上を埋め尽くし、戦争や環境汚染によって地球を破壊し続ける全生物種の中のたった一種の生物、すなわち「人類」にあるというわけである！

本書のハイライト

大絶滅は、自然界の生きものだけでなく私たち人間の生活にも悪影響を与えます。なぜなら人間も地球上の生きものたちの一員として、他の多くの生きものがつくる「生きものの輪」に支えられながら生きているからです。私たちは食べ物をはじめ、生活に必要な多くのものを自然界から得て生活しています。現在進行中の大絶滅は、人間の未来を考えるうえでも避けては通れない、解決しなければならない課題なのです。（ⅳ頁）

高橋瑞樹（たかはしみずき）一九七三年生まれ。メンフィス大学大学院生物科学研究科修了。バックネル大学生物学部准教授。専門は保全生態学・動物行動学。数多くの専門論文を発表している。

「人類」はどこから来たのか？

『人類の起源』（中公新書）

古代DNA解析のインパクト

二〇〇一年七月、北アフリカのチャド共和国で「サヘラントロプス・チャデンシス」と名付けられた最古の人類の化石が発見された。その頭蓋骨の主は、身長約一三〇センチメートル・体重約三五キログラムの男性と推定され、ほとんどチンパンジーと変わらない。ただし、脊椎が通る「大後頭孔」が頭蓋骨の下方にあるため直立二足歩行していたと推定される。約七〇〇万年前に、チンパンジーから分岐した最初の人類である。

その後、約四二〇万年～二〇〇万年前に「アウストラロピテクス」などの「猿人」、約二〇〇万年～二〇万年前に「ホモ・エレクトス」などの「原人」が出現する。中国で発見された約七〇万年～四〇万年前の「北京原人」やインドネシアで発見された約一六〇万年～二五万年前の「ジャワ原人」の化石も、古人骨のＤＮＡ解析から同じ「ホモ・エレクトス」のグループに属するものと分類されている。

約六〇万年〜四〇万年前に「ホモ・ハイデルベルゲンシス」や約三〇万年〜四万年前に「ホモ・ネアンデルタレンシス」などの「旧人」が出現する。約六〇万年前にホモ・ネアンデルタレンシスとの共通祖先から分岐したと推定されるのが「ホモ・サピエンス」、すなわち「新人」である。両者は数十万年にわたって共存し、しかも交雑していたという。その後、ホモ・ネアンデルタレンシスは絶滅し、我々の祖先ホモ・サピエンスだけが生き残ったのである。

ところが、中国人だけはホモ・サピエンスより遥かに古い北京原人の直系子孫だという説がある。この説は、中国人こそが「世界で最古の特別な民族」だという「国威発揚」にも利用されているらしい。一九九七年、この説を立証しようとした復旦大学のチン・リー教授は、中国・アジア圏の一六二の民族から一万二〇〇〇人以上のサンプルを集めてＤＮＡ解析を行った。ところが、北京原人の直系子孫は一人も存在せず、逆に全員が同じホモ・サピエンスの子孫であることが証明されてしまった。リー教授は、「人類全員が親戚だとわかり喜ばしいことだ」と述べている。自分の仮説が覆っても事実を認める科学者らしい態度である。

さて、卵子から受け継がれるミトコンドリアには、独自のＤＮＡが存在する。ミトコンドリアは精子の影響を受けないので、そのＤＮＡを調べていけば、母親・祖母・祖母の母親のように、女系先祖を遡ることができる。多くのＤＮＡ調査の結果、現生人類はアフリカの「ミトコンドリア・イブ」を共通祖先に持つことがわかっている。七万年〜六万年前、数百人単位の集団がアフリカを旅立ち、アジアやヨーロッパに到達した。それが我々の祖先である。

本書で最も驚かされたのは、二〇二一年、ホモ・サピエンスのＤＮＡの一部をホモ・ネアンデルタレンシスのものに置き換えたｉＰＳ細胞から、脳皮質に似た組織を作り上げる実験が行われたことである。本書の著者・篠田謙一氏が、その詳細を明快に解説しているが、最先端のＤＮＡ解析から「人類の起源」に迫る展開は実にスリリングである！

本書のハイライト

一九世紀以降、生命科学の研究は、それまで宗教や人文社会科学の領域だと考えられていた分野に進出するようになりました。ダーウィンの進化論によって「神」の存在を前提とせずに生物の多様性を説明できるようになり、脳科学の進歩によって心の理解にも大きな進展がありました。そうして生命科学は、ヒトに関わる既存の学問、特に人文科学の分野に大きな影響を与えてきました。一般にはまだそれほど認識はされていないかもしれませんが、近年の古代ＤＮＡの研究は、同じくらい大きなインパクトを考古学や歴史学、言語学の分野に与えており、さらには「人間とは何か」という巨大な問いにも新たな答えをもたらそうとしているのです。（iv - v頁）

篠田謙一（しのだけんいち）一九五五年生まれ。京都大学理学部卒業。国立科学博物館館長。専門は人類学・分子人類学。著書に『日本人になった祖先たち』（ＮＨＫブックス）や『ＤＮＡで語る　日本人起源論』（岩波書店）などがある。

日本の「歴史学」はどこに向かうのか？

『歴史学者という病』（講談社現代新書）

「科学としての歴史学」

一九七〇年八月九日、六八歳の評論家・小林秀雄が「文学の雑感」という講演の質疑応答で「歴史を見る態度」を問われ、次のように答えている。

第一に小林は、歴史といえば過去を研究することだという常識を覆して、「過去を現在に生き返らせるのが本当の歴史家」だと主張する〈逆説〉。

第二に、「うまく過去を甦らせる」ことのできる「本当の歴史家」と、「あったんだという知識を書いただけ」で、実は「歴史を知らない歴史家」が対比させられる〈二分法〉。

第三に、「古いも新しいもありゃしないんです。みんな、君です、君の知識です。そしてそれを生き返らせるのは君の自力です、君の能力です。人に聞かしてもらうことはできない。

だから歴史は常に主観的です。主観的でなければ客観的にならんのです」と語る〈論点飛躍〉。第四に、歴史の「証拠がみたい」からといって「やたら掘り返して」その結果を論文に書き「そうすると博士になれるんだ」という「考古学者」への皮肉が表明される〈反権威主義〉。ここに挙げた〈逆説〉〈二分法〉〈論点飛躍〉〈反権威主義〉が絶妙に組み合わされた総体が、小林の一般的な論法である。

彼の作品には、「美しい『花』がある、『花』の美しさという様なものはない」という〈逆説〉や、「本物と贋物」「一流と二流」「名人と凡人」のような〈二分法〉が頻出する。そこから飛躍して権威を笑う論法は、読者に気持ちよく響く一面もあるが、実は重要な論証の過程が切り捨てられているため、極端な結論に誘導される可能性に注意が必要である（小林の論法については拙著『小林秀雄の哲学』をご参照いただきたい）。

「生涯一書生」を貫いた作家・吉川英治が文化勲章を辞退しようとした際、小林が説得して受章に至った逸話は、よく知られている。『親鸞』『宮本武蔵』『上杉謙信』『新書太閤記』『私本太平記』などで「うまく過去を甦らせる」ことのできた吉川は、小林にとっては「本当の歴史家」だったのである。

さて、明治維新から第二次世界大戦中に至るまで「国威発揚」のために適用された「皇国史観」、その反動として戦後に流行した「マルクス主義史観」を経て、現在の歴史学の主流は「実証主義」である。小林のように「人間の内面に立ち入って」歴史を蘇らせる論法や、吉川の書く「物語の歴史」は、歴史学ではない。

本書の著者・本郷和人氏によれば、「一級資料を精読して帰納的に考えていく手法」こそが「科学としての歴史学」なのである。とはいえ、その方法論には学者間で見解の相違があり、さまざまな論争や喧嘩の様子が本書に赤裸々に描かれている。

本書で最も驚かされたのは、本郷氏の上司に当たる史料編纂所の所長が奥様の恵子氏だということである。本郷氏は東大の駒場時代のゼミで一緒になった超優秀な恵子氏に「参った」そうで、日本中世史を専攻したのも、史料編纂所に入所したのも、恵子氏の影響からだという。二四歳の大学院時代に「突如ダイヤモンドの指輪を購入」して結婚を申し込むが「撃沈」。数年後に再度申し込んで、ようやく受諾され、三〇歳で結婚した。要するに、歴史学者としての本郷氏に必要不可欠な現実は、実は奥様だったというわけである！

本書のハイライト

これから私は、私なりの視点で「歴史学とは何か」「歴史学者とは何か」ということについて筆を進めていくが、この世に生をうけ、歴史学者として生きてきた自らの60年間の半生を、かなりきわどい部分まで、あえてさらけ出すことで、その正体と実像に迫っていこうと思う。戦後から続く、わが国の歴史学の大きな流れを描くためには、歴史学者の端くれである私を狂言回しとするのが、もっとも効果的でわかりやすい方法だと考えたからだ。（八頁）

本郷和人（ほんごうかずと）一九六〇年生まれ。東京大学大学院人文科学研究科修了。同大学史料編纂所教授。専門は日本中世政治史・古文書学。著書に『中世朝廷訴訟の研究』（東京大学出版会）や『戦国武将の明暗』（新潮新書）などがある。

なぜ「宇宙」は存在するのか？

『なぜ宇宙は存在するのか』
（講談社ブルーバックス）

その問いに答えはない！

幼い頃に考えを巡らせた「なぜ宇宙は存在するのか？」という茫《ぼう》漠《ばく》たる謎、そして思春期の頃に抱いた「なぜ自分は存在するのか？」という疑問が、その後の私を学問の世界に導いた。類似した体験をされた読者も多いのではないかと思う。

ただし「なぜ宇宙は存在するのか？」という究極の問題についてだけは、永遠に解答が見つからないに違いないと感じている。たとえ超高度に進化して時空やブラックホールを自在に操るほどの力を持つ知的生命体が存在するとしても、この問題だけには答えられないだろう。なぜなら彼らも我々と同じように、この宇宙の内部に存在するという「論理的な限界」

に縛られているからである。この直観は、論理学を研究した結果、到達した私なりの結論である（この結論については、拙著『理性の限界』をご参照いただきたい）。

もちろん「この宇宙が存在するのは神（創造主）が創造したからだ」という月並みな答えもあるが、それが安易な「疑似解答」にすぎないことは明らかだろう。というのは、即座に「それでは、その神（創造主）はなぜ存在するのか」という新たな疑問が生じるからである。これでは論点を先送りしたにすぎない。それでもこの答えで満足して幸福な人生を歩む人もいるかもしれないが、フランスの哲学者アルヴェール・カミュによれば「妄信」で救われる人は「哲学的自殺者」である。

さて、本書の著者・野村泰紀氏は、「なぜ（Why）宇宙は存在するのか？」という問いに対しては、本書のどこにも答えていない。そもそもこの種のタイトルは哲学書や宗教書のコーナーでは散見されるが、科学書では見た記憶がない。

もしかすると『相対論的宇宙論』や『クォーク』などの「正統派科学書」だけを出版していた頃の講談社ブルーバックスであれば、編集部で却下されたタイトルではないだろうか。

とはいえ、「どのように（How）宇宙は存在するのか」という意味では、本書はこれまでに私が読破してきた類似書の中でも、最も情報量が多く明快に解説された名著の一冊といえる。
ダークマター、ダークエネルギー、ビッグバン、ウィンプ、アクシオン、インフレーション理論、ペンローズ図、超弦理論、余剰次元、人間原理、マルチバースなど、現代宇宙論を理解するために必要不可欠な言葉も詳細に解説され、最新の宇宙論の成果が実によくわかる。本書のサブタイトル「はじめての現代宇宙論」としては、優れた作品である。

本書で最も驚かされたのは、観測された真空のエネルギーすなわち「ダークエネルギー」の数値を正確に説明できる「ほぼ唯一の理論」が「マルチバース理論」であり、それが我々の宇宙では「負の曲率」を持つと予測しているという点である。つまり「宇宙は一つではない」という「マルチバース理論」は、「机上の空論」ではなく、観測によって真偽が左右されるわけである。

今後数十年で宇宙の曲率の測定精度はアップし、現状よりも〇・〇一度の高精度が得られるという。もし「正の曲率」が発見されれば「マルチバース理論」は反証される。要するに、この理論は観測によって反証可能な「科学理論」なのである！

本書のハイライト

マルチバース理論は、私たちが全宇宙と思っていたものが、無数の泡宇宙の中のたった一つにすぎないと教えてくれます。これは、たとえば私が（あなたも）祖先から子孫へと延々と続く流れの中に存在するたった一人の人間にすぎないようなものです。タンパク質のような小さな分子も、太陽のような恒星も、生まれては消えていきます。そして、宇宙もまたそうであるようなのです。（二五〇頁）

野村泰紀（のむらやすのり）一九七四年生まれ。東京大学大学院理学系研究科修了。カリフォルニア大学バークレー理論物理学センター長・東京大学カブリ数物連携宇宙研究機構主任研究員。専門は素粒子論・宇宙論。著書に『Quantum Physics, Mini Black Holes and the Multiverse』（Springer）や『マルチバース宇宙論』（星海社新書）などがある。

なぜ日本の中絶問題に「オカルト」が潜むのか？

『日本の中絶』（ちくま新書）

「丙午《ひのえうま》」と「水子供養」の迷信

昭和四一年（一九六六年）、日本人の出生数は一三六万九七四人と前年から大幅に減少した。昭和四〇年から四六万二七二三人、つまり二五％以上も減少したのである。翌年の昭和四二年には五七万人以上増加して、昭和四〇年を上回っている。

日本人の出生数グラフを見ると、昭和四一年だけ急降下して、その後はＶ字型に再上昇したことが明らかに読み取れるのだが、なぜこんな不可解な現象が生じたのだろうか？

昭和四一年といえば、六月にビートルズが来日して大騒ぎになった平和な年である。戦争中ではないし、大規模自然災害があったわけでもない。

　実はこの大幅な出生率減少の原因は、この年の干支が「丙午」だからだとみなされている。多くの日本人が「迷信」を信じて妊娠を控え、あるいは胎児を中絶したため、通常の年ならば生まれたはずの四六万人が犠牲になったのである！

「丙午」生まれの女性は「気性が激しく夫の命を縮める」という迷信が広まったのは江戸時代である。江戸の大火で焼け出され、寺に避難した八百屋の娘お七が寺小姓と情を通じ、再会を願う一心で建て替えた家に放火し、天和三年（一六八三年）に数え年一六歳の若さで火刑となった。

　この事件が浮世草子や歌舞伎、浄瑠璃に脚色されて評判になったが、そもそも、お七は一六六六年の「丙午」生まれではない。仮にそうだとすると、享年は数え年一八歳だから話が合わない。要するに、「丙午」とさえ無関係な女性犯罪者の話から迷信が生じたわけである。

　しかし、迷信に固執する家族や親戚を恐れて、中絶せざるをえなかった女性は、心に深い傷を負ったに違いない。そこに追い打ちをかけるように、流された「水子」を「供養」しなければ「祟り」があるという「水子供養」の発想が生まれた。「水子地蔵」が大量生産され始めたのは昭和四七年（一九七二年）であり、これに当時のテレビや週刊誌の「オカルト・ブーム」が拍車をかけた。

浄土真宗は、「商業化された水子供養」を創始したのは紫雲山《しうんざん》地蔵寺の「僧侶で右翼活動家であった橋本徹馬」であり、「水子供養は人為的に作られた新しい儀礼」「中絶を経験した人々の不安や後悔を食い物にする狡猾な搾取」「女性に中絶の罪や責任をすべて押し付ける不公平」「通俗的で商品化された寄生の一形態」「その実践者は道徳的に腐敗」していると、痛烈に批判する。

本書で最も驚かされたのは、本書の著者・塚原久美氏が二一歳の大学生のときに中絶を経験し、「後悔して苦しんでいるさなか」に再び妊娠して「今度こそ産むぞと決心を固めた」にもかかわらず、「流産」してしまったという壮絶な体験から本書を書き始めていることである。その後、三〇歳代でお嬢様を出産されたそうだ。

本書は、刑法堕胎罪と母体保護法の法解釈、中絶方法の医学的問題、性と生殖の権利、経口中絶薬の最新情報、不妊治療の保険適用問題に至るまで、多彩なアプローチで「日本の中絶問題」に斬り込んでいる。「中絶によって振り回されてきた自分の生涯」を突き詰めた塚原氏だからこそ書けた力作といえる。

本書のハイライト

器具中絶による第一次中絶革命、吸引による第二次中絶革命、そして今や薬による中絶の第三次中絶革命が全世界で進行中です。東大の大須賀教授は、中絶薬を使うと「胎のう（胎児と胎盤になるもの）が排出される」と言いました。そう、今や妊娠早期の中絶ではまだ「胎児」でないうちに妊娠を終わらせることができるのです。「赤ちゃんを掻き出している」イメージとは異なる、新しい「中絶観」が世界中に広まりつつあります。（二五一‐二五二頁）

塚原久美（つかはらくみ）一九六一年生まれ。金沢大学大学院社会環境科学研究科修了。同大学非常勤講師。専門はジェンダー論・フェミニスト倫理学。著書に『中絶技術とリプロダクティヴ・ライツ』（勁草書房）や『中絶と避妊の政治学』（共訳、青木書店）などがある。

なぜ「少年法」が必要なのか？

『新版　少年犯罪』（平凡社新書）

「少年犯罪」の根本的な原因

アメリカに留学して最も驚いたことの一つは、ショッピング・モールの一角で普通に「銃」が販売されていることだった。日本でいえばイオンやドン・キホーテに相当する総合小売店のスポーツ・コーナーの奥に鍵のかかったショーケースがあり、そこにピストルやライフルが展示されている。野球のバットやテニスのラケットの隣に「殺人兵器」があることに異様な違和感を覚えた。

当時はミシガン州の運転免許証さえ持っていたら、最低一〇〇ドル程度で誰でも小型拳銃を買うことができた。私が大学院時代に個別指導していた、レバノンの部族長の息子アリなどは、何丁ものピストルやライフルばかりでなく、どこで手に入れたのか、スナイパー・ライフルやハンド・マシンガンも持っていた。

アメリカ合衆国の連邦法は「人民が武器を保有しまた携帯する権利」を保障し、アメリカ人の五〇％は何らかの銃を保有するといわれる。万一の場合は自分の銃を持って「民兵」に志願するのが「一人前の大人」だと考えるアメリカ人も多く、誕生日やクリスマスにピストルやライフルを贈る習慣もある。

二〇一三年にケンタッキー州でクリケット社製の「マイ・ファースト・ライフル」を誕生日のプレゼントにもらった五歳の男児が二歳の妹を撃ち殺す事件が発生した。二〇二一年にミシガン州で一五歳の少年が高校で一一人を死傷させた銃撃事件では、使用されたライフルは母親のクリスマス・プレゼントだった。これらの事件で、五歳の男児や一五歳の少年に「罪」の全責任を負わせることはできるだろうか？

更生の余地を残すため、アメリカにも日本にも「少年法」が存在する。日本では、二〇二二年四月、「民法」の成年が一八歳と定められたのに合わせて「改正少年法」が施行されたが、こちらは従来通り二〇歳以上を「成年」、一八～一九歳を「特定少年」とみなすことになった。

本書の著者・鮎川潤氏は、なぜ「未成年・特定少年・成年」の三種類が構成されたのか、その詳細な経緯を分析している。鮎川氏は、成人前の不安定な成長期の少年を「マージナルマン（境界人）」と呼び、日本の社会がどこまで彼らの「更生」の可能性を追求できるかが試されているという。

本書で最も驚かされたのは、現実の「事件」と裁判の「罪状」のギャップである。たとえば、読者が裁判員裁判で未成年者の「放火」事件を担当することになったとしよう。放火は不特定多数の人命を危険に晒し、社会に多大な損害を与える大罪であり、成年並みの重罪に科すべきだと思われるかもしれない。

ところが、犯人の少年は放火した時期に大きな心理的ストレスを抱え、あるいは知的障害があり、「心神喪失」や「心神耗弱《こうじやく》」が疑われる場合もある。少年の放火は、保護者や周囲から十分な愛情を与えられないため精神的に追い詰められ、自分への関心を取り戻すため起こされることも少なくないという。

自転車に乗った少年が出来心で歩行者のバッグをひったくれば「窃盗」である。ところが、歩行者がすぐにバッグを離さなかったため怪我をしたら「強盗」とみなされる。その「罪状」で少年の人生が大きく変わるとき、どのように裁けばよいのだろうか。

本書のハイライト

少年法は矛盾の塊だ。解きほぐすことができないアポリアを持っている。成人モデルを当てはめて、理論的に鈍化させることによって解決できるような問題ではない。それは法律の問題ではなく、対象としている少年の元来の特性および、現代社会に置かれている社会的および存在論的な位置による。（二八七頁）

鮎川潤（あゆかわじゅん）一九五二年生まれ。大阪大学大学院人間科学研究科修了。関西学院大学名誉教授。専門は犯罪学・刑事政策。著書に『犯罪学入門』（講談社現代新書）や『少年犯罪　ほんとうに多発化・凶悪化しているのか』（平凡社新書）などがある。

なぜ「現代社会」にカントが蘇るのか？

『いまを生きるカント倫理学』（集英社新書）

秋元康隆氏へ期待を込めて

読者が時速六〇キロで自動車を運転しているとする。突然、五メートル先に五人の子どもたちが交通ルールを無視してボールを追いかけて飛び出してきた。即座に急ブレーキをかけるが、直進すれば五人に衝突することは避けられない。そこで読者は、二メートル先で分岐する道に右折しようとするが、その道と交差する横断歩道では老夫婦が青信号で手を挙げて歩行している。直進か右折しか選択肢がない場合、読者はどちらを選ぶだろうか？

いわゆる「トロッコ問題」を現代風にアレンジしたものだが、これは単なる「机上の空論」ではなく、いかに自動運転車をプログラムすべきか、最先端の科学技術業界で議論されている問題である。

「より多くの人命を救うべきだ」という論法の功利主義者は、右折にプログラムすべきだと主張する。しかし、それでは交通ルールを遵守する老夫婦に衝突することになるので、「人として許されない」という道徳主義的反論がある（この議論の詳細については、拙著『実践・哲学ディベート』をご参照いただきたい）。

さて、この種のディベートによく登場する「人として許されない」という発想を突き詰めると、多くの場合、カントの倫理学に到達する。カントは、「道徳」は他の目的に対する手段ではなく、それ自体のために守られるべき「定言的命令」だと考えた。ここで「定言的命令」というのは、「理屈抜き」に人間に「無条件」に適用される命令を指す。

そして、カントが具体的に主張した「定言的命令」は、「自分が何かするとしたら、それが普遍的法則となり、世界中の人がそれと同じことをしてもよい場合に限って行ってよい」という道徳律である。

カントの倫理学は現代の「国際連合」や「国際法」に息づいている。戦争反対・捕虜虐待禁止・情報公開などの「理想」の根底には、「自分の行為を皆がやってよいか？　とくに自分がされてもよいか？」というカントの問いがある。

ロシアのウクライナ侵攻に対して、残念ながら国連が無力なように、理想と現実の間には大きなギャップがあるが、かといってカントの理想を放棄するわけにはいかない。

本書は、現代の「ビジネス・道徳教育・生殖医療・環境・ＡＩ・差別」に関する倫理的諸問題に対して、カントならばどのように答えるかを追究する。本書の著者・秋元康隆氏は、倫理学者は「研究成果」とそれを「どのように自身の生き方に反映させているか」を一般読者に明快に伝えるべきだと真摯に提言している。

本書で最も驚かされたのは、「さまざまな視点から考えることによって、はじめて他者からの反論にも耐えられる、十分な耐性を持った理論が導かれうるのです」という本文に「このような考え方は……高橋昌一郎先生の『科学哲学』の授業において学びました。日本では経験することが稀有な、学問的態度を身につけることのできる授業でした」という「注」が付いていたことだ。

つまり、秋元氏は、私が日本大学文理学部哲学科に兼任講師としてお邪魔していた当時の教え子であり、私の「哲学ディベート」形式の授業から「学問的態度」を修得してくれたというわけである。教師冥利に尽きる！

本書のハイライト

私は、倫理学者というものは、社会から距離を置いて浮き世離れした問題にばかり取り組むのではなく、現実に人々が抱え、苦しんでいる問題を取り上げ、風穴を開けるような存在であるべきと考えています。その試みが結実するかどうか分かりません。しかし、少なくとも私はそういった意志だけは持ち続けたいと思っています。（二二四頁）

秋元康隆（あきもとやすたか）一九七八年生まれ。トリア大学大学院哲学研究科修了。同大学専任講師・同大学附属カント研究所研究員。専門はカント哲学・倫理学。著書に『意志の倫理学』（月曜社）がある。

なぜ脳は積極的に「記憶」を消去するのか？

『忘れる脳力』（朝日新書）

「忘れる」ことによって「考える」ことができる

一週間前の夕食は何だったか、覚えているだろうか？　最後に見た映画のストーリーはどうだろう？　昨日会った友人の服装は思い出せるだろうか？　これらは、脳が最も忘れやすい単純な「出来事」の記憶で「エピソード記憶」と呼ばれる。

エピソード記憶と比べて忘れ難いのが、「1＋1＝2」や「地球は自転している」や「日本の首都は東京である」といった「普遍的知識」の記憶で、これらは「意味記憶」と呼ばれる。「エピソード記憶」と「意味記憶」は言語で明確に表現することができるので、まとめて「陳述記憶」と呼ばれる。

「陳述記憶」よりも忘れ難いのが、言語では明確に表現できない「非陳述記憶」である。これは「喜び・怒り・恐れ」など強い情動を抱いた際の「情動記憶」と「箸の使い方・泳ぎ方・自転車の乗り方」のような「手続き記憶」に分けられる。幼少期以来、何年も自転車に乗っていなかった人が、変わらず上手に自転車に乗れるように、身体に沁み込んだ記憶は最も忘れ難いわけである。

さて、人間の「視覚・聴覚・嗅覚・味覚・触覚」の五感を通して入ってきた情報は、脳の「海馬」と呼ばれる部位に記憶される。時間の経過と記憶の定着率との関係を表した「エビングハウスの忘却曲線」によると、多くの人間は二〇分後にはその記憶の四二％、一時間後に五六％、一日後に七四％、一週間後に七七％、一か月後に七九％を失う。逆に言えば、一か月前に読んだ本の内容は二一％しか記憶に残っていないのが普通である。

したがって、何かを忘れたくなければ、できるだけ早い時間に反復することが重要になる。たとえば英単語を一〇個覚えたら、三〇分後に四個は忘れているはずだから、そこで再度確認して覚え直せば効果的だということになる。「嫌な出来事」を忘れられないのは、「ああしなければよかった」とか「こうすればよかった」のように何度も反芻するため、脳が「情動記憶」に保存してしまうからである。

本書の著者・岩立康男氏によれば、そもそも「忘れることは悪いことだ」という発想が、実は幼少期から刷り込まれた暗記教育の弊害である。脳の記憶容量は限られている以上、新たな記憶を獲得するためには不要な記憶を削除しなければならない。よく知られているのは、「マイクログリア」と呼ばれる免疫細胞が脳内の死細胞や活動性の低い記憶の蓄えられたシナプスを除去することである。

本書で最も驚かされたのは、脳がより積極的に記憶を消すために、わざわざタンパク質を合成しているという最新の知見である。人間は、新しい情報に触れてワクワクすると脳内にドーパミンが豊富に分泌される。すると海馬に「ＲＡＣ１」と呼ばれる「低分子量Ｇタンパク質」が出現する。このＲＡＣ１は、ニューロンの末端にあるシナプスを退縮させて記憶を消すわけである。

要するに、エピソード記憶の大部分は不要だから海馬の段階で壊され、真に必要と判断された記憶のみが「大脳皮質」に蓄積される。その個別の判断が「記憶の多様性」を生み出し、結果的に人類の進化をもたらしたというのである！

本書のハイライト

人間の脳は積極的に忘れるようにできているということを、どうか忘れないでほしい。忘れることによって脳は新しい時代に適応し、未来に向けて変化を遂げているのである。これで、これまでの常識は覆された。必要のない記憶を捨て去ることこそ、新しい自分を創造していくことにつながる。忘れることに気後れせず、新たな自分の創造に向け、積極的に人生を楽しんでいこう。そうして記憶を作った先に、明るい未来が待っているはずだ。（二〇四頁）

岩立康男（いわだてやすお）一九五七年生まれ。千葉大学医学部卒業。同大学医学部脳神経外科教授。著書に『脳の寿命を決めるグリア細胞』（青春新書）がある。

進化にとって「意識」は何を意味するのか？

『禁断の進化史』（ＮＨＫ出版新書）

「劣ったもの」の方が生き残る可能性

旧約聖書『創世記』によれば、「神」は、光と闇、天と地、海と植物、太陽と月と星々、海の生き物と鳥、あらゆる生物を六日間で創造し、最後に「自身の姿に似せた」最初の人間「アダム」を創造した。これが「創造論」である。

現代の創造論者は、そこまであからさまな「神の創造」ではなく、「インテリジェント・デザインに基づく創造」だと主張する。生命誕生の背景には、神話的な「神」よりも「知的設計」があったと言う方が布教しやすいからかもしれない。何らかの意図で人類が創造されたとみなすのが「目的論」である。

ここで、キリンを考えてみよう。創造論者は「高い木の葉を食べるのに便利なように首の長いキリンを神が創造した」と主張し、目的論者は「高い木の葉を食べるためにキリンの首が長くなった」と主張する。ところが、「進化論」によれば、突然変異で生じた首の長いタイプのキリンは短いタイプのキリンよりも高い木の葉の食用に適していたため、より多くの子孫を残し、結果的に首の長い種に置き換えられていった。つまり「首の長いキリンが高い木の葉を食べるのに適していたため生き残った」とみなすのが「進化論」である。

「創造論」と「目的論」が間違っていることを立証するためには、生物の「脳」を観察すればよい。脳の起源は、およそ五億年前のホヤに出現した「神経管」にあり、魚類・両生類・爬虫類では脳の大部分を膨らんだ神経管である「脳幹」が占め、鳥類・哺乳類になると「小脳」と「大脳」が巨大化し、霊長類で大脳に新皮質が発達して初めて高度な知性が生じた。

非常に簡略化してしまえば、トカゲの脳に大脳辺縁系を継ぎ足したものがネズミの脳で、それに新皮質を継ぎ足したものがヒトの脳である。新たな機能が継ぎ足されてきたヒトの脳には、生物の進化の歴史が刻まれている。もし最初から「知的設計」で製作されていたら、脳はここまで「継ぎ接ぎ」にならなかったはずではないか！

さて、ヒトの脳が獲得した複雑なニューロンの活動は「意識」を生み出した。この「意識」のおかげで、ヒトは周囲の状況を認識して目的に最適な行動を取り、予期しない出来事にも柔軟に対応し、他者の意識を推し測ることもできる。「意識」こそが、地球上の生命の最上位にヒトを押し上げているとみなされる。

本書で最も驚かされたのは、その「意識」が、必ずしも自然淘汰においては有利に働かない可能性があるという著者・更科功氏の指摘である。なぜなら、「意識」が求める「強烈な自己保存の欲求」が「繁殖」と対立する場合があるからだ。

更科氏の挙げる「極端」な一例は、コブハサミムシである。コブハサミムシの母親は冬に数十個の卵を産み、春先に卵が孵化して幼虫が現れると、自分の身体を最初のエサとして与える。幼虫は数日かけて母親の身体を徐々に食べ尽くす。

コブハサミムシに「強烈な自己保存の欲求」という「意識」があれば、逃げ出すのではないか？　「繁殖」の欲求は「意識」を超えるのだろうか？　もし「意識」が自然淘汰に不利な状況を生み出すとすると、人類の未来には何が起こるのだろうか？

進化にとって「意識」は何を意味するのか？

本書のハイライト

意識があることは、かならずしも適応的ではないことはすでに述べた。つまり、ネアンデルタール人の意識レベルが高ければ高いほど、ネアンデルタール人は生き延びるのが難しくなった可能性がある。意識レベルが高いほど、脳は多くのエネルギーを使わなくてはならないし、生き残るために必要な、血も涙もない行動を、躊躇ったりするかもしれないからだ。いっぽう、もしも私たちヒトのほうが意識レベルが低ければ、生き延びやすかったかもしれない。意識レベルが低ければ、脳はエネルギーをあまり使わなくて済むし、生き残るために必要な血も涙もない行動を、躊躇わずに行えたかもしれないからだ。［……］何らかの意味で劣ったもののほうが生き残ることはありえるだろう。（二四五頁）

更科功（さらしないさお）一九六一年生まれ。東京大学大学院理学系研究科修了。武蔵野美術大学教養文化・学芸員課程教授。専門は古生物学・分子古生物学。著書に『化石の分子生物学』（講談社現代新書）や『絶滅の人類史』（ＮＨＫ出版新書）などがある。

無名兵士にとって「戦争」とは何か？

『松本連隊の最後』（角川新書）

「戦死」ではなく「水死・病死・餓死」

一九四二年（昭和一七年）六月、大日本帝国海軍は、すでに日本の暗号を解読して待ち伏せしていたアメリカ海軍機動部隊にミッドウェー海戦で大敗した。航空母艦四隻（赤城・加賀・蒼龍・飛龍）が沈没し、艦載機約二九〇機全機を失うという致命的な作戦の失敗だったが、大本営はその事実を国民に隠蔽した。

同年八月にはソロモン諸島のガダルカナル島にアメリカ軍の海兵隊が上陸を開始し、圧倒的な戦力で日本の陸軍を追い詰めた。ソロモン沖海戦で敗れた日本は、補給輸送することもできず、一九四三年二月に総兵力約三万人のうち約一万人を撤退させた。戦闘による戦死者は約五千名、残りの約一万五千名は戦病死か餓死という悲惨極まりない結末である。ガダルカナル島が兵員から「餓島《がとう》」と呼ばれていた事実は伏せられ、大本営は「撤退」をあたかも逃げるのではないかのように「転進」と発表した。

　五月にはアリューシャン列島のアッツ島にアメリカ軍が上陸し、弾薬を使い果たした日本軍守備隊は、「降伏」を呼びかけるアメリカ軍の陣地に日本刀と銃剣で突撃して全滅した。彼らは、総理大臣兼陸軍大臣・東条英機が示達した「戦陣訓」の一節「生きて虜囚《りょしゅう》の辱《はずかしめ》を受けず」という無謀な「命令」によって死んだのである。大本営は、ここで初めて「玉砕」という言葉を用いた。

　その東条は一一月に「大東亜会議」を開催して「得意絶頂」だった。中華民国主席の汪《おう》兆銘《ちょうめい》、満州国総理の張景恵《ちょうけいけい》、フィリピン大統領のホセ・ラウレル、ビルマ総理のバー・モウ、タイのワンワイタヤーコーン殿下、自由インド首班のスバス・ボースが東京に集結した。日比谷公園の「大東亜会議国民大会」では東条と各国首脳が一〇万人の大衆の前で演説した。もはや取り返しのつかない戦局の悪化から国民の目を逸らすためには、いかに「面従腹背」な傀儡《かいらい》政権の数々であろうと、「アジア団結の芝居」を打つ必要があったわけである。

　さて、東京で華々しく大東亜会議が開かれている頃、ひっそりと松本を出発したのが、陸軍歩兵第百五十連隊、通称「松本連隊」の約五五〇名である。召集された彼らは輸送船に詰め込まれ、海上では潜水艦の餌食になりながら、どうにか半数がトラック諸島まで辿り着く。ところが弾薬や食料の補給はなく、その大多数はグラマン戦闘機の攻撃から逃げ惑いながら、栄養失調になり餓死に至る。

本書の著者・山本茂実氏は、二〇年以上にわたって綿密な調査を続け、地獄のような世界から生還した人々の生の声を集め続けた。

本書で最も驚かされたのは、当時の日本近海にはアメリカの潜水艦が一八〇隻も潜航し、輸送船が撃沈される可能性が非常に高かったにもかかわらず、大本営が狂気の出撃命令を出し続けたことだ。松本連隊の輸送には三隻の船が割り当てられたが、連隊長は三隻すべてが沈められることも覚悟した。そこで彼が何よりも恐れたのは、兵員ではなく「軍旗」が沈められることだった。彼は司令部と交渉して「軍旗」を護衛の駆逐艦に移そうとするが、結果的には護衛さえ現れないまま三隻に出港命令が下る。終戦後、連隊長は、命よりも大事にしてきた「軍旗」を泣きながら奉焼したという。不条理すぎて、言葉もない!

本書のハイライト

戦記といえば必ず高名な将軍か参謀のものが多かったが、近代戦は決してそれだけで表現出来るものではなく、戦争はもっと大きなスケールで激動している奔流のようなものではないかということである。松本連隊の帰還者みんなと話してみようと大それたことを考え出したのもそのためである。大変なことだったが、やり出したら途中から止めるわけにもいかなかった。［……］一、決して小さな私見で断定すまい。二、決して結果的にもそう戦争を賛美すまい。こう心に誓って、名もない兵隊たちの気持ちをいかにしてありのままに伝えるか、善悪はすべて長い歴史の判断にまかせる。（四二八－四二九頁）

山本茂実（やまもとしげみ）一九一七年生まれ。松本青年学校在学中に召集され近衛歩兵第三連隊入隊。終戦後は早稲田大学文学部聴講生・青年海外協力隊専任講師などを経て作家。著書に『あゝ野麦峠』（朝日新聞社）や『山本茂実全集』全七巻（角川書店）などがある。一九九八年三月に逝去。

なぜ過酷な環境に生きる「高山植物」が美しいのか？

『日本の高山植物』（光文社新書）

研究人生を「高山植物」に捧げた植物学者

高校時代の夏休み、京都大学熊野寮の先輩の部屋に何度か泊めてもらった。同室の学生が帰省している間、空いたベッドを使わせてもらったわけである。当時の寮は、玄関から入るとすぐに管理人室があったが、この京大職員の管理人は朝から夜まで寮生たちと将棋を指していて、部外者の出入りをまったく見ていなかった。Ａ棟・Ｂ棟・Ｃ棟と分かれていて、どれかの棟は「中核派の巣」だから近寄るなと注意された記憶がある。実に長閑《のどか》な時代だった。

その先輩たちと一緒に、長野県中央アルプスの駒ヶ岳に登ったことがある。登ったといっても、バスで標高一六六二メートルの「しらび平《だいら》駅」まで行き、そこから駒ヶ岳ロープウエイで標高二六一二メートルの「千畳敷《せんじょうじき》駅」に向かった。このロープウェイは、日本一の標高差九五〇メートルを七分三〇秒で登る優秀なシステムである。

「千畳敷」とは、今から約二万年前の氷河期に氷河の流れが浸食した「カール」と呼ばれる半円形の窪地が、広さにして畳一〇〇〇枚分あることから「千畳敷カール」と名付けられたことによる。所々に雪の残る頂上からは、富士山をはじめ、御嶽山や乗鞍岳《のりくらだけ》のアルプス連峰が一望できる。そこに一面のお花畑があった！

咲き乱れているのは、それまでに見たこともない高山植物である。植物に詳しい京大生が、「ウサギギク」という黄色い花の名前を教えてくれた。花弁を中心に円形に生えている長い葉の先がウサギの耳に似ているからだという。幸福を招くという白い可憐な「ハクサンイチゲ」、濃い青色で存在感のある有毒な「サクライウズ」、背が高く群生する白色の「コバイケイソウ」……。

嬉々として、大事そうに花に触れながら説明する彼に、先輩が「植物学者になれば？」と言うと、「そうしたい気持ちは山々なんやけど、駄目なんや」と無念そうに答えた。彼は、家庭の事情で、父親の会社を継がなければならないことが決まっていた。

さて、本書の著者・工藤岳氏が「初めて高山植物に出会った」のは、中学生の頃に北アルプスの白馬岳に登り、稜線に「いきなり鮮やかな花々が咲き乱れるお花畑」が現れたときだったという。大学時代には日本中の山を歩き回り、大雪山の「圧倒的なスケールの高山帯」に魅せられて、北大の大学院に進学する。今でも夏は大雪山のベースキャンプに陣取って調査を続けているそうで、彼こそが研究人生を「高山植物」に捧げた植物学者といえる。本書に対する私の個人的読後感は、無念そうに植物学者を諦めた京大生に比べて、なんと幸福な人生を歩んでいるのかということである！

山では、標高が一〇〇メートル増すごとに気温は〇・五五度低くなる。したがって、標高三〇〇〇メートルの高山では、気温は平地よりも約一六度低くなる。その過酷な環境に生きる高山植物は、空に向かって幹が伸びて枝が分かれて葉が茂る平地の植物と根本的に異なり、幹は地表を這うように生育し、花も可憐な小さめになる。

本書で最も驚かされたのは、零下一九六度の超低温でも細胞が破壊されない高山植物の脅威の「耐寒性」である。それでは、なぜ高山植物は美しいのか？

この疑問に魅せられた工藤氏の詳細な解答については、ぜひ本書をご参照いただきたい。

本書のハイライト

高山植物たちはなぜ過酷な山の上に生きているのだろう？　厳しい自然環境の中でどのように生き延びて、子孫を残しているのだろう？　なぜあんなにも鮮やかな花を咲かせる必要があるのだろう？　四十数年前に出会った高嶺の花に対して漠然と抱いていた素朴な疑問を、どれだけ解き明かすことができただろうか。もちろん、これまでの研究で見えてきたことも多い。［……］一方で、まだ自分なりの答えを見つけられないこともたくさんある。そんなもろもろのことを自分なりにまとめてみたのが本書である。（七頁）

工藤岳（くどうがく）一九六二年生まれ。北海道大学大学院環境科学研究科修了。同大学大学院地球環境科学研究院准教授。専門は植物繁殖生態学・気候変動生態学。著書に『高山植物の自然史』（北海道大学図書刊行会）や『大雪山のお花畑が語ること』（京都大学学術出版会）などがある。

アメリカの「メタ・ソフトパワー」とは何か?

『アメリカとは何か』（岩波新書）

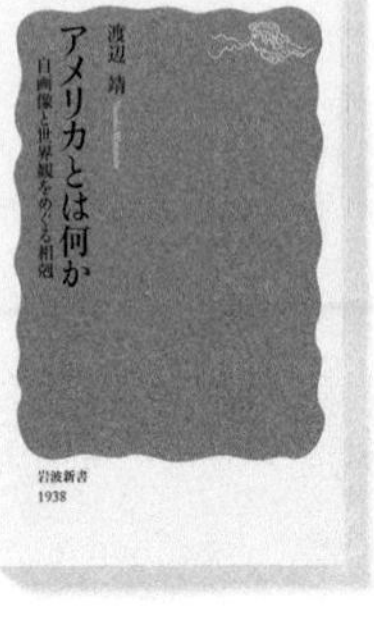

プーチンを褒め称えるトランプ

二〇二二年二月二一日、ロシアのウラジーミル・プーチン大統領が、ウクライナ東部の領土を「ドネツク人民共和国」と「ルガンスク人民共和国」という独立国家として承認し、ロシア軍をその地域に派遣すると発表した。プーチンは、この軍隊派遣は親ロシア派住民を守るための「平和維持活動」だと宣言した。

その翌日二二日、プーチンの発表を知ったアメリカ合衆国のドナルド・トランプ前大統領は、「これは天才だ（This is genius）」と叫び、プーチンがその地域の「独立」を承認したことを「実にすばらしい（Oh, that's wonderful）」「なんて頭がいいんだ（How smart is that?)」と賞賛、「彼は平和維持者であり続ける（he’s gonna go in and be a peacekeeper）」とプーチンを褒め称えた。

プーチンは「ウクライナの領土を占領する計画はない」と演説で明確に述べたにもかかわらず、二月二四日午前四時にはウクライナの東部・北部・南部から一斉にロシア軍の戦闘機と戦車による侵攻を開始し、ウクライナ国境警備隊・ウクライナ軍と戦闘状態になった。この戦闘は、即座にロシアの勝利で終わり、ウクライナのウォロディミル・ゼレンスキー大統領は亡命するだろうというのが世界の大方の予想だった。ところが、その予想に反して、侵略から一年以上が過ぎた二〇二三年現在も戦争は継続し、市民に数多くの悲惨な犠牲者が出ている。

アメリカ合衆国現大統領ジョー・バイデンのスポークスマンを務めるアンドリュー・ベイツは、プーチンとトランプのことを最大限の侮辱を込めて「二匹のおぞましく恐ろしいブタ（Two nauseating, fearful pigs）」と表現している。

ベイツによれば、この「二匹のブタ」の行動は「彼ら自身の弱さと不安に支配」され、彼らはアメリカ合衆国が基盤とする「民主主義」を忌み嫌う。さらにベイツは、この「二匹」は「ブタの鼻を一緒に擦り合わせながら、罪のない人々が命を失うことを祝っている」とまで、徹底的な非難を浴びせている。

さて、アメリカ合衆国は、人類史上初めて誕生した、市民が統治する「大国の共和国」であり、「実験国家」と呼ばれることもある。歴史的には、古代のローマや中世のベネチアのような共和政も存在するが、アメリカほどの大国ではなかった。

独立戦争と南北戦争の苦難を経て、アメリカは中央に権力を集中させないように「三権分立」を成立させた。行政は「大統領府」、立法は「連邦議会」、司法は「連邦裁判所」が担い、相互に監視し抑制する。さらに五〇州は、独自の州法を定め、州の軍隊・警察を有し、州税を制定するなど強い権限を有する。

本書の著者・渡辺靖氏は、ヨーロッパを中心とする「旧世界」の国家がヒエラルキーに基づく「ピラミッド型」であったのに対して、「新世界」のアメリカは「自立・分散・協調」を重視する「ネットワーク型」統治だと分析する。渡辺氏によれば、アメリカは「画期的」で「理念の共和国」なのである。

本書で最も驚かされたのは、ハーバード大学の政治学者ジョセフ・ナイが名付けた「メタ・ソフトパワー」つまり「民主主義の自己批判力」が「権威主義に対して最も優位な資質」だという渡辺氏の分析である。それこそが、結果的にプーチンを褒め称えるトランプを引きずり下ろした「アメリカの懐の深さ」なのかもしれない。

本書のハイライト

権威主義国家が台頭する世界の中、米国はメタ・ソフトパワーを維持できるか。中長期的な米国の社会統合の行方を考える際、これがおそらく最も根源的な問いであろう。何故なら、それは米国という近代啓蒙思想の上に立脚する「理念の共和国」の根幹に直にかかわるものだからだ。（一九九‐二〇〇頁）

渡辺靖（わたなべやすし）一九六七年生まれ。ハーバード大学大学院社会人類学研究科修了。慶應義塾大学環境情報学部教授。専門は現代アメリカ研究・公共政策論。著書に『アメリカン・デモクラシーの逆説』（岩波新書）や『アメリカのジレンマ』（ＮＨＫ出版）などがある。

「大東亜共栄圏」とは何だったのか？

『大東亜共栄圏』（中公新書）

大日本帝国の「アジア支配構想」

一九四五年四月、大日本帝国の大本営は『国民抗戦必携』を発行して、国民に配布した。「敵が上陸してきたら国民はその土地を守って積極的に敵陣に挺身《ていしん》切込みを敢行し、敵兵と激闘し、これを殺し、また兵器弾薬に放火したり、破壊して軍の作戦に協力しなければならない」という「抗戦命令」である。

この『国民抗戦必携』には、「白兵戦の場合は竹槍で敵兵の腹部を狙って一突きに」とか、「背の高いヤンキーと戦うには、刀や槍をあちこちにふりまわしてはならない。腹をねらって、まっすぐに突き刺せ。ナタ、カマ、熊手などをつかうときは、うしろから攻撃せよ」などの殺害方法が解説されている。

実際には、もし日本が降伏しなければ、アメリカは八月一九日に「東京ジョー」と名付けたプルトニウム型原子爆弾を東京に投下する予定があった。それでも日本が抗戦を続けたら、札幌から佐世保まで全国一二都市へ順番に原爆を投下する計画もあった。あくまで「本土決戦」を主張し「抗戦命令」を下した大本営が、どれほど時代錯誤で非科学的だったか、よくわかるだろう。

さて、このように大日本帝国に批判的な見解を挙げると、「当時の情勢をよく理解していない」とか「自虐史観」などの非難が寄せられることがある。いわゆる「ネトウヨ」が賛美する「大東亜共栄圏」構想によれば、「大東亜戦争」は欧米の植民地支配から「アジアを解放」するための正義の「聖戦」だというのだが、実はこの発想は、大本営末期のプロパガンダそのものなのである。

第一次世界大戦後、連合国に加盟した日本は国際連盟でイギリス・フランス・イタリアと並ぶ常任理事国となり、世界の「五大強国」と呼ばれるようになった。ただし、日本の経済はアメリカとイギリスに大きく依存していた。

一九三三年時点で、日本の主要工業原材料の三一種目が自給率五〇%以下であり、一〇〇%近くを輸入に頼る原材料が一七種目もあった。石油はアメリカから四二%、生ゴムはイギリス領マラヤから六九％、鉄はアメリカから二五％・イギリスから一六％など……。

一九四〇年八月一日、外務大臣の松岡洋右《ようすけ》が「当面の外交方針は大東亜共栄圏の確立」と初めて「大東亜共栄圏」という言葉を用い、その範囲を「広く蘭印、仏印等の南方諸地域を包含し、日満支三国はその一環である」と定めた。

本書で最も驚かされたのは、その「大東亜共栄圏」という言葉が、その翌日に予定されていたドイツのオット駐日大使との交渉で「ドイツの勢力圏から東南アジアを除外させるために発案された実体のない外交スローガンだった」という著者・安達宏昭氏の重要な指摘である。要するに、「日独伊三国同盟」は「世界再分割の協定」だったわけである。

現実は「自存自衛」から大きく遊離していた。「大東亜共栄圏」の天然石油は目標二万トンに対して一九四一年度実績は三二七トンにすぎない。そして戦局が悪化すると、大本営は「大東亜会議」に迷走した。本書は具体的な数値を挙げながら帝国のアジア支配失敗を綿密に検証する。本書を読むと「絵に描いた餅」の末路がよくわかる。

「大東亜共栄圏」とは何だったのか？

本書のハイライト

大東亜共栄圏は、日本が経済的な自給を強く意識したものだった。当時、経済的自給を図るため、主権国家の枠組みを超えて近接する地域が統合される圏域を、「経済自給圏」「広域圏」「広域経済」と呼んだ。大東亜共栄圏は日本が中核となってつくろうとしていた経済自給圏だった。（ⅲ頁）

安達宏昭（あだちひろあき）一九六五年生まれ。立教大学大学院文学研究科修了。東北大学大学院文学研究科教授。専門は日本近現代史・戦時期政治経済史。著書に『戦前期日本と東南アジア』（吉川弘文館）や『「大東亜共栄圏」の経済構想』（吉川弘文館）などがある。

そもそも「地政学」とは何か？

『戦争の地政学』（講談社現代新書）

「地政学」は「学問」ではない

一八七九年、ライプツィヒ大学の哲学者ヴィルヘルム・ヴントは、人間の「心」（psycho）を研究対象とする「心理学」（psychology）を創始した。その方法は「内観」すなわち「自己の心的過程を自ら観察し記述すること」にあった。

「内観」というと難しく聞こえるかもしれないが、要するに、何がうれしかったとか悲しかったという自分の感情の変化を詳細に記述して、そこから「心」の動きを読み取るわけである。「科学」というよりも「文学」の手法といえる。

この種の「内観心理学」を徹底的に批判したのが、ジョンズ・ホプキンス大学のジョン・ワトソンだった。一九一三年、彼は「行動主義宣言」と呼ばれる歴史的な講演を行い、「科学」が研究対象とすべきなのは「心」や「意識」のような主観的対象ではなく、客観的な観察に耐えうる「行動」でなければならないと主張した。つまり彼は、「心理学」は「行動科学」に変わるべきだと宣言したのである。

ワトソンは、ロシアの生理学者イワン・パブロフの実証的研究を高く評価していた。パブロフは、イヌに餌を与える際にベルの音を聞かせ続けた。するとイヌは、ベルの音を聞いただけで、餌がなくとも唾液を分泌するようになった。いわゆる「条件付け」である。「酸味」に条件付けられてきたヒトも「レモンや梅干」を思い浮かべるだけで「条件反射」により唾液が分泌される。

このように、「行動科学」はヒトやイヌの「刺激」に対する「反応」を客観的に計測し研究する。欧米の大学や研究機関では、従来の「心理学」という名称を「行動科学」（behavior science）に変更した学科や部署も多く見られる。

さて、「心理学」の話から始めたのは、実は「地政学」（geopolitics）も大学や研究機関の学科・科目の正式名称ではなく、『学』と呼ぶべき一つの学問分野としては存在していない」という立場を本書の著者・篠田英朗氏が明示しているからである。

「地政学」は「地理的事情を重視して政治情勢を分析する視点」を意味する。現代地政学の祖とされるイギリスの地理学者ハルフォード・マッキンダーに由来する「英米系地政学」は、世界を陸地の「ランド・パワー」と海の「シー・パワー」の二分法的世界観で解釈する。一方、「地政学」の名付け親とされるドイツの地理学者カール・ハウスホーファー以降の「大陸系地政学」は、世界を各地域で最も強い民族国家が生み出す「生存圏」の集合と解釈する。

つまり、「英米系地政学」にしても「大陸系地政学」にしても、解釈論なのである。したがって、たとえば「大東亜戦争」は、「英米系地政学」によれば、本来「シー・パワー」国家として国際協調路線を目指すべきだった日本が無謀な「ランド・パワー」を求めて大陸に進出した結果とみなされ、「大陸系地政学」によれば、「生存圏」としての「大東亜共栄圏」を希求した結果とみなされる。どちらの「解釈」も興味深いが、客観的な実証性がないため「学問」ではないわけである。

本書で最も驚かされたのは、地政学が矛盾した解釈を導く一つの「視点」にすぎないことを認識しながら、そこに何らかの意義を見出そうとする篠田氏の研究意欲である。学問的議論は別として、現実にロシアという大国に隣接するウクライナと日本の「運命」を考えさせられる。

本書のハイライト

地政学とは、運命論的な性格を持っているという。地理的条件などの人間にとっては外在的な要素が、人間の運命を決定しているかのように考えるからだ。これは英米系地政学にも、大陸系地政学にも、あてはまる。ただ、異なる世界観を持つ人々は、異なる運命を見出す。同じ一つの世界を見て、運命に翻弄されている同じ人間たちを見ながら、その人間を翻弄している運命を異なる様子で描写していくのである。（二〇九頁）

篠田英朗（しのだひであき）一九六八年生まれ。ロンドン・スクール・オブ・エコノミクス政治学研究科修了。東京外国語大学大学院総合国際学研究院教授。専門は国際政治学・国際関係論。著書に『国際社会の秩序』（東京大学出版会）や『平和構築入門』（ちくま新書）などがある。

「量子力学の多世界解釈」は最善なのか？

『量子力学の多世界解釈』（講談社ブルーバックス）

「無数の平行世界」の「無駄」

量子力学は、ミクロの世界では、いわゆる「客観的実在」の概念が成立しないことを示している。たとえば、水素の原子核の周りには一個の電子が存在するが、その電子は原子核の周囲の至る所に「不確定的」に、つまり「確率的」に存在し、波のように空間を満たしているとされる。この「粒子」でも「波」でもある状態を「共存」と呼ぶ。ところが、いったん電子の位置が「観測」されると、その瞬間に電子は「波」から「粒子」に「収束」するのである。

一九三二年、数学者ジョン・フォン・ノイマンが発表した『量子力学の数学的基礎』によって、量子力学は数学的に「完成した」とみなされた。ノイマンの公理系では、「観測」から「収束」に至る経緯が公理系内部で厳密に数学的に定式化される。だが、公理系の外部にある「観測」とは、何を意味するのか？

その解釈に疑問を投げかけたのが、オーストリアの物理学者エルヴィン・シュレーディンガーだった。彼は一九三五年、「シュレーディンガーの猫」と呼ばれる思考実験を提示した。閉鎖された鉄の箱の中に、猫が入っている。箱の中には、毒ガス発生装置があり、一時間後に原子核崩壊が起こる確率が五〇％の放射性物質に繋がっている。その物質が原子核崩壊を起こせば毒ガスが発生する仕組みである。

一時間後に箱を開けて観測すると、まさにその瞬間に「原子核崩壊が起きて猫が死んでいる状態」か「原子核崩壊が起きずに猫が生きている状態」のどちらかに収束するが、それまでは猫の生死が決定されないというのが、「量子力学の父」ニールス・ボーアの「相補性解釈」である。

しかし、なぜ一方の状態だけが観測されるのか。これでは、自然界がサイコロを振って猫の生死を決めているかのように映る。だから物理学界の巨匠アルベルト・アインシュタインは「神はサイコロを振らない」と宣言して、ボーアを批判したわけである。

さて、量子力学の「多世界解釈」によれば、シュレーディンガーの思考実験では箱の中を「観測」した瞬間に「原子核崩壊が起きて猫が死んでいる世界」と「原子核崩壊が起きずに猫が生きている世界」に分岐する。つまり、自然界はサイコロを振らず、公平に同等で相互不干渉な二つの世界に分けると解釈する。

この分岐は、あらゆる観測において生じるわけだから、世界は常時、無数に分岐していくことになる。この世界で本文を読書中の読者が、別世界では食事中か睡眠中、あるいは旅行中かもしれない。読者は無数の平行世界に「共存」するわけである。

本書で最も驚かされたのは、この種の解説書ではニュートラルに扱われることが多い量子力学の解釈問題に対して、著者・和田純夫氏が「多世界解釈」を最も「無駄のない論理構成」と明確に支持していることである。

たしかに「多世界解釈」では「観測」に内在する「意識」「量子もつれ」「主観確率」などといった複雑な問題が消え去り、「客観的実在」が確立される。しかし、その「論理」の代償として設定しなければならない無数の平行世界とは、あまりにも「無駄」が多すぎるのではないか……と、論理学者の私が言うのも妙な話かもしれないが……。

本書のハイライト

人間が認識できない世界をもちだすのは論理の無駄であるという人もいる。しかし多世界解釈で世界が1つですまないのは、「波の収縮」という、量子力学そのものからは導かれない、しかも不必要な公理を捨てた結果である。多世界解釈では「確率」という概念も捨てている。量子力学において多世界解釈は、「論理構成のうえでもっとも無駄のないとらえ方」であるというのが、私がこの本で言いたかったことである。（二六〇頁）

和田純夫（わだすみお）一九四九年生まれ。東京大学大学院理学系研究科修了。同大学教養学部専任講師。専門は素粒子論・量子論。著書に『物理講義のききどころ』（岩波書店）や『量子力学が語る世界像』（講談社ブルーバックス）などがある。

なぜ日本の大学が「壊れて」しまうのか？

『ルポ　大学崩壊』（ちくま新書）

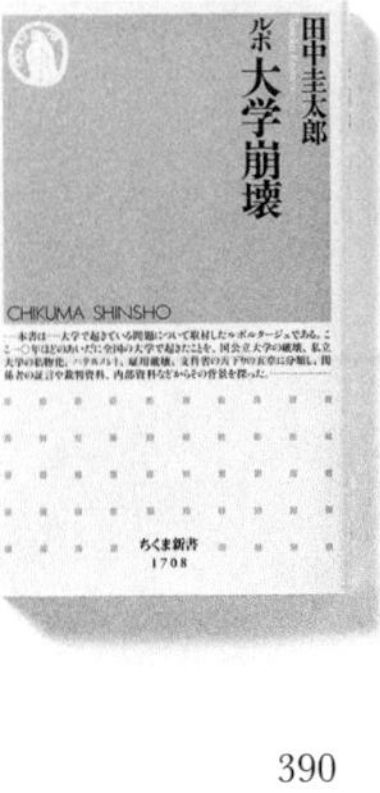

国立大学に対する「国家統制」

二〇二二年一〇月、「東京医科歯科大学」と「東京工業大学」は国立大学法人・大学を統合することに合意し、二〇二四年度に「東京科学大学」として発足することを決めた。これは、文部科学省主導の「国際卓越研究大学」プログラムに採用されることを目標とする統合ではないかといわれている。

二〇二二年五月、「国際卓越研究大学の研究及び研究成果の活用のための体制の強化に関する法律」が成立した。政府は一〇兆円規模の大学ファンドを設立し、年三％の運用益を目標として、それを少数の卓越した大学に配分する。

仮に年間三〇〇〇億円を五大学に配分すれば、各大学には六〇〇億円が交付される。現在、国立大学法人の運営費交付金は、第一位が東京大学の約八二二億円、第二位が京都大学の約五六一億円、第三位の東北大学が約四五八億円だから、いかに巨額かわかる。これで「世界最高水準の研究環境」を整えるという。

その選定の要件として、文部科学省は、（一）国際的に卓越した研究成果を創出できる研究力、（二）実効性高く意欲的な事業・財務戦略、（三）自律と責任のあるガバナンス体制を掲げている。具体的には「年三％程度の事業規模の成長」を求めている。つまり「稼げる大学」でなければ認定されない仕組みである。

さらに、認定された大学のガバナンス体制は、過半数を学外者とする「法人総合戦略会議（仮称）」を最高意思決定機関にしなければならない。よって、大学のあらゆる運営に学外の政財界関係者が口を出すことになる。しかも、総理以下閣僚七名と有識者七名と日本学術会議議長の一五名で構成される「内閣府総合科学技術・イノベーション会議」（ＣＳＴＩ）の認可が必要不可欠である。

要するに「国際卓越研究大学」は豊潤な予算を与えられるが、その代償として「大学の自治」を放棄せざるをえない。政財界関係者で固めるＣＳＴＩが大学運営に口を出す以上、国策研究から軍事研究に至るまで「国家統制」が可能になる。かつての大日本帝国が設立した内地七校（東京・京都・東北・九州・北海道・大阪・名古屋）と外地二校（京城《けいじょう》・台北《たいほく》）の「帝国大学」を想い起こさせる。

本書で最も驚かされたのは、日本の国立大学の最高峰に位置する東京大学の総長選考に「闇」があることだ。本書の著者・田中圭太郎氏は、綿密な取材により二〇二一年四月に就任した藤井輝夫・現総長選考に関する数々の疑問を呈し、さらに二〇一五年四月から六年間総長を務めた五神《ごのかみ》真氏についてもＣＳＴＩ関係者が関与していた疑念を指摘する。

二〇一四年の「学校教育法」改正により、かつては「大学の自治」の象徴とされた「教授会」が学長の諮問機関に格下げされた。本書は、そこから学長が開き直って「独裁化」した筑波大学や大分大学、理事会が大学を「私物化」した日本大学や山梨学院大学の実例を挙げている。

文科省に逆らった北海道大学総長が「解任」された裁判、京都大学の吉田寮・タテカン訴訟、早稲田大学の非常勤教職員雇止め問題、東北大学の「院生の八人に一人がハラスメント被害」に遭ったという調査結果もあり、日本の大学の「闇」の深さに愕然とさせられる。本書は、日本の大学問題に縦横無尽に斬り込んだ「ルポ」の力作といえる。

本書のハイライト

全国の大学関係者から「大学が壊れてしまった」と嘆く声が聞こえてくる。「壊れてしまった」と訴える内容は、大学の根幹である教育と研究、大学の自治、それにコンプライアンスなど多岐にわたる。執行部が独裁的に運営する国立大学や、経営者があからさまに私腹を肥やす私立大学など、学生や教職員がないがしろにされている大学は明らかに増えている。（九頁）

田中圭太郎（たなかけいたろう）一九七三年生まれ。早稲田大学文学部卒業。ジャーナリスト。大分放送に勤めた。著書に『パラリンピックと日本』（集英社）がある。

日本の「戦争放棄」条項の発案者は誰か？

『憲法九条論争』（平凡社新書）

昭和天皇と幣原喜重郎首相とダグラス・マッカーサー元帥

日本国憲法第九条は、「戦争の放棄」「戦力の不保持」「交戦権の否認」の三原則から構成される日本独自の「平和主義」の規範である。

「第一項」日本国民は、正義と秩序を基調とする国際平和を誠実に希求し、国権の発動たる戦争と、武力による威嚇又は武力の行使は、国際紛争を解決する手段としては、永久にこれを放棄する。「第二項」前項の目的を達するため、陸海空軍その他の戦力は、これを保持しない。国の交戦権は、これを認めない。

さて、初めて憲法第九条を知ったときから気になっているのは、第一項の「武力」と第二項の「戦力」は何が違うのか、という点である。

これらの二語を同義語と解釈すると、「武力」は敵対的戦闘行為を意味し「自衛力」を含まない。同義語でないと解釈すると、「武力」は戦力よりも広い概念を意味し「自衛力」も含む。よって、侵略軍に対して自衛力で防衛すれば、前説では「武力の行使」に相当せず、後説では「武力の行使」に相当する。

また、第二項の「前項」が「第一項」と同義であることは明白だが、第一項は複文なので、どの部分を指すかによって解釈が分かれる。「前項」が「正義と秩序を基調とする国際平和を誠実に希求」することを指すならば、あらゆる戦力の保持が許されず「交戦権」自体が否定されるが、「国際紛争を解決する手段として」を指すならば、自衛戦争と制裁戦争は許され「交戦権」も認められる。

さて、「マッカーサー草案」と呼ばれる憲法草案によれば、第九条第一項の「武力」も第二項の「戦力」も同じ「force」で表現されている。そこで私が勝手に想像していたのは、当時の日本側の憲法作成者が、将来に異なる解釈の余地を残すために、故意に別の訳語を当てたのではないかということだった。

ところが、本書の著者・笠原十九司氏は、「戦争放棄」条項の真の提案者は当時の首相・

幣原《しではら》喜《き》重郎《じゅうろう》であるという。笠原氏は、その根拠として幣原首相の秘書官・平野三郎の「平野文書」を掲げる。その仮説を立証するため、笠原氏は、「幣原発案説」一二説・「幣原発案否定説」一一説・「幣原・マッカーサー合作説」三説を四七一ページにわたって詳細に分析する。この仮説の是非は別として、その分析は推理小説のように興味深い。少なくとも「戦争放棄」条項がアメリカから全面的に「押し付けられた」という短絡的な「俗説」は、綿密な実証によって見事に論駁《ろんばく》される。

本書で最も驚かされたのは、昭和天皇が一九四五年九月から一九五一年四月まで一一回もマッカーサーと会見していたことである。その内容は極秘だが、第三回の一九四六年一〇月一六日会見記録だけは例外的に閲覧できる。昭和天皇はそこで「戦争放棄の大理想を掲げた新憲法に日本は何処までも忠実でありましょう」と明言している。昭和天皇の「大理想」も重大な意味を持っていたのではないだろうか。

本書のハイライト

憲法九条発案者は永遠に謎であるなどと言われているが、一国の憲法の、人類史における平和のための宝といえる条項の発案者が謎であるはずはない。幣原発案を証明する決定的な証拠である「平野文書」を無視してきたことが「謎」たらしめているのである。本書のように「平野文書」を根拠にすれば、マッカーサーの証言、回想録さらに幣原の発案とマッカーサーへの提案に「内諾」を与えたことを記した『昭和天皇実録』とセットになって、憲法九条発案者はもはや「謎」でないことは証明されたのではないか。（四三八頁）

笠原十九司（かさはらとくし）一九四四年生まれ。東京教育大学大学院東洋史学研究科中退。都留文科大学名誉教授。専門は中国近現代史・日中関係史。著書に『南京事件』（岩波新書）や『南京事件論争史』（平凡社新書）などがある。

「生殖医療」の最前線で何が起こっているのか？

『ゲノムの子』（集英社新書）

「生命倫理」の意味

一九七八年七月二五日、世界最初の「試験管ベビー」ルイーズ・ブラウンがイギリスで誕生した。ルイーズの母の不妊治療の最終手段として、医師が顕微鏡上で精子と卵子を受精させて母体の子宮内に直接注入し、無事にルイーズが生まれたのである。彼女の両親に命名を頼まれた産科医師は、「世界中の人々と喜びを分かち合う」という意味で「Joy（喜び）」というミドルネームを与えた。ルイーズ・ジョイ・ブラウンは現在、ブリストル郵便局に勤務し、二人の息子を儲けている。

この「体外受精技術」を確立したケンブリッジ大学名誉教授ロバート・エドワーズは、その業績により二〇一〇年にノーベル生理学・医学賞を受賞した。その後、彼の技術によって誕生した体外受精児は、世界で七〇〇万人から八〇〇万人に達するといわれる。この技術は、不妊治療に飛躍的な進歩をもたらす一方で、かつて誰も想定しなかった新たな「生命倫理」の問題を生じさせた。

一九八八年、イタリアで、離婚経験のある四八歳の女性が再婚した。彼女は、新たな夫との間に子供が欲しかったが、子宮障害のため出産は不可能だった。そこで彼女は、前の夫との間に生まれた当時二〇歳の実娘に「代理出産」を頼んだ。つまり、彼女は、自分の卵子と新しい夫の精子を体外受精させ、この受精卵を自分の実娘に移植して代理出産させたわけである。この実娘は、遺伝上は「自分の異父兄弟（あるいは姉妹）」を出産したことになる。

その後イタリアでは、夫が凍結保存していた亡き妻の卵子と自分の精子を体外受精させて、この受精卵を自分の実妹に移植して、代理出産させた事例も明らかになった。この実妹は、遺伝上は「自分の甥（あるいは姪）」を出産したことになる。これらの事例は、カトリック教徒の多いイタリアで「神を冒涜する行為」とみなされ、強い批判を浴びた。今ではイタリアや多くのヨーロッパ諸国が「非配偶者間の卵子提供」と「代理出産」を禁止している（この種の「生命倫理」の諸問題については拙著『哲学ディベート』をご参照いただきたい）。

さて、本書の著者・石原理氏によれば、「神の領域」に近付く生殖医療の第一段階が「体外受精」とすると、第二段階は「受精卵」段階における治療と遺伝子操作である。かつての「遺伝子組み換え」は、主に植物や家畜に応用されてきたが、複雑なヒトゲノムは編集できなかった。ところが、二〇一二年に「クリスパー・キャス9」と呼ばれる精度が高く安価で、しかも効率のよいゲノム編集ツールが登場して、状況が大きく変わった。この編集ツールを開発したマックス・プランク感染生物学研究所のエマニュエル・シャルパンティエ教授と、カリフォルニア大学バークレー校のジェニファー・ダウドナ教授は、二〇二〇年にノーベル化学賞を受賞している。

本書で最も驚かされたのは、ヒト胚研究を「ヒトの受精及び胚研究に関する法律」で厳密に規制するイギリスに比べて、日本には「クローン規制法」以外に法規制がなく、厚生労働省や日本産科婦人科学会の指針に基づく自己規制に放任されているという曖昧な実態である。すでにゲノム編集によって、遺伝性疾患の出生前治療が可能になると同時に、瞳の色や髪の質、身長や運動能力、知能や記憶力、肥満や生活習慣病に罹りにくい体質までも生み出せる状況下にある。「生命倫理」の諸問題について、根本的な審議が急務である。

本書のハイライト

生と死をめぐるさまざまな意見や見解を戦わせる時、「生命倫理」という言葉が、切り札であるスペードのエースや免罪符のように使用されることがわが国でもある。これに、私はしばしば違和感を持ってきた。なぜなら、「生命倫理」についての、わが国における位置付けは、欧米諸国のような宗教的、哲学的な背景の裏付けを伴った（人間を超越する「何か」を想定した上での価値観や理論体系の中における）用いられ方ではないように思えるからである。（一七六頁）

石原理（いしはらおさむ）一九五四年生まれ。群馬大学医学部卒業。女子栄養大学教授・同大学栄養クリニック所長。専門は生殖内分泌学・生殖医療。著書に『生殖革命』（ちくま新書）や『生殖医療の衝撃』（講談社現代新書）などがある。

ウィーン・フィルの「しなやかさ」とは何か？

『ウィーン・フィルの哲学』（ＮＨＫ出版新書）

ウィーン・フィルの自主運営

アメリカに留学していた頃、マリアというベネズエラからの留学生がいた。美学専攻でヨーロッパ系の端正な顔立ちである。ベネズエラといえばラテンアメリカの国なので「もちろんジャズやボサノバが好きだよね」と聞くと、「私はどちらかというとクラシックが好き」と言われて驚いたことがある。

ベネズエラでは、後に文化大臣となるホセ・アブレウが一九七五年に「エル・システマ(El Sistema)」と呼ばれる音楽教育システムを創始した。彼は「音楽こそが人間にとって最も重要な価値と調和、相互の思いやりをもたらす」という理念のもとに「音楽の社会運動」を実践した。政府が無料で児童に楽器を提供し、しかも無料でレッスンを受けられるようにしたのである。その後、ベネズエラでは非行に走る貧困層児童が大幅に減少し、クラシックが国民の教養となったという。

マリアも「エル・システマ」のおかげで幼少期からピアノとヴァイオリンのレッスンを受け、フルートも吹けるようになったそうだ。殺伐とした日本の画一化児童教育と比べて、なんと優雅で魅力的なシステムだろう。このシステムが天才指揮者グスターボ・ドゥダメルを生み出したことも、後で知った。

二〇一四年九月二五日、ドゥダメル指揮によるウィーン・フィルハーモニー管弦楽団の『ツァラツストラはかく語りき』をサントリーホールで聴いた。彼の指揮棒から、壮大で華麗に響き渡る音楽が劇的に生まれる。来日時の彼は若齢三三歳だが、「世界最高峰」のウィーン・フィルと完全に調和していた。

さて、ウィーン・フィルといえば、多くの読者が思い浮かべるのは「ニューイヤーコンサート」ではないだろうか。このコンサートの中継は毎年ウィーンの元旦一一時、時差のある日本では一九時から始まり、全世界で五〇〇〇万人以上が視聴する。ウィーン学友協会の

「黄金の間」で開催されるチケットは二〇〇〇席の抽選に対して世界中から申し込みが殺到し、当選確率は数千分の一という。

本書で最も驚かされたのは、一八四二年の設立以来、ウィーン・フィルが一貫してオーケストラの演奏家たち自身によって自主的に運営されているという事実である。ウィーン・フィルの最高意思決定機関は一四七名の演奏家を正会員とする総会であり、そこで収益を配分し、コンサートごとに指揮者を選ぶ。政府や企業の経営母体を持たず、常任指揮者も置かず、オーケストラの演奏家たちが民主的に自由な意思決定を下している。なぜそんなことができるのか？

実は、ウィーン・フィルの演奏家は全員がウィーン国立歌劇場管弦楽団に所属し、オペラ演奏によって安定収入を得ている。本業のオペラに支障がないように綿密な年間計画を立てて、ウィーン・フィルとしてコンサート活動を行っているわけである。本書の著者・渋谷ゆう子氏は、第一次世界大戦と第二次世界大戦、それにコロナ・パンデミックの危機を乗り越えてきたフィルの「底力」を詳細に分析している。

二〇二〇年一月には作曲家ジョン・ウィリアムズを指揮者に招き、彼の映画音楽のみでコンサートを実施した。柔軟に『未知との遭遇』や『スター・ウォーズ』を演奏する「しなやかさ」が、ウィーン・フィルの「しなやかな哲学」を象徴しているように思える。

本書のハイライト

ウィーン・フィルハーモニー管弦楽団。その一八〇年に及ぶ時間の中で、偉大な作曲家や指揮者と積み重ねてきた歴史と伝統を守らなければならないという強い責任感と意志、そして変わりゆく時代に対応するしなやかさを、パンデミック下の三年間追い続けた私の言葉で、ここに残しておきたいと思う。この時代にウィーン・フィルがどのように困難を越えて存続しようとしていたか、その苦労に共感いただければ幸いである。（二〇九 - 二一〇頁）

渋谷ゆう子（しぶやゆうこ）一九七四年生まれ。大妻女子大学文学部卒業。株式会社ノモス代表取締役・音楽プロデューサー。ウィーン・フィル密着取材を続ける。

いかにして「破滅」寸前の日本が救われたのか？

『昭和と日本人　失敗の本質』（角川新書）

「日本のいちばん長い日」

一九三六年（昭和一一年）二月二六日午前五時、陸軍大尉・安藤輝三《てるぞう》の指揮する一隊が侍従長官邸を襲撃した。

鈴木貫太郎伝記編纂委員会『鈴木貫太郎傳』によると、侍従長・鈴木貫太郎は、兵隊から頭・肩・左脚・左胸の四か所を撃たれて倒れた。血の海になった八畳間に安藤が現れると、下士官が「中隊長殿、とどめを」と言った。安藤が軍刀を抜くと、部屋の隅で兵隊に押さえ込まれていた妻・たかが「お待ちください」と叫び、「老人ですからとどめは止めてください。どうしても必要というなら私が致します」と叫んだ。

安藤は頷いて軍刀を収め、「鈴木貫太郎閣下に敬礼する。気をつけ、捧げ銃」と号令した。そして、たかの前に進み出て「誠にお気の毒なことを致しました。我々は閣下に対しては何の恨みもありませんが、国家改造のためにやむを得ずこうした行動をとったのであります」と言って、引き上げて行った。

たかは、近所に住んでいる日本医科大学学長の外科医・塩田広重に助けを求めた。鈴木は、出血多量のため一度は心臓停止となったが、たかが枕元で大声で呼びかけると、奇跡的に息を吹き返した。この「二・二六事件」の発生直後、たかは昭和天皇に直接電話を掛けて、鈴木が命をとりとめた状況を説明している。

たかは、一九〇五年から一九一五年にかけて、皇孫御用掛として、一九〇一年生まれの昭和天皇の教育係を務めていた。昭和天皇は、侍従長となった鈴木に「たかのことは、母のように思っている」と話しかける間柄だったのである。その背景を知ると、「終戦は、私と肝胆相照らした鈴木であったからこそ、できたのだと思っている」という昭和天皇の言葉も、よく理解することができる。

さて、一九四五年（昭和二〇年）八月一四日、首相・鈴木貫太郎は、最後まで「徹底抗戦」を叫び続ける軍部を抑え込むため、天皇が自ら御前会議を招集して「ポツダム宣言」受諸を「聖断」するという奇想天外な方法を画策した。

会議での昭和天皇の言葉は「自分ノ此ノ非常ノ決意ハ変リナイ。内外ノ動静国内ノ状況、彼我戦力ノ問題等、此等ノ比較ニ附テモ軽々ニ判断シタモノデハナイ」から始まる。「本土決戦」に対しては「然シ戦争ヲ継続スレバ、国体モ何モ皆ナクナッテシマヒ、玉砕ノミダ。今、此ノ処置ヲスレバ、多少ナリトモ力ハ残ル。コレガ将来発展ノ種ニナルモノト思フ」と冷静に拒否する。

大本営陸軍部戦争指導班『機密戦争日誌』は、天皇の言葉が次のように続いたと記す。

「—以下御涙ト共ニ—忠勇ナル日本ノ軍隊ヲ、武装解除スルコトハ堪エラレヌコトダ。然シ国家ノ為ニハ、之モ実行セネバナラヌ。〔…〕ドウカ賛成ヲシテ呉レ。之ガ為ニハ、国民ニ詔書ヲ出シテ呉レ。陸海軍ノ統制ガ困難ナコトモ知ッテ居ル。之ニモヨク気持チヲ伝ヘル為、詔書ヲ出シテ呉レ。ラヂオ放送ヲシテモヨイ。如何ナル方法モ採ルカラ」

本書で最も驚かされたのは、海軍大臣・米内光政と次官・井上成美がクーデターを断行すべきだと画策し、さらに「ソ連とは万難を排して手を握ること」と考えていたことである。軍部上層部は、これほどまでに国際情勢に「無知」であり、「井の中の蛙」だったわけである。

もし軍部がクーデターを起こせば、結果的に日本は二分割や三分割されて、ロシアやアメリカや中国に分割統治された可能性が高い。本書の著者・半藤一利氏が強く指摘するように、日本は真に「破滅」寸前だったのである！

本書のハイライト

政治的手腕という点だけから見れば、もっと人材はいたことであろう。岡田啓介、近衛文麿、若槻禮次郎、木戸幸一……。それらの人びとに鈴木さんはとても及ばなかった。むしろ政治性ゼロ。しかし、その政治性ゼロの政治力を発揮して大事業を成し遂げた源泉はなにか、といえば、無私無欲ということにつきる。つねに〝私〟がないから事の軽重本末を見誤ることがなかったし、いまでは想像することもできぬ狂気の時代に、たえずひとり醒めた態度で、泰然毅然かつ恬然とし、悠々としていられたのである。（一九四頁）

半藤一利（はんどうかずとし）一九三〇年生まれ。東京大学文学部卒業。「週刊文春」「文藝春秋」編集長・文藝春秋専務取締役を務めた。著書に『日本のいちばん長い日』（文春文庫）や『歴史探偵』（文春新書）などがある。二〇二一年一月に逝去。

なぜ日本の税金のゆくえは「暗闇」なのか？

『追跡　税金のゆくえ』（光文社新書）

誰もが目を背けてきたズサンな実態

二〇二〇年四月一日、当時の安倍晋三首相は記者会見で、日本郵政の全住所配布システムを活用して「一世帯あたり布製マスク二枚」を配布すると述べた。コロナパンデミックに際して「先手先手で必要な対策を実施する」と大口を叩いていた首相のコロナ対策の第一歩が「一世帯あたり布製マスク二枚」とは、あまりに「ショボ」すぎて、SNSでは「エイプリル・フール」のジョークかと思ったら事実と知ってさらに驚き呆れた、という声が数多く流れた。

日本全国五七〇〇万世帯に郵送するとして、必要な八四円切手だけでも四七億八八〇〇万円が掛かる。布製マスクの本体価格や封筒挿入作業の膨大な人件費を含めて考えると、三〇〇億~四〇〇億円が見込まれる。この予算があるなら、なぜコロナパンデミックの初期段階で大幅に不足している「人工呼吸器」や「不織布マスク」量産に回さなかったのか?

海外メディアの通信社ブルームバーグは「『アベノミクス』から『アベノマスク』へ:日本政府のマスク計画が物笑いの種になっている」(From Abenomics to Abenomask: Japan mask plan meets with derision)と伝えた。英語で「derision」といえば「あざ笑い」という意味で、かなり侮蔑的なニュアンスである。

しかも、妊婦に優先的に配布された「アベノマスク」には、髪の毛や虫などの異物混入、変色ガーゼやカビが付着した「不良品」が多く認められたため、「回収検品」することになった。この「回収検品」の経費だけで、また八億円以上が浪費された。

店頭に輸入品の不織布マスクがあり余るように並んだ頃、ようやく届いたアベノマスクは、実際に何かの役に立っただろうか? これを実際に身に着けた国民は何人いるだろうか?

その後、介護施設の九八%が受け取りを拒否したため約八二〇〇万枚(一一五億一千万円相当)のアベノマスクが余り、その保管料で、また年間八億円が掛かっている。おまけに、最後まで迷惑をかけ続けたアベノマスクの使途不明金は、四六六億円にも上っている。

アベノマスクの愚策に「血税が無駄にされた」と思うと、怒りが込み上げてくる納税者は多いだろう。これに加えて、本書の著者・高橋祐貴氏が綿密な取材と詳細な資料で暴露するオリンピック経費の「ピンハネ」やコロナ支援金の「中抜き」、地域の消防団員報酬と農業補助金の「しきたり」を読むと、さらに暗澹《あんたん》たる思いになる。

本書で最も驚かされたのは、高橋氏が取材追跡して入手した「委託契約書」によると、オリンピック期間中にディレクターに支払われる日給は一人あたり三五万円で四〇日分だと一四〇〇万円、最も安いサービススタッフの日当も二万七千円で総額約二億七〇〇〇万円と常識を逸脱した高額人件予算が組まれていた点である。

最終的に組織委員会が報告した大会経費一兆四二三八億円には、施設設備費二八〇三億円が含まれないことが会計検査院から指摘された。総額一兆七千億円余りの経費詳細は「ブラックボックス」のまま委員会は解散というズサンさである。

その後、オリンピック組織委員会の高橋治之・元理事が受託収賄罪で起訴された。月刊『文藝春秋』二〇二二年一二月号によれば、当時の安倍首相から「絶対に高橋さんは捕まらないようにします」と約束されて引き受けたというから、闇は深い。

本書のハイライト

拾ってきたネタには「リスク」があり、これが厄介だった。誰も触れてこなかった問題があった。むしろ、他の記者がリスクを嫌ったからこそ放置されてきたのかもしれない。さらには、外部から見えない圧力がかかり、問題が日の目を浴びないかもしれない。そんな不安がよぎり、万が一に備えて辞表の書き方を聞いた。ネタに押し潰されそうになりながら世に送り出したが、満足感はまったくなかった。それよりも安堵を感じつつも、少しずつ憔悴していっている気がした。（五頁）

高橋祐貴（たかはしゆうき）生年非公開。慶應義塾大学文学部卒業。毎日新聞社東京本社経済部記者。著書に『幽霊消防団員』（光文社新書）がある。

なぜ「優しいコミュニケーション」がとれなくなったのか？

『優しいコミュニケーション』（岩波新書）

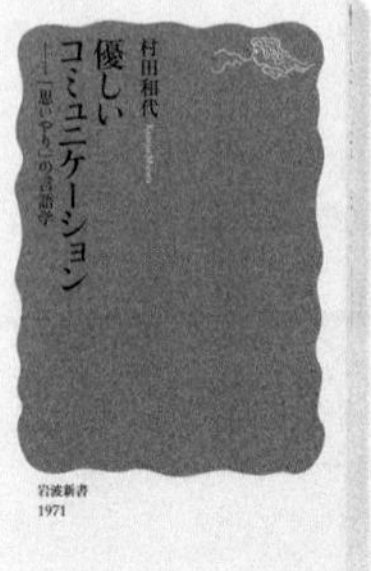

コミュニケーションの「思いやり」

先日、ある出版社の編集者から「バカをテーマにした新書」を書いてほしいという依頼があった。「バカ」でベストセラーになった新書といえば、東京大学名誉教授・養老孟司氏の『バカの壁』が思い浮かぶ。最近では、早稲田大学名誉教授・池田清彦氏が「バカ」という言葉がお好きなのか、『バカにつける薬はない』『平等バカ』『バカの災厄』『自粛バカ』などの新書を刊行している。

ネットで「バカ＋新書」を検索すると、数え切れないほど出てくる。『バカとは何か』『バカの正体』『バカと無知』『教養バカ』『検索バカ』『理系バカと文系バカ』『アホ大学のバカ学生』『物を売るバカ』『忖度バカ』『定年バカ』『バカ上司の取扱説明書』『コロナとバカ』『バカ格差』『バカの国』『即答するバカ』『こだわりバカ』『感情バカ』『バカざんまい』『バカ力』『ネットのバカ』『炎上するバカさせるバカ』『日本人の99・9％はバカ』『バカになれ』……。

挙句の果てには『世界でバカにされる日本人』『英語を学べばバカになる』『最高学府はバカだらけ』『人は上司になるとバカになる』『バカ親、バカ教師にもほどがある』『バカに唾をかけろ』といった挑発的なタイトルも出てくる。

私も「バカをテーマにした新書」を書いて、このグループに参入するという意欲は、まったく湧かない。これまでに私は、著書・翻訳書・監修書を含めて五〇冊の書籍を上梓してきたが、そこに「バカ」が付いたタイトルは一冊もない。たしかに「バカ」というタイトルは人目を引くかもしれないが、この言葉は人を罵倒して人格を否定し、コミュニケーションを分断する際に用いられる。マナーとしても、公の書籍のタイトルとして相応しいとは思えない。

ところが、近年のＳＮＳを眺めていると、「バカ」などよりも遥かに強烈な罵詈雑言が平気で撒き散らされている。相手を一方的かつ徹底的にやり込めようとするギスギスとした議論が続き、人に対する「優しさ」や「思いやり」があまり見られない。なぜ「優しいコミュニケーション」がとれなくなったのか？

そもそも言語は、社会状況に応じて変化する。「何を言うか」ではなく「どのように言うか」に着目するのが社会言語学である。窓を閉めてほしいとき、顎で指して「窓」と言うか、「窓閉めて」と命令口調で言うか、「悪いけど窓閉めてくれますか」と丁寧に言うかで、受け手の印象は大きく変化する。

本書で最も驚かされたのは、政府の危機管理コミュニケーションがいかに不適切だったか、社会言語学的分析で裏付けられる点である。コロナ初動期（二〇二〇年三月〜七月）の記者会見の回数を数えると、小池百合子東京都知事「三四回」、吉村洋文大阪府知事「一二三回」に対して、安倍晋三首相は「八回」しか会見を開いていない。

両知事が数字・分析を示して結論に「思います」と丁寧表現を多用するのに対して、安倍首相の会見は数字・分析がなく、飛躍した論理展開から「言い切り」の結論に至る。行動するのは「国民」で評価するのは「私」という安倍首相の「上から目線」が、言語分析からも明確に立証される点が興味深い。

本書のハイライト

筆者は、一貫して、言語・コミュニケーション研究の社会貢献というテーマに取り組んできました。実際に、現場のフィールドワークやコミュニケーションの観察、現場の方々への聞き取りも進めてきました。コミュニケーション研究を通して、人に優しいコミュニケーションのエッセンスや、価値観や利害の異なるひとたちが「共生」し、「創発」が生まれるようなコミュニケーションデザインを見いだせると考えています。（ｖ頁）

村田和代（むらたかずよ）生年非公開。ニュージーランド国立ヴィクトリア大学大学院言語学研究科修了。龍谷大学政策学部教授。専門は社会言語学・語用論。著書に『包摂的発展という選択』（共編著、日本評論社）がある。

なぜ「統一教会」は二五年以上も放置されてきたのか？

『統一教会』（中公新書）

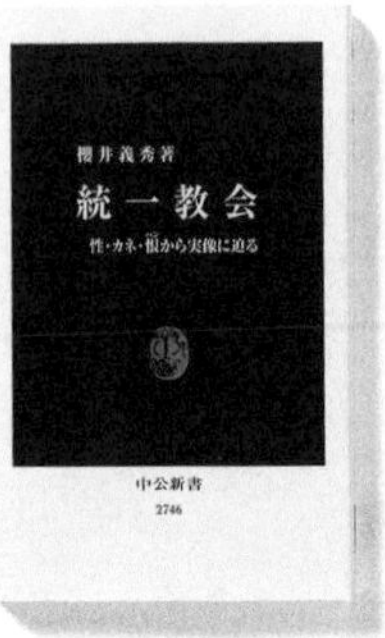

「性・金・恨《ハン》」に基づくカルト分析

一九九八年（平成一〇年）九月二二日午前一〇時、第一四三回国会参議院法務委員会が開会された。そこで参議院議員・中村敦夫氏が「統一協会」について質問した議事録がある。この議事録を読むと驚かされるのは、今から二五年も前に、現在大騒ぎになっている「統一協会」問題の本質が、ほとんどすべて網羅され追及されていることだ。「統一協会」を調べ上げた中村氏が、被害者の立場に立って、多彩な角度から踏み込んで質問している姿勢がよくわかる。

中村氏は「統一協会は宗教の名をかりてさまざまな反社会的な行動をとっている団体でご

ざいますけれども、特に青年たちあるいは主婦層をターゲットに、大変システマチックな心の操縦法というものをうまく使いまして、いわゆるマインドコントロールをしていく」と「統一協会」を定義している。

「最初は正体を隠してさまざまな形で勧誘」を行い、「ビデオを見せたり、いろいろなサービスを与えて引き込んで」いきながら「次第に今までの考え方を否定」することによって「常識というものを全部壊していく」。そこで「だんだん自信がなくなって心が真っ白になって」いく「段階で教義のようなものをがんがんと注入していく」。「ある段階まで来ると、これを集団的に隔離して、完全にもう自分の判断で物を考えることができないような、そういう頭の構造につくり変えて」いく。つまり、一種の信者ロボットを生み出す。

いったん信者ロボットが完成すると「外界の情報を完全に遮断」して「珍味売り」や「霊感商法」などに従事する「無賃労働者」にする。「統一協会の利益」の「八割」が「日本の霊感商法から上がって」いることや「合同結婚式」の「大変高い会費」も挙げて「こんな団体がぬけぬけと放置されているという事態そのものが私は大変おかしいと思っております」と病巣を明らかにしている。

さて、中村氏が「反社会的団体」としての「統一協会」を議事録に記載しているのに対して、本書の著者・櫻井義秀氏は一貫して「統一教会」という呼称を用いている。「統一教会」は「世界布教」を行い、「おそらく世界中の宗教学者や社会学者が認知する新宗教となっている」というのが、櫻井氏の認識である。

本書によれば、その教義の核心にあるのは、（一）「性」（サタンとの不倫による人類の悪の血統を合同結婚式で浄化）、（二）「金」（高額献金による先祖解怨《かいえん》、サタンから教会の支配に復帰）、（三）「恨《ハン》」（日本の植民地政策に対する贖罪の希求）である。その「統一教会」に山上徹也氏の母親は入信し、全財産一億円を献金して自己破産し、息子を不幸のどん底に突き落としたのである。

本書で最も驚かされたのは、山上被告が安倍元首相を銃撃する一〇か月前、全国霊感商法対策弁護士連絡会が、安倍氏が統一教会関連団体に祝辞を送ることに対して「公開抗議文」を送付していたことだ。二五年前の中村氏の質問から死の一〇か月前の抗議文に至るまで、安倍元首相に警告は届かなかった！

本書のハイライト

社会問題の解決は必ずしも勧善懲悪とはいかないし、司法や行政の施策にも限界がある。そこを補完するのが市民による社会活動なのだが、統一教会問題にこれから宗教界はどう関わり、個々の家庭や学校はどう対処していくべきかといった、社会の側に論点をすえる動きは乏しい。けれども、宗教に対する規範意識の緩さ、家族の孤立、歴史教育の弱さや宗教文化教育の欠落といった背景があるからこそ、統一教会は教勢を拡大できたのである。逆の言い方をすれば、日本社会に足りないこうした部分を強化することでしか、統一教会問題をはじめとする種々のカルト問題は解決できない。（三一三頁）

櫻井義秀（さくらいよしひで）一九六一年生まれ、北海道大学大学院文学研究科修了。同大学大学院文学研究科教授。専門は宗教社会学・宗教文化論。著書に『「カルト」を問い直す』（中公新書）や『カルト問題と公共性』（北海道大学出版会）などがある。

「戦前」とは何だったのか？

『「戦前」の正体』（講談社現代新書）

「戦前」を支えた「神話」

「戦前」という言葉を聞いて思い浮かぶのは、天才的な業績「多変数関数論」で知られる数学者・岡潔のことである。明治三四年（一九〇一年）生まれの岡は、日本で最も有名な数学者だといっても過言ではない。世界的な「岡の連接定理」に加えて、彼が著作や講演を通して未来の日本人に警告を発したからである。

岡は、常にゴム長靴を履き、文化勲章を受章した際には、昭和天皇に「数学とは生命の燃焼です」と答えた。大学講師時代には、突然中学生を襲って自主退職し、「金星から来た娘」と会話を交わした翌日に「岡の連接定理」を発見。「二〇一二年に天照大神が降臨する」と予言するなど数多くの奇行でも知られる。

岡は、日本人の「情緒」を何よりも大切にした。幼い頃から父親が岡に教えたのは「日本人は桜の花が好きである。それは散りぎわがきれいだからである」という信条だった。「父の話してくれる、北畠顕家や楠木正行《まさつら》の率いる若人たちの死を恐れぬ疾風の進軍が、パッと咲いた花吹雪を見るように美しく思えた」と岡は言う。六五歳になった岡が「今でも、小学校で習った唱歌『吉野を出でて打ち向かう、飯盛山の松風に……』を口ずさむと、そのときの感激がピリピリッと背骨を走る」と書くほど、彼は古風な父親の影響下にあった。

一九六五年に小林秀雄と対談した際には「私は日本人の長所の一つは、時勢に合わない話ですが、『神風』のごとく死ねることだと思います。あれができる民族でなければ、世界の滅亡を防ぎとめることはできないとまで思うのです」と主張している。小林が仰天して「あなた、そんなに日本主義ですか」と言っているくらいだから、岡の「日本主義」崇拝は相当なものである（この対談の詳細な分析については、拙著『小林秀雄の哲学』をご参照いただきたい）。

さて、「戦前」といえば「大日本帝国憲法」「八紘《はっこう》一宇《いちう》」「教育勅語」「良妻賢母」「言論封殺」などの言葉が浮かぶ。『教育勅語謹解』では「孝行・友愛・夫婦ノ和・朋友ノ信・謙遜・博愛・修学習業・智能啓発・徳器成就・公益世務・遵法・義勇」を順守することが「臣民」の「忠孝」と定められている。

この「十二徳」に郷愁を抱く人々は「戦前回帰」を求め、戦後の日本に舞い降りてきた「自由・平等・平和」を求める人々は「戦前回帰」をグロテスクな時代錯誤とみなす。ところが、そこで使われる「戦前」という言葉自体が、「都合のよさそうな部分を適当に寄せ集めた」奇怪な概念にすぎないというのが本書の著者・辻田真佐憲氏の立場である。辻田氏によれば、戦前の本質は「神話」にある。

本書で最も驚かされたのは、明治維新によって、日本は天照大神の直系である神武天皇に統治される「神国」だという「神武創業」の神話が法律や教育に組み込まれた、という分析である。そこから「天皇は万国の大君である」という天地開闢《かいびゃく》の誇大妄想に繋がり、「米英を撃ちてし止まむ」と大東亜戦争に繋がる。要するに、「戦前」とは「神話」に支えられた「物語」の世界だったというわけである！

本書のハイライト

「プロパガンダをしたい」当局と、「時局で儲けたい」企業と、「戦争の熱狂を楽しみたい」消費者という三者にとってウィン・ウィン・ウィンな利益共同体が、軍歌という空前の国民的エンターテイメントを生み出したのである。別に古臭くマニアックな話ではあるまい。現在でも、衝撃的なニュースが飛び込んできたら、便乗的なウェブ記事などがたくさん出てくる。消費者もそれを積極的に受容している。そして政府もそれに乗っかって予算や法律を通そうとしたりする。独裁的な司令塔があるわけではなく、ただ空気によってなんとなく流されていく。この「波乗り」は日本社会でよくみられる現象だ。（二八四 - 二八五頁）

辻田真佐憲（つじたまさのり）一九八四年生まれ。慶應義塾大学大学院文学研究科中退。評論家。専門は日本史・近現代史。著書に『防衛省の研究』（朝日新書）や『日本の軍歌』（幻冬舎新書）などがある。

なぜ「パラドックス」が「最強に面白い」のか？

『最強に面白い　パラドックス』
（ニュートン超図解新書）

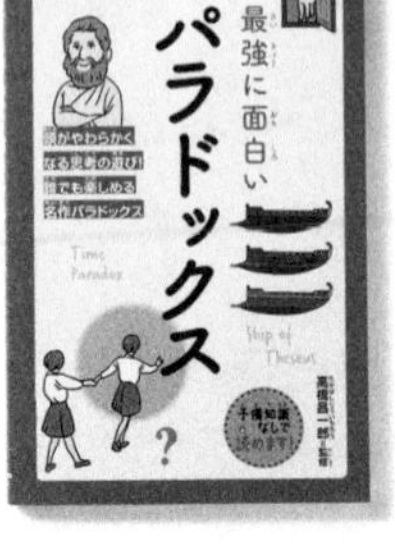

「囚人のジレンマ」

二人の銀行強盗が警察に捕まったとする。検察官は二人に罪を認めさせたいが、二人の囚人は、もちろん刑期を短くしたいと願っている。そこで検察官は、二人を別々の独房に入れて、各々に次のように言った。「お前も相棒も黙秘を続けたら、銀行強盗は証拠不十分で立件できない。せいぜい武器不法所持の罪で二人とも一年の刑期というところだろう。逆に二人とも銀行強盗を自白したら、刑期はそろって五年になる。しかし、今、お前が正直に二人で銀行強盗をやったと自白すれば、捜査協力の返礼としてお前を無罪放免にしてやろう。ただし、相棒は一〇年の刑期になるがね。どうだ？」

囚人は、相棒に協調して黙秘を続けるべきか、相棒を裏切って自白すべきか、考え込むだろう。さらに検察官は、次のように催促する。「実は、お前の相棒にもまったく同じことを話してあるんだ！　もし相棒が先に自白してお前が黙秘を続けたら、相棒は無罪放免だが、お前は一〇年も牢獄行きだぞ！　さあ、どうする？　急いで自白しなくていいのか？」

この状況で、二人の囚人は深刻なジレンマに陥る。もしお互いに黙秘を続ければ、一年の刑期で二人とも出所できるため、それが二人にとって最もよい結果であることは明白である。しかし、もし相棒が裏切ったらどうなるか？　相棒はすぐに出所して自由になるが、自分は一〇年間も牢獄に閉じ込められてしまう。そこで、結果的に、二人の囚人はそろって自白して、どちらも五年の刑になってしまう。そして二人は刑務所で考え込むわけである。お互いが黙秘していればたった一年で済んだはずなのに、もっとうまくやる方法はなかったのか。もっと「理性的」な選択はなかったのかと……。

プリンストン大学の数学者ジョン・ナッシュは、この種の社会的ジレンマを数学的に解析して現代ゲーム理論の基礎を築き、一九九四年にノーベル経済学賞を受賞した。ナッシュは、囚人のジレンマのような状況で、一方のプレーヤーが最適な戦略を採ったとき、他方のプレーヤーもそれに対応する戦略を最適にするような「ナッシュ均衡《きんこう》」が存在することを証明したのである。

「均衡」あるいは「安定」という概念は、多くの科学分野に登場する。たとえば、紅茶に砂糖を入れ続けると、ある時点で化学的に「均衡」な状態になり、砂糖は溶けなくなって沈殿し、紅茶もそれ以上は甘くならなくなる。ナッシュは、囚人のジレンマにおいても各自が最善を尽くす均衡状態があることを示したが、それは二人の囚人がどちらも「自白する」選択なのである。この選択では、どちらの囚人も五年の刑になる以上、それが二人にとって最適とはいえないように映るが、黙秘して相手に裏切られて一〇年の刑になるよりはマシだということである。つまり最悪を回避するのが均衡なのである。

ところが、トロント大学の心理学者アナトール・ラパポートは、ナッシュ均衡が必ずしも「理性的な選択」を意味するわけではないと主張する。彼は、「理性的」な人間であれば、あくまで相互に「意識して」協調して黙秘を貫くはずだという。なぜなら、二人が疑心暗鬼を振り切って取り調べに耐え抜くことさえできれば、二人とも一年の刑期で出所できるわけで、それが二人にとっての最大の利得だからだ。つまり最大利得を得るのが理性なのである。

もし「囚人のジレンマ」に陥ったらどうすればよいのか、誰もが納得する解はない。本書では、この種の解決不能で多種多彩なパラドックスを「論理・数学・宇宙・物理学」の四分野から紹介した。「最強に面白い」はずである！

本書のハイライト

囚人のジレンマの状況は、黙秘か自白、どちらを選択するにしても論理的にまちがっていない理由づけができてしまいます。そのため、どちらを選択するのがほんとうに合理的なのか判断がつかないのです。考案から六〇年以上たった現在でも、黙秘と自白のどちらがよいかについて、研究者の間で統一した見解がない、真のパラドックスです。（二八頁）

コラム　「新書大賞」について

不可解な「新書大賞」

「新書」を愛する人間として、一言だけ、苦言を呈したいことがある。それは、二〇〇八年に中央公論新社が創始し、現在も続いている「新書大賞」という賞についてである。

具体的な事例で説明しよう。雑誌『中央公論』二〇二二年三月号に「新書大賞二〇二二」が発表された。その結果を見ると、上位二〇冊は次のようになっている。

第一位	『サラ金の歴史』（中公新書）	一九九点
第二位	『生物はなぜ死ぬのか』（講談社現代新書）	一一二点
第三位	『荘園』（中公新書）	八八点
第四位	『デジタル・ファシズム』（ＮＨＫ出版新書）	七九点
第五位	『ゲンロン戦記』（中公新書ラクレ）	七八点

第六位	『ジョブ型雇用社会とは何か』（岩波新書）	七七点
第七位	『歴史修正主義』（中公新書）	七四点
第八位	『ヒトラー』（岩波新書）	六九点
第九位	『無理ゲー社会』（小学館新書）	五五点
第一〇位	『「利他」とは何か』（集英社新書）	五二点
第一一位	『批評の教室』（ちくま新書）	四四点
第一二位	『氏名の誕生』（ちくま新書）	四〇点
第一三位	『ロヒンギャ危機』（中公新書）	三七点
第一四位	『原敬』（中公新書）	三五点
第一五位	『古代中国の24時間』（中公新書）	三四点
第一五位	『安いニッポン』（日経プレミアシリーズ新書）	三四点
第一七位	『米中対立』（中公新書）	三二点
第一八位	『サボる哲学』（ＮＨＫ出版新書）	三一点
第一八位	『探究する精神』（幻冬舎新書）	三一点
第二〇位	『土葬の村』（講談社現代新書）	三〇点

この上位二〇冊を見て最初に気付くのは、出版社が非常に偏っていることである。現在、日本で新書を発行している出版社は三〇社以上あるが、このリストに登場するのは、そのうちの九社（約三〇％）にすぎない。

しかも「中公新書」だけで二〇冊のうち八冊（四〇％）を占め、「岩波新書」「講談社現代新書」「ちくま新書」「ＮＨＫ出版新書」が仲良く二冊ずつで八冊（四〇％）、残りを「集英社新書」「小学館新書」「幻冬舎新書」「日経プレミアシリーズ新書」が一冊ずつ分け合って四冊（二〇％）になっている。これは、新書の業界をよく知る人間から見ると、まるで上手に操作されたとしか思えない結果である。

私は、二〇一八年九月から二〇二〇年九月まで「思考力を鍛える新書！」、二〇二〇年一〇月以降は「新書こそが教養！」という新書の書評連載を担当している。すでに五年にわたって、毎月一〇〇冊以上発行される新書を吟味し、その中から本当に優れていると思った三冊を厳選して書評を書き続けているわけである。

そこで何よりも驚いたのは、私が同時期の二〇二二年度にベストだと厳選した新書三六冊が、「新書大賞二〇二二」の上位二〇冊と、ただの一冊も重なっていないことである！

なぜこんな「不可解」な現象が起きたのだろうか？

「新書大賞」のアンフェアな審査基準

「新書大賞」の審査員は、「有識者」四九名・「編集者・記者」二七名・「書店員」二九名で構成されている。この一〇五名が、一年間の新書から五冊を選び、一位＝一〇点、二位＝七点、三位＝五点、四位＝四点、五位＝三点として計算する。

なぜ審査員が一〇五名という中途半端な数字で、なぜこれほど不揃いな点数の評価基準になったのか。おそらく中央公論新社には、それなりの事情があるのだろうが、いずれにしても、この種の「順位評点方式」の投票が必ずしも「公平」な結果を導くわけではないことは、拙著『理性の限界』第一章で論理的かつ数学的に詳しく解説したので、ご参照いただけたら幸いである。

しかも、「順位評点方式」では、一位＝五点、二位＝四点、三位＝三点、四位＝二点、五位＝一点として計算するのが普通である。ところが「新書大賞」では、一位＝一〇点、二位＝七点と、第一位と第二位に異常な高得点が与えられる仕組みになっている。

したがって、審査員一〇五名のうち約二〇名が事前に打ち合わせて「今年度は、この新書に決めましょう」と第一位か第二位に投票すれば、たやすく「一九九点」（二〇二二年度の第一位得点）を達成できる。つまり、一〇五名のうち二〇名さえ共謀すれば、いとも簡単に第一位を決定することができるわけである。そもそも「順位評点」が異常にアンバランスに組まれているため、「新書大賞」の投票方式では、いくらでもこの種の「戦略的操作」が可能である。

さらに驚かされたのは、「有識者」四九名の「ベスト一〇」ランキングである。

第一位『サラ金の歴史』（中公新書）
第二位『ゲンロン戦記』（中公新書ラクレ）
第三位『ロヒンギャ危機』（中公新書）
第四位『ジョブ型雇用社会とは何か』（岩波新書）
第五位『歴史修正主義』（中公新書）
第六位『原敬』（中公新書）
第七位『米中対立』（中公新書）
第八位『荘園』（中公新書）
第九位『文部科学省』（中公新書）
第一〇位『ヒトラー』（岩波新書）

「有識者」四九名が選んだ上位一〇冊は、なんと八冊（八〇％）が中公新書・中公新書ラクレだというのである。ここまで中央公論新社に「忖度」する「有識者」ばかりが集まっているとは、驚きを通り越して呆れ果てるとしか言いようがない。これらの「有識者」は、本当に「一三〇〇点以上の新書」を検討して、この結論に至ったのだろうか？

「新書大賞」という名称の思い上がり

改めて「新書大賞二〇二二」の説明を読んでみよう。

「中央公論新社が主催する『新書大賞』は、一年間に刊行されたすべての新書から、その年『最高の一冊』を選ぶ賞です。［……］今回の『新書大賞二〇二二』では、二〇二〇年一二月〜二〇二一年一一月に刊行された一三〇〇点以上の新書を対象に、有識者、書店員、各社新書編集部、新聞記者など新書に造詣の深い方々一〇五人に投票していただいた結果、小島庸平著『サラ金の歴史』（中公新書）が大賞に輝きました」

いかにも公平に「一三〇〇点以上」の新書を「一〇五人」が厳正に審査して「最高の一冊」を選んだかのように謳ってあるが、そこにいくらでも「欺瞞」の入り込む余地があることは、十分ご理解いただけたことと思う。

「中公新書」にすばらしい作品が多いことは、私も認めている。だから私の書評でも、何度もフェアに取り上げている。しかし、同じようにすばらしい新書を出版している「光文社新書」・「講談社ブルーバックス」・「文春新書」・「平凡社新書」・「朝日新書」・「角川新書」などの出版社の名前が一度も登場しない偏った審査で「新書大賞」を名乗るとは、甚だしい「思い上がり」ではないだろうか。

そもそも「新書」は、考えられる限り、あらゆる分野の「教養」を幅広くカバーしている。したがって、最初から「最高の一冊」を選ぶような発想自体が間違っているとも考えられる。ノーベル賞が「物理学賞」・「化学賞」・「生理学・医学賞」・「平和賞」・「文学賞」・「経済学賞」のように分類されているのは、学術界で毎年一点だけの「最高のノーベル賞」を選ぶことが不可能だからである。

「新書大賞」への提言

ところで、「新書大賞二〇二二」は『サラ金の歴史』(中公新書)だという。この結果について数名の編集者と話したのだが、「ハア?」「これは酷すぎる!」「バイアスかかりすぎですね！」というのが、彼らの反応だった。

仮に「新書大賞」がノーベル賞のように分野別に分かれていて、『サラ金の歴史』が「新書大賞・経済学部門」で第一位になったというのであれば、まだ理解できる。私もことさらに『サラ金の歴史』を批判するつもりはない。

しかし、『サラ金の歴史』が二〇二二年度発行の「すべての新書」の中で「最高の一冊」だと決め付けられると、怪訝に感じる読者の方が多いだろう。これを当然の結果のように発表する傲慢不遜な「新書大賞」である限り、中央公論新社は、次第に読者の「信頼」を失っていくに違いないと予測しておく。

ついでに、偶然だが『サラ金の歴史』が発行された二〇二一年二月二〇日の三日前、二〇二一年二月一七日に、私は『フォン・ノイマンの哲学』（講談社現代新書）を上梓している。おかげさまで、拙著は発売直後からベストセラーとなり、年度内に九刷の重版を数えている。

さて、利用者数五〇〇〇万人を超える書籍販売最大手のAmazonには「カスタマー・レビュー」がある。書籍の場合、わざわざ時間を割いて匿名でレビューを書き込むのは、ポジティブな意味でもネガティブな意味でも、それなりに余程のインパクトを感じた読者だけだろう。私は、これらのレビューこそが、著者にとって最も重要な「評価」だと思っている。

この「カスタマー・レビュー」を見ると、二〇二二年二月一四日時点で『サラ金の歴史』には「一二七」、『フォン・ノイマンの哲学』には「五三三」のレビューが付いている（評価はどちらも五点満点中四・五点）。つまり、同じ約一年が経過した段階で、Amazonにおいては、『フォン・ノイマンの哲学』の方が『サラ金の歴史』よりも圧倒的にインパクトが強かったことが数値（約四・二倍のレビュー数）に表れているわけである。

実際に、ＳＮＳでは『フォン・ノイマンの哲学』が「二〇二二年度に読んだ書籍の中で一番おもしろかった」という類の評価も数多く頂戴し、誠にありがたいことだと思っている。それにもかかわらず、『フォン・ノイマンの哲学』は、「新書大賞二〇二二」の上位二〇冊にさえ登場していない。何も私は『フォン・ノイマンの哲学』の方が「新書大賞」に相応しいなどと主張するつもりは微塵もないが、この一例だけからも「新書大賞」の審査結果が非常に偏っていることがおわかりいただけるだろう。

しかも、これは私だけの意見ではなく、ＳＮＳには「新書大賞」に対して「無教養のお身内審査員の寄り合いならば、本屋大賞の方がまだまし」とか「間違いなくアマゾンレビューの方が役に立つ」といった批判の数々が表明されている。「新書で外したくないのであれば、高橋昌一郎氏の書評を読めば良いだけのことである」という嬉しい意見もあった。

というわけで、私から中央公論新社に申し上げたいのは、この際、「新書大賞」という大それた名称の「賞」を廃止していただきたい、ということである。

もし真の「新書大賞」があるとすれば、それは中央公論新社の関係者一〇五名だけが選ぶような賞ではなく、客観的で公平な指標に基づく賞でなければならないだろう。

たとえば、単一年度につき、売上トップだった新書、Amazonレビューで最高評価を得た新書、あるいは新聞・雑誌・SNSで最も言及された新書など、巨大な母集団の客観的評価に基づいて審査するならば、それほど大きな文句は出ないだろう。少なくとも現状の小集団による恣意的な審査方式よりは、遥かに説得力のある「新書大賞」といえるはずである。

と、いくら私が提言しても、中央公論新社は現状の「新書大賞」を簡単には撤廃しないだろうから、私から読者に注意喚起できるのは、「新書大賞」のような「販売促進」あるいは「売名行為」に騙されないように、という点に尽きる。「新書大賞二〇二二」だからといって『サラ金の歴史』を読み始めると、暗澹《あんたん》とした気持ちになる読者の方が圧倒的に多いだろう。

新書を愛する賢明な読者には、これからも膨大な数の「玉石混淆」の新書の中から、真に宝石のように輝く新書を探し出していただけたらと願っている。

おわりに

改めて本書の一〇〇冊の書評をまとめて見ると「壮観」である。読者には、その「多様性」を存分に味わっていただけただろうか。何よりも、本書が読者の「視野を広げる読書」のお役に立つことを心から期待している。

ここで、珠玉の一〇〇冊を世に送り出してくださった著者の皆様に、深く感謝したい。同時に、すばらしい著者を見出して執筆を依頼し、共に編集作業を行い、最終的に出版にまでこぎつけてくださった編集者の皆様にも厚くお礼を申し上げたい。

絶対に「その著者だけにしか書けない新書」として、とくに印象に残っている新書がある。縄文式小屋に暮らし、古代人の道具と材料だけで「丸木舟」を作った雨宮国広氏の『ぼくは縄文大工』、カラスを騙す多彩な方法を研究し、カラス食を推奨する塚原直樹氏の『カラスをだます』、「中絶によって振り回されてきた自分の生涯」を突き詰めて、性と生殖問題の専門研究者となった塚原久美氏の『日本の中絶』、歴史学者として生きてきた自らの半生を曝《さら》け出し、今後の日本の歴史学に警鐘を鳴らす本郷和人氏の『歴史学者という病』、「なぜ高山植物は美しいのか」を解明するために日本中の山を歩き回り、「高山植物」に研究人生を捧げた工藤岳氏の『日本の高山植物』……。

一流の科学者が、最先端の研究成果をわかりやすく解説してくれる秀逸な新書もある。衝撃的なタコの能力を解説する池田譲氏の『タコの知性』、熱帯魚が鏡像自己認知テストに合格することを発見した幸田正典氏の『魚にも自分がわかる』、世界で最高の超高圧実験に成功した廣瀬敬氏の『地球の中身』、古代ＤＮＡ解析から人類の発祥に迫る篠田謙一氏の『人類の起源』、「マルチバース理論」の科学的な反証可能性を解説する野村泰紀氏の『なぜ宇宙は存在するのか』、人間の脳が積極的に記憶を消す理由を解き明かす岩立康男氏の『忘れる脳力』……。

日本の抱える諸問題に本質的に斬り込む斬新な新書もある。

宇野重規氏の『民主主義とは何か』、室月淳氏の『出生前診断の現場から』、神内聡氏の

『学校弁護士』、瀬木比呂志氏の『檻の中の裁判官』、青木栄一氏の『文部科学省』、添田孝史氏の『東電原発事故』、古賀茂明氏の『官邸の暴走』、志賀賢治氏の『広島平和記念資料館は問いかける』、鈴木宣弘氏の『農業消滅』、濱島淑惠氏の『子ども介護者』、坂倉昇平氏の『大人のいじめ』、斉加尚代氏の『何が記者を殺すのか』、志水宏吉氏の『ペアレントクラシー』、久保田潤一氏の『絶滅危惧種はそこにいる』、田中圭太郎氏の『ルポ 大学崩壊』、高橋祐貴氏の『追跡 税金のゆくえ』、櫻井義秀氏の『統一教会』……。

　こうして改めて挙げていくとキリがないので止めるが、いかに新書が「知的刺激の宝庫」であるか、この短い紹介だけでも感じていただけると思う。とくに学生諸君には、ＳＮＳで動画を眺めている時間があったら、その半分の時間でも構わないので、ぜひ興味のある新書を手に取ってほしいと思う。最近の図書館は、数多くの電子書籍の新書も提供している。

　最後になったが、本書出版の機会を与えてくださった光文社新書編集長の小松現氏と書籍化を担当してくださった光文社新書編集部の江口裕太氏に深く感謝したい。

　新書出版各社が競合している中で、光文社が、他社の新書を取り上げる書評を堂々と私に連載させているという事実は、他に類を見ない「学問・表現の自由」の追求であり、すばらしい試みだと思う。信じ難いほど「太っ腹」な精神で新書出版業界を活気付けようとする光文社の姿勢に、感じ入るばかりである。

國學院大學の同僚諸兄、ゼミの学生諸君、情報文化研究所のメンバー諸氏には、さまざまな視点からヒントや激励をいただいた。それに、家族と友人のサポートがなければ、本書は完成しなかった。助けてくださった皆様に、心からお礼を申し上げたい。

高橋昌一郎

二〇二三年八月八日

本書は、光文社新書ｎｏｔｅ（https://shinsho.kobunsha.com/）に連載された「新書こそが教養！」（二〇二〇年一〇月～二〇二三年七月）の内容を再編集して一冊にまとめたものです。

本書に掲載された各書目の著者略歴は、連載当時に準拠するものです。

高橋昌一郎（たかはししょういちろう）

國學院大學教授。専門は論理学・科学哲学。著書は『理性の限界』『知性の限界』『感性の限界』『フォン・ノイマンの哲学』『ゲーデルの哲学』（以上、講談社現代新書）、『20世紀論争史』『自己分析論』『反オカルト論』（以上、光文社新書）、『愛の論理学』（角川新書）、『東大生の論理』（ちくま新書）、『小林秀雄の哲学』（朝日新書）、『実践・哲学ディベート』（NHK出版新書）、『哲学ディベート』（NHKブックス）、『ノイマン・ゲーデル・チューリング』（筑摩選書）、『科学哲学のすすめ』（丸善）など多数。情報文化研究所所長・Japan Skeptics副会長。

新書《しんしょ》１００冊《さつ》 視野《しや》を広《ひろ》げる読書《どくしょ》

2023年9月30日初版1刷発行
2023年10月15日　2刷発行

著　者 —— 高橋昌一郎
発行者 —— 三宅貴久
装　幀 —— アラン・チャン
印刷所 —— 堀内印刷
製本所 —— ナショナル製本
発行所 —— 株式会社光文社
東京都文京区音羽1-16-6（〒112-8011）
https://www.kobunsha.com/
電　話 —— 編集部03(5395)8289 書籍販売部03(5395)8116
業務部03(5395)8125
メール —— sinsyo@kobunsha.com

R<日本複製権センター委託出版物>
本書の無断複写複製（コピー）は著作権法上での例外を除き禁じられています。本書をコピーされる場合は、そのつど事前に、日本複製権センター（☎03-6809-1281、e-mail : jrrc_info@jrrc.or.jp）の許諾を得てください。

本書の電子化は私的使用に限り、著作権法上認められています。ただし代行業者等の第三者による電子データ化及び電子書籍化は、いかなる場合も認められておりません。

落丁本・乱丁本は業務部へご連絡くだされば、お取替えいたします。
© Shoichiro Takahashi 2023 Printed in Japan ISBN 978-4-334-10067-4

光文社新書

1271
結婚しても一人
自分の人生を生ききる

下重暁子

しょせん、夫婦は他人――。大事なことは「求めない」「期待しない」etc. 夫婦がストレスなく暮らしていくためのヒントとは。50年続いた結婚生活と87年の人生を振り返りながら綴る。

978-4-334-10017-9

1272
日本のコミュニケーションを診る
遠慮・建前・気疲れ社会

パントー・フランチェスコ

本音と建前、過剰な遠慮、「キャラ」の空疎な会話。『アニメ療法《セラピー》』著者のイタリア人精神科医が、日本社会の独特なコミュニケーションによって心身を害する危険性に警鐘を鳴らす。

978-4-334-10066-7

1273
新書１００冊
視野を広げる読書

高橋昌一郎

いま、何を読んでおくべきなのか? 今日のニュースの背景から、あの学問の最先端まで。多彩な分野のエッセンスを、この1冊に凝縮。「知」の足場を築くための珠玉のブックガイド。

978-4-334-10067-4

1274
恋愛結婚の終焉

牛窪恵

恋人は欲しくない? 恋愛は面倒?――でも、結婚はしたい!? 改善されない未婚化と少子化の真の原因はどこにあるのか。昭和の常識から脱却し、「共創結婚」の重要性を検証・提案する。

978-4-334-10068-1

1275
朝、起きられない病
起立性調節障害と栄養の関係

今西康次

「だるさや頭痛、吐き気で起きられない」…中高生の1割が悩む起立性調節障害を栄養の観点から治療・改善させている医師が、発達に必要な栄養や周囲の対応について症例を交え解説。

978-4-334-10069-8